T R A C T I O N

TRACTION

6만 개 기업을 성장시킨
최강의 경영 바이블

지노 위크먼 지음 · 장용원 옮김

TRACTION

트랙션

시목始木

이 책에 쏟아진 기업인들의 찬사

절대 놓쳐서는 안 될 책이다! 이 책에 담긴 개념과 도구의 마법에 힘입어 우리 회사는 지난 5년 사이 300% 성장했다.

- 크레이그 에를리흐, '펄스220' CEO

이 책에 나오는 개념이 우리 회사를 혁신적으로 바꾸어놓았다. 우리는 수익이 높아졌을 뿐 아니라 성과 지향적인 기업 문화도 갖게 되었다. 우리 회사가 이렇게 멋진 모습으로 바뀐 것은 모두 이 책에 실린 'EOS(기업 운영 체제)' 덕분이다.

- 앨버트 베리즈, '매킨리' CEO

기업의 오너나 경영진이라면 이 책을 꼭 읽어봐야 한다. 이 책은 기업 경영에 필요한 강력하고 실용적이며 간단한 시스템을 가르쳐준다. 나는 그동안 2만여 명의 기업가를 코치하고 가르쳐왔기 때문에 이 책이 그들의 문제를 해결해줄 것임을 확신한다.

- 댄 설리번, 데이터 과학자 & '스트래티직 코치' 설립자

《트랙션》에 나오는 내용을 따라 하다 보니 회사는 물론 내 삶도 크게 바뀌었다. 나는 그 전보다 회사 운영에 더 큰 재미를 느끼고 있고, 회사의 매출액과 수익은 지난 3년 동안 50% 이상 증가했다. 이 책에 나오는 방법 덕분에 우리는 계속 성장하고 있고, 창의력을 발휘하고 있으며, 고객에게 더 나은 서비스를 제공하고 있다.

- 밥 셰네펠트, 'RCS 인터내셔널' CEO

이 책에서 소개한 개념이 내 삶을 바꿔놓았다! 나는 이제 일상적인 업무에서 손을 뗄 수 있게 되었다. 일상 업무를 효율적으로 처리할 수 있는 경영진을 구성해놓았기 때문이다. 우리는 경쟁사들이 고전을 면치 못하는 어려운 시장 상황에서도 지난 4년 동안 해마다 끊임없이 성장할 수 있었다.

- 로널드 블랭크, '프랭클린커뮤니티' 사장

작든 크든 회사를 운영하는 사람에게《트랙션》은 필독서다. 당신이 읽게 될 내용은, 지난 3년 동안 내가 워라밸의 균형을 유지하면서도 회사를 100% 성장시키는 데 사용한 바로 그 방법에 관한 것이다. 이 책은 당신의 삶을 바꿔놓을 것이다.

- 버니 로니시, '로니시 건설 그룹' 사장

《트랙션》의 개념을 적용하기 직전, 나는 건강도 좋지 않고 스트레스도 너무 심해 사업을 포기할 생각까지 했었다. 사업이 더는 즐겁지 않았다. 내가 사업의 주인이 아니라 사업이 나의 주인인 것 같았다. 당시 우리 직원이 열 명이었는데, 다섯 명으로 줄이고 그 수준에 안주하려고 했었다. 더 이상의 성장은 더 큰 스트레스와 좌절감을 의미했다. 그런데 지난 1년 반 동안《트랙션》에서 제시한 원칙과 함께한 끝에 지금은 직원이 열두 명이나 되고, 매출액은 100% 늘었다!

가장 좋아진 점은 내가 다시 사업에서 즐거움을 느낄 뿐만 아니라 자유 시간도 더 많아졌다는 것이다. 요즘 나는 내 시간의 절반을 내슈빌에서 가족들과 함께 보낸다. 수입은 늘었지만 회사에서 보내는 시간은 줄었고, 직원들도 그 전보다 즐거워한다. 우리 회사를 도와준 지노에게 깊이, 깊이 감사드린다!

- 커트 휘플, 'C 커티스 파이낸셜' 소유주

이 책을 알기 전 나와 동업자는 그저 감으로 회사를 경영하는 느낌이었다. 그러나 책에 나오는 원칙을 적용하기 시작하자 회사가 성장했고, 수익성이 높아졌으며, 즐겁게 일하는 훌륭한 직원을 갖게 되었다. 회사의 성장률은 연평균 20%를 넘어섰다.

- 롭 두베, '이미지 원' 공동 오너

지노 위크먼이 소개하는 이 도구는 반드시 통한다. 이 도구의 도움으로 우리 회사는 지속해서 회사의 비전에 집중할 수 있었다. 나는 이 책에 나오는 원칙을 적용해 탄탄한 경영진을 구성할 수 있었고, 계획을 명확히 수립할 수 있었으며, 회사를 한 단계 끌어올리는 토대를 구축할 수 있었다.

- 샘 사이먼, '아틀라스 오일' CEO

《트랙션》은 회사를 성공적으로 경영하는 가장 강력하고 유용한 접근 방법을 제시한다. 책 내용은 비판의 여지가 없을 만큼 완벽하다! 반드시 읽어봐야 할 책이다.

- 빈스 포센트, 《속도의 시대 The Age of Speed》 저자

《트랙션》은 고성과를 내는 회사를 만들고 싶고, 삶의 질을 높이고 싶은 기업의 오너나 관리자라면 반드시 읽어야 할 책이다. 이 책에 나오는 개념 덕분에, 나는 최고의 회사를 만드는 데 집중할 수 있었을 뿐만 아니라, 최고로 가정적인 사람이 될 수 있었다. 《트랙션》은 현실적이고 실용적이며 이해하기 쉬운 기업 경영 시스템을 가르쳐준다는 점에서 여타의 경영 서적과는 다르다. 이 책 덕분에 우리 회사는 강렬한 문화적 변화를 경험했다.

- 댄 이즈리얼, '아스팔트 스페셜리스츠' 사장

이 책은 당신과 직원들의 삶을 바꾸어놓을 것이다. 책에 나오는 도

구는 실용적이며 효과적이다. 기업가나 리더라면 자신의 조직에 반드시 적용해야 한다. 나도 내가 운영하는 부동산 감정 평가 회사에 이 도구를 적용하고 있다. 작년에 우리 회사는 사업을 시작한 지 14년 만에 150%의 성장률을 기록했다.

- 다른 케이스, '기업가협회' 회장

《트랙션》덕분에 우리 회사는 그저 그런 회사에서 벗어나 뛰어난 회사가 되었다. 이 책이, 어떤 상황에도 대처할 수 있는 도구와, 어떤 상황은 아예 일어나지 않게 막아주는 도구를 제공해주었기 때문이다. 지금 우리 회사에는 적합한 사람이 적합한 자리에 앉아 적합한 일을 하고 있다.《트랙션》덕분에 우리 회사와 경영진은 자신 있게 목표를 향해 전진하고 있다.

- 롭 탬블린, '베니피츠사' 사장

기업가, 리더, 관리자라면 반드시 읽어봐야 할 책이다. 지난 35년 동안 나는 회사를 빠르게 성장시키려고 노력해왔다. 그런데 이 책에 나오는 도구가 그 일에 필요한 바로 그것이었다. 우리는《트랙션》의 원칙을 적용해 지난 3년 사이에 매출액을 50% 늘렸고, 이익은 그보다 훨씬 더 높일 수 있었다.

- 로버트 셰크터, 공인 재무상담사

《트랙션》에 나오는 개념을 적용하기 전에도 우리 회사는 잘 돌아가고 있었고, 수익성도 높았으며, 꾸준히 성장하고 있었다. 그러나 《트랙션》의 개념을 적용한 지 1년이 지난 지금 우리 회사는 날개를 달고 비상하는 중이다. 우리는 직원들의 책임을 명확히 했고, 문제 해결의 틀을 갖추었다. 그 결과 불황 속에서도 우리 회사는 폭발적으로 성장할 수 있었다. 도약의 틀을 마련해준 지노에게 감사드린다!

- 밥 버둔, '컴퓨터 라이즈드 퍼실리티 인티그레이션 LLC' 사장

이 책에 실린 도구는 우리 회사의 매우 귀중한 자원이다. 우리 회사는 가맹점 5개로 시작해 50개를 눈앞에 둘 정도로 성장했다. 추진력과 책임감을 포함한 여러 개념 덕분에 우리는 강력하고 건전하며 전문성을 갖춘 경영진을 구성할 수 있었고, 회사의 비전을 명확히 설정해 전 직원이 비전 달성을 위해 노력하게 할 수 있었다. 또, 본사뿐만 아니라 가맹점 직원의 역할까지 명확히 정할 수 있었다.

- 에릭 어셔, '주프' 설립자 겸 CEO

차 례

---------------------------(**CHAPTER 1**)---------------------------

마법의 운영 시스템, EOS
: 여섯 가지 핵심 요소를 강화하라 · **21**

---------------------------(**CHAPTER 2**)---------------------------

동아줄 버리기
: 기존 시스템에서 벗어나라 · **39**

프롤로그

자, 골치 아픈 문제는 잠시 잊고 내 말을 들어보라. 회사 경영에 대한 생각도 잠시만 내려놓아라. 이제 매의 눈으로 회사를 내려다본다고 상상해보라. 무엇이 보이는가?

당신은 회사를 잘 돌아가는 건실한 기업으로 만들고 싶어 이 책을 읽고 있다. 이미 어느 정도 성공을 거두었고, 이제 다음 단계로 올라가려고 한다. 하지만 그 길에는 새로운 장애물이 도사리고 있다. 더는 의욕만 가지고는 살아남기 힘들다. 당신은 지금 어떻게 하면 참된 리더의 지위에 올라설 것인가 하는 새로운 문제에 직면해 있다.

이 책을 읽고 여기에 나오는 핵심 원칙을 적용하면, 회사를 경영하며 느꼈던 모든 좌절감이 사라질 것이다. 직원들은 직위를 불문하고 회사의 비전을 공유하고 소통하며, 책임감을 가지고 스스로 문제를 해결할 것이다. 회사는 막힌 데 없이 잘 돌아갈 뿐만 아니라, 당신이 적절하다고 생각하는 규모로 성장할 잠재력을 갖게 될 것이다. 어떻게 생각하는가?

분명히 말하지만, 할 수 있다. 당신은 이미 이런 변화를 끌어내는 데 필요한 모든 것을 갖추고 있다. 책에 나오는 시스템을 적용하기만 하면 된다. 그러면 모두 이룰 수 있다. 이미 여러 산업 분야의 많은 기업이 수년째 그렇게 해왔다.

이 책은 실제 경험과 실용적인 지혜, 시대를 초월한 진리를 기반으로 하고 있다. 더 중요한 것은 그것이 효과가 있다는 것이다. 나는 직접적인 경험을 바탕으로, 기업을 강화하고 활력을 북돋우는 실질적이면서도 철저한 방법을 개발했다.

당신이 평범한 기업가라면 아마도 다음 다섯 가지 중 하나 또는 그 이상의 문제로 좌절감을 겪고 있을 것이다.

1. 통제 부족 : 당신의 시간이나 시장, 회사를 제대로 통제하지 못한다. 당신이 사업을 통제하는 것이 아니라 사업이 당신을 통제한다.

2. 사람 : 당신은 직원이나 고객, 납품업자, 동업자 때문에 좌절감을 느낀다. 이들이 당신 말을 듣지 않거나, 당신을 이해하지 못하거나, 자신의 역할을 완수하지 못하는 것 같아 보인다. 이들과 당신은 이해하고 있는 내용이 다르다.

3. 이익 : 쉽게 말해 이익이 충분하지 않다.

4. 한계 : 당신 회사의 성장이 멈추었다. 무슨 짓을 해도 한계를 돌파해 다음 단계로 올라갈 수 없을 것 같다. 상황에 압도되어 다음에 무엇을 해야 할지 자신이 없다.

5. 아무것도 통하지 않는다 : 여러 가지 전략이나 응급 해결책을 다 써봤지만, 오래 먹히는 것이 없다. 그러다 보니 직원들이 새로운 조치에 무감각해졌다. 다람쥐 쳇바퀴 돌듯 제자리걸음만 하고 있어 다시 앞으로 나갈 추진력이 필요하다.

소수이지만 일부 기업가는 이러한 좌절을 겪지 않는다. 이들은 회사의 각 부서를 기름 친 기계처럼 잘 돌아가게 만드는 핵심 원칙을 적용한다. 이 중에는 자신이 어떤 특별한 일을 하고 있다는 사실조차 깨닫지 못하는 타고난 사람도 있다. 하지만 우리 대부분은 그런 행운을 타고나지 못했다.

내가 기업의 리더에게 가르치는 내용은 단순하다. 나는 성공한 기업이 채택한 것과 똑같은 기본 도구를 활용해 기업의 리더가 자신에게 좌절감을 안기는 다섯 가지 공통 문제를 해결하도록 돕는다. 그렇게 함으로써 이들은 자신의 통제력이 커졌고, 전보다 즐거우며, 스트레스도 줄어들었다고 느끼게 된다. 회사는 수익을 더 많이 내고, 목표에 집중하며, 뛰어난 직원들로 채워진다.

당신은 회사가 아니다. 회사는 그 자체로 하나의 실체다. 당신이 세웠지만, 성공을 맛보려면 회사를 자력으로 돌아가는 유기체로 만들어야 한다. 양질의 상품이나 서비스만으로는 다음 단계로 올라갈 수 없다. 성공하겠다는 굳은 결심만으로도 되지 않는다. 직원, 프로세스, 실행, 관리, 소통을 최적화할 기술이나 도구, 시스템이 필요하다. 하루도 빠짐없이 회사에 적용할 수 있는 강력한 지도원칙이 필요하다.

이 책은 '기업 운영 체제(EOS; Entrepreneurial Operating System)'를 구성하는 모든 도구와 요소를 다룬다. EOS는 회사가 스스로 돌아가게 만드는 시스템으로, 여섯 가지 요소로 이루어졌다. EOS의 각 요소를 모두 익힌 후 이들 요소를 통합해 하나의 강력한 틀을 만들면, 추진력을 얻어 당신이 품고 있던 회사의 비전을 실현할 수 있을 것이다.

이 운영 체제는 어느 날 갑자기 내 머릿속에 떠오른 생각이 아니다. 20년 넘게 수많은 회사에 적용하며 다듬은 결과물이다. 수없이 많은 경험을 통해 한 번에 한 가지씩 배워 익힌 것이다. 나의 여정은 무엇이 위대한 기업가를 만들고, 기업을 성공으로 이끄는가를 탐구하는 과정이었다. 가족 기업을 키운 뒤 매각하기도 했고, 기업가협회에 관여하기도 했으며, 여러 뛰어난 멘토에게 배우기도 했다. 이 과정에서 많은 경험과 어려움을 극복하고 보람과 교훈을 얻는 행운을 누렸다. 지난 11년간 나는 120개가 넘는 기업의 경영진을 대상으로 1,300회 이상의 종일 세션을 진행했다. 모두 합하면 1만 시간이 넘는다. 실질적인 계획을 세우고, 가르치고, 지도하고, 조언하고, 리더십 문제를 해결하며 그 시간을 보낸 것이다. 이런 모든 작업의 결정판이 EOS다.

일반적으로 우리 고객사는 성장과 변화를 지향하며, 약점을 드러낼 준비가 되어 있는 중소 규모의 기업이다(마음을 열고 약점을 인정하고 현실을 직시하려는, 매출액 기준 200만~5,000만 달러, 직원 기준 10~250명의 기업). 당신 회사가 여기에 해당한다면 필요한 모든 것을 이 책에서 배울 수 있을 것이다. 끊임없이 쏟아지는 새로운 기법을 배우는 것이 아니다. 성공한 기업처럼 좌절하지 않고 회사를 운영하는 법을 배우는 것이다. 그리고 새로운 에너지와 집중력, 열정을 얻게 될 것이다. 나와 함께 이 여정을 시작하자. 당신은 회사의 통제력을 강화하고 한계를 돌파해 균형과 더 나은 결과, 재미, 더 높은 수익성을 얻을 수 있을 것이다.

지금 이 순간에도 EOS 프로세스를 따르는 사람들은 매우 성공적으로 기업을 경영하고 있다. 우리 고객사의 매출액 성장률은 연평균 18%에 이른다. 게다가 나는 이론만 떠들어대는 다른 작가와 달리, 현장에서 우리 경영진과 함께 직접 이 도구를 적용하여 시험하고 증명하고 있다. 나 또한 스물한 살에 사업을 시작한 기업가이다. EOS는 경영 이론이 아니다. 매일 실제로 적용하는 도구다.

당신이 원하는 것이 무엇인지 다시 한번 생각해보라. 이 시스템을 적용하면 원하는 바를 이룰 수 있다. 즉, 필요할 때마다 사람이나 전략, 시스템, 프로세스를 바꾸는 결정을 빨리 내릴 수 있다. 불필요한 복잡성을 줄이고, 쓸데없는 일을 찾아내 제거하며, 어떤 문제라도 찾아 해결할 수 있다. 따라서 전 직원이 하나의 비전에 집중하게 할 수 있다.

EOS의 여섯 가지 핵심 요소는 기업에서 가장 중요한 요소의 근원을 바로 공략해 그것을 강화한다. 그 과정에서 문제의 진짜 원인을 해결하고 여러 파생 문제의 증상도 제거한다. EOS는 비전을 확고히 하고 탄탄한 회사를 만드는 하나의 방법이다(삶의 방식이라고까지 말할 수 있다). 먼저 책에서 배운 것을 이해한 다음 그것을 실행하면, 회사의 맥박을 정확하게 잴 수 있고 그에 따라 회사의 실태를 알 수 있게 된다.

어느 시점이 되면 당신은 "뭐야, 이거 너무 간단하잖아."라는 말을 하게 될 것이다. 모든 고객사가 다 그랬다. 정말로 간단하기 때문이다. 만약 당신이 요즘 유행하는 MBA 방법론을 찾고 있다면, 이 책은 당신이 찾는 책이 아니다. EOS는 거의 모든 종류의 회사에 적용해 시험을 거친, 세월이 흘러도 변치 않는 실질적이며 보편적인 원칙으로 이루어져 있다. 눈에 띄게 새로운 점이 있다면 최고의 경영 사례를 묶어, 향후 수십 년을 이어갈 회사를 조직하고 운영할 하나의 완전한 시스템으로 통합했다는 것이다.

나는 당신과 같은 기업가를 무한히 존경한다. 당신은 위험을 감수하며, 경제를 견인하고, 혁신으로 국가를 선도하며, 꿈을 실현하기 위해 모든 것을 희생한다. 그 결과, 많은 일자리를 만들어내고 사람들에게 자신이 꿈꾸는 삶을 살 기회를 준다. 내 열정과 목적은 당신이 성공하도록 돕는 것이다. 자, 이제 EOS를 적용한 후의 회사 모습을 마음속에 그리며 이 여정을 시작하자.

CHAPTER 1

마법의
운영 시스템, EOS

: 여섯 가지 핵심 요소를 강화하라

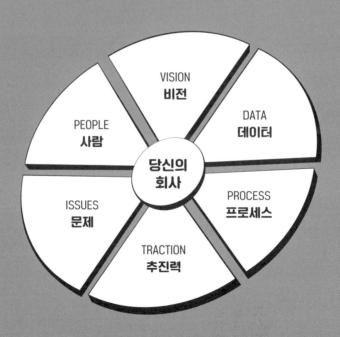

훌륭한 시스템은 모두 몇 가지 기본적인 핵심 요소로 이루어져 있다. 기업도 마찬가지다. 어느 기업이나 여섯 가지 핵심 요소를 중심으로 돌아가는데, 나는 이것을 'EOS(Entrepreneurial Operation System; 기업 운영 체제)'라고 말한다. 한 고객사 사장은 EOS를 이렇게 표현했다.

"예전에 나는 100가지 일을 걱정했습니다. 그런데 기업에는 여섯 가지 핵심 요소가 있다는 사실을 알고 거기에만 집중했더니, 그동안 걱정하던 100가지 일이 모두 사라졌습니다. EOS 덕분에 기업 경영이 쉬워진 것이지요."

당신도 쓸데없이 100가지 일을 걱정하고 있을 것이다. 그러나 넓은 시야로 회사와 그 구성 요소를 바라보면 그중 많은 수가 사라질 것이다.

어느 기업이든 그것을 구성하는 핵심 요소 여섯 개는 다음과 같다.

비전

성공한 기업가는 조직에 대한 뚜렷한 비전이 있을 뿐만 아니라 그것을 조직 구성원과 공유한다. 이런 사람은 기업의 목표가 무엇이고, 그것을 어떻게 달성할 것인가에 관해 구성원 모두 같은 생각을 하게 한다. 쉬운 말처럼 들리겠지만, 쉬운 일이 아니다.

당신 회사 직원은 모두 같은 방향으로 노를 젓고 있는가? 그렇지 않을 가능성이 크다. 오른쪽으로 노를 젓는 사람도 있고, 왼쪽으로 젓는 사람도 있고, 심지어 아예 노를 젓지 않는 사람도 있을 것이다. 모든 직원을 개별로 만나 회사 비전이 무엇이냐고 물어보면 갖가지 대답을 할 것이다.

전 직원이 회사의 비전을 명확하게 알수록 비전을 달성할 가능성은 커진다. 모든 사람의 에너지를 한곳에 집중하면 놀라운 결과가 따라올 것이다. 세계적인 마케팅 전문가 알 리스 Al Ries는 그의 책 《포커스 경영 Focus》에서 이것을 다음과 같이 표현했다.

'태양은 지구를 향해 수십억 킬로와트의 에너지를 방출하지만, 한 시간 동안 해를 받고 서 있어도 당신이 입을 피해는 볕에 조금 그을리는 것뿐이다. 반면에 몇 와트의 에너지라도 한 방향으로만 집중하면, 다이아몬드도 뚫는 레이저 광선이 된다.'

비전 요소를 다룬 3장에서는 '비전 추진 계획서(V/TO; Vision/Traction Organizer)'라는 도구를 이용해, 전 직원이 레이저 광선처럼 하나의 목표에 집중하게 하는 법을 배울 것이다. 이 도구를 이용하면 회사의 비전을 몇 가지 단순한 요소로 압축함으로써 전략 계획을 단순화할 수 있다. 또, 회사의 장점을 알 수 있어 가장 잘하는 분야에 집중할 수 있으며 마케팅 전략을 명확히 할 수 있다. 나아가 10년 목표, 3년 그림, 1년 계획을 구체화할 수 있다.

그 밖에 3장에서는 회사의 비전을 직원들에게 효과적으로 전달하는 방법과 모든 직원이 그 비전을 받아들이도록 하는 방법을 배울 것이다.

사람

성공적인 리더 주변에는 뛰어난 사람이 많다. 다른 사람의 도움 없이는 우수한 기업을 만들지 못한다. EOS에서는 뛰어난 부서에서 볼 수 있는 필수적인 구성 요소 두 가지를 제대로 이해시키기 위해 '플레이어', '플래티넘', '100퍼센트', '슈퍼스타' 같은 상투적 유행어는 쓰지 않는다. 여기서 말하는 필수적인 구성 요소 두 가지는 '적합한 사람'을 '적합한 자리'에 쓴다는 것이다.

직원들은 모두 적합한 자리에 있는 적합한 사람인가? 실제로 회사에 도움이 되기보다는 해가 되는 사람도 있을 것이다. 4장에 나오는 '직원 분석표'라는 도구를 이용하면, 누가 당신의 핵심 가치를 공유하고 있는지 알 수 있어 적합한 사람을 찾는 데 도움이 된다.

또 직원을 채용하고, 평가·보상·표창·해고하는 방법을 단순화할
수 있다.

4장에서 제시하는 절차를 따르다 보면, 당신은 자연스럽게 한
발 뒤로 물러나 회사의 전체적인 구조를 살펴보게 된다. 그러면 회
사가 어떤 식으로 조직되었는가에 대해 뼈아픈 질문을 스스로에게
던지게 될 것이다. 또, '책임 조직도'의 힘을 알게 되고, 조직 내에서
각자의 역할과 책임을 명확하게 정립함으로써 회사를 올바르게 조
직화하는 방법을 알게 된다.

회사 조직을 적합하게 구성하고 나면, 그다음은 적합한 사람을
적합한 자리에 쓰는 데 초점을 맞출 것이다. 이때 GWC라는 도구
를 활용하면 애매한 상황을 피할 수 있다. GWC는 올바른 채용(또
는 보임)을 하는 데 꼭 필요한 세 가지 요소로, 대상자가 그 직무를
이해해야 하고(get it), 그 직무를 원해야 하며(want it), 그 직무를 수
행할 역량(capacity)이 있어야 한다는 것이다. GWC를 '직원 분석
표'와 결합해 활용하면, 어떤 사람이 적합한 사람이고 어떤 사람이
적합한 자리에 있는지 판단할 수 있는 실용적인 도구가 될 것이다.

데이터

뛰어난 리더는 몇 가지 측정 지표의 도움을 받아 기업을 경영한
다. 데이터 요소에 대해 다룬 5장을 읽어보면 어떤 측정 지표에 초

점을 맞춰야 할지 알게 되어, 자신의 성격이나 자존심, 주관적인 생각, 감정, 막연한 느낌에 의존해 기업을 경영하는 난맥에서 벗어나게 될 것이다.

나의 경영 멘토였던 샘 컵은 매출액이 총 3억 달러가 넘는 몇 개의 기업을 소유하고 있었다. 그중에는 매출액 1억 달러의 기업으로 키운 뒤에 매각한, 세계적인 차량 관리 회사 QEK 글로벌 솔루션스도 있었다. 샘은 지금까지 내가 만나본 사람 중 최고의 사업가였다. 나는 어린 나이에 그의 밑에 들어가 그가 아는 모든 것을 배우는 행운을 누릴 수 있었다. 샘에게 배운 여러 지혜로운 가르침 중 가장 유용한 것은 스코어카드를 이용한 기업 경영이다.

스코어카드는 회사에 매우 중요한 의미가 있는 5~15개의 숫자를 적어 넣은 주간 보고서이다. 5장에서는 이 강력한 도구를 만들어 기업 경영에 적용하는 법을 배울 것이다. 스코어카드를 이용하면 일주일 단위로 기업의 상황을 측정하여, 미래의 성과를 예측할 수 있을 뿐만 아니라 경영 상황이 궤도를 벗어나면 바로 알 수 있다. 또, 주기적으로 숫자를 검토하기 때문에 문제가 발생하면 재빨리 인지하고 해결할 수 있다. 이것은 문제가 발생하고 시간이 한참 지난 뒤 재무제표에 나온 숫자를 보고 거기에 대응하는 방식과는 다르다.

스코어카드를 이용하면 좋든지 나쁘든지 간에 경영 상황을 추적, 감시할 수 있다. 그러면 회사가 어떻게 돌아가고 있는지 잘 모른다고 불안해할 필요도 없고, 이 사람 저 사람에게 물어보느라 시간을 낭비할 필요도 없다. 답을 이미 알고 있기 때문이다.

5장을 읽고 나면 스코어카드를 만들어 실무에 적용하는 법을 알 수 있을 뿐만 아니라, 조직 구성원에게 권한을 위임하는 법을 배움으로써 데이터 관리 능력을 한 단계 끌어올릴 수 있다. 모든 임직원은 정기적으로 책임지고 관리해야 할, 명확하고 의미 있으며 관리할 수 있는 숫자를 부여받게 된다.

문제

문제는 비전을 달성하려면 마주해야 하는 장애물이다. 개인의 성공이 문제 해결 능력과 비례하듯 기업도 마찬가지다.

앞에서 말한 세 가지 EOS 요소를 강화하면 유용한 부산물을 얻을 수 있는데, 그중 하나가 투명성이다. EOS 요소를 제대로 실행하면 회사는 아무것도 숨길 수 없는 열린 조직이 된다. 그러면 지금까지 회사의 발목을 잡고 있던 문제가 모습을 드러낼 것이다.

좋은 소식은, 지금까지 기업 경영에서 발생한 문제는 그 종류가 한정되어 있다는 것이다. 비슷한 문제가 되풀이해서 발생한다는 뜻이다. 시간이 지나면 당신은 문제를 찾아내고 해결하는 데 전문가가 될 것이다. 문제를 찾아내고, 건전한 환경에서 솔직하게 논의하고, 뿌리 뽑는 법을 알게 되면 비전 달성 가능성은 더욱 커진다.

당신이 얼마나 오랫동안 회사 문제 때문에 고통받았는지와 관계없이, 문제 요소를 다룬 6장을 읽고 나면 엄청난 기회를 발견할 수 있을 것이다. 대부분의 기업은 일상적인 업무를 처리하느라 바빠, 문제를 해결하는 데 필요한 시간을 투입하지 못한다. 그러나 지금 시간을 쪼개 문제에 대처하면, 나중에 문제를 해결하느라 소모할 시간의 1/2 ~ 1/10밖에 소요되지 않는다.

문제 요소를 다룬 6장에서는 조직 내의 전 직급에서 문제 목록을 이용하는 법을 배울 것이다. 문제 목록을 작성하면 모든 문제를 분류해 우선순위를 정할 수 있다. 게다가 편안한 마음으로 진실을 말하고 우려의 목소리를 낼 수 있는, 솔직하고 개방된 문화를 만들 수도 있다. 문제 목록을 작성하고 나면, 문제를 뿌리 뽑기 위해 문제 해결 경로(IDS)를 이용해야 한다. 이 강력한 도구는 조직의 문제를 찾아내고, 논의하고, 해결하는 효율적인 수단이다.

6장을 다 읽고 나면 당신과 회사의 임직원은 여러 가지 문제를 찾아낸 뒤 문제 목록을 작성하고 관리하는 방법을 이해할 뿐 아니라, 문제 해결 경로를 이용하는 데 익숙해질 것이다. 그에 따라 당신은 문제를 해결하는 작업 환경을 조성하는 데 한 걸음 더 다가설 것이다.

프로세스

프로세스는 업무를 처리하는 방식이다. 성공적인 조직은 업무 처리 방식을 명확하게 알고 있을 뿐만 아니라, 끊임없이 그것을 바꾸어나간다. 프로세스는 여섯 가지 핵심 요소 중에서 가장 등한시되고 있는 기업 경영의 비밀 요소다. 대부분의 기업가는 프로세스가 얼마나 강력한 도구인지 잘 모르고 있다. 하지만 그것이 제대로 적용되면 마법 같은 힘을 발휘해, 단순성, 확장성, 효율성, 수익성이라는 결과로 이어진다.

프로세스를 머릿속에만 넣어둔 채 그때그때 즉흥적으로 일을 처리한다면 회사를 한 단계 높은 수준으로 끌어올릴 수 없다. 회사의 업무 처리 방식을 문서화하였는가? 직원들은 자신이 어떤 프로세스를 따르는지, 또 그 이유가 무엇인지 아는가? 직원들이 언제나 일관되게 필요한 절차를 밟는가? 혹시 단계를 건너뛰지는 않는가? 프로세스를 정하고 그것을 모든 임직원이 따르도록 훈련하면, 회사의 문제 해결 능력이 향상된다. 그러면 오류가 줄어들고, 효율성이 높아지며, 수익이 늘어날 것이다.

프로세스 요소를 다룬 7장에서는 3단계 프로세스 문서화 도구를 이용해 회사의 핵심 프로세스를 찾아, 그것을 처리하고 문서화하는 법을 배울 것이다. 이 도구를 이용하면 당신이 구축하고자 하는 메커니즘의 청사진을 한 장의 문서에 담아낼 수 있다. 따라서 구체적인 회사의 비즈니스 모델을 만드는 데 도움이 된다. 그다음에는 직원들에게 이 프로세스의 가치를 이해시켜 프로세스를 따르게 하는 법도 배우게 될 것이다.

이 과정을 마치고 나면 회사의 프로세스는 명확해지고 문서화되어, 전 직원이 프로세스를 이해하고 따르게 될 것이다.

추진력

결국, 가장 성공적인 경영자는 추진력이 있는 사람이다. 추진력이 있는 경영자는 실행을 잘한다. 그리고 조직에 집중력과 책임, 규율을 가져오는 방법을 알고 있다.

추진력 요소는 일반적으로 대부분의 기업에서 가장 약한 고리다. 두려움과 원칙의 결여 때문에 비전을 실현하지 못하는 기업이 많다.

'추진하지 않으면 비전은 환상일 뿐이다.'

전 세계의 많은 경영 컨설턴트가 며칠 동안 전략적 계획에 관한 강의를 하고, 이론적으로 멋진 내용을 가르친 대가로 수만 달러를 받는다. 문제는, 이들 컨설턴트는 당신의 목표와 관련해 당신을 들뜨게만 하지, 비전을 현실 세계로 가져와 실행하는 방법은 거의 가르치지 않는다는 것이다.

당신은 임직원의 책임감을, 10점 만점에 몇 점으로 평가하는가?

EOS 프로세스를 새로 시작하는 고객사 임원이 평가하는 자사 임직원의 책임감은 대부분 4점 언저리에 머문다. 추진력을 얻으려면 두 가지 원칙이 필요하다. 첫 번째는 모든 임직원이 록 Rocks을 가지고 있어야 한다. 록은 가장 중요한 일에 집중하게 만들어진 90일간의 명확한 우선순위표를 말한다. 두 번째는 조직의 모든 계층에 미팅 펄스 Meeting Pulse라 불리는 것을 적용해야 한다. 미팅 펄스를 적용하면 전 직원을 목표에 집중시키고, 그것에 맞게 일을 조정하며, 소통하게 할 수 있다.

추진력 요소를 다룬 8장에서는, 먼저 모든 임직원이 앞으로 90일 동안 자신이 무슨 일을 책임져야 할지 알도록 록을 설정하는 법을 배울 것이다. 그런 다음 미팅 펄스 적용하는 법을 배울 것이다. 사람들은 대부분 회의를 시간 낭비라고 생각하지만, 회의는 필요한 것이고 유용한 도구이다. 따라서 8장에서는 회의를 즐겁고 생산적이며, 가치 있게 만드는 법을 배울 것이다. 10점짜리 회의 의사일정은 갈등 해소를 통해 핵심 역량에 도달해 내실 있는 회의를 구성하도록 돕는 도구가 될 것이다.

이 과정을 마치고 나면 모든 임직원은 자신의 록을 만들고 달성하는 법을 알게 될 것이다. 또, 유효성이 입증된 10점짜리 회의 의사일정을 이용하는 효과적이며 생산적인 회의에 참여하게 된다.

이상으로 여섯 가지 핵심 요소가 무엇인지 알았으니 이제 회사의 현재 상태를 진단할 차례다. 이 장의 끝에 있는 '조직평가표'가 회사의 현재 상태를 알려줄 것이다(www.eosworldwide.com/checkup 사이트에서 온라인 설문으로 진단할 수도 있다). 아직 일부 용어의 의미를 정확하게 모를 수도 있겠지만, 책을 읽다 보면 금방 의미를 파악할 수 있을 것이다. 설문 문항에 대한 답을 표시한 후 첨부된 표를 이용해 결과를 확인해보라.

당신은 주기적으로 이 평가표에 다시 답을 하게 될 것이다. 목표는 90일마다 조금씩 발전하는 것이다. 평가표에 답을 할 때마다 전체적인 점수가 올라야 한다. 하루아침에 20점에서 80점으로 뛰어오를 수는 없겠지만, 점수는 꾸준히 좋아질 것이다.

지금까지 설명한 것을 요약하자면 다음과 같다. 성공적인 기업은 전 직원이 공유하는 매우 분명한 비전을 갖고 있다. 이들은 적합한 사람을 적합한 자리에 쓴다. 이들은 일주일 단위로 몇 개 되지 않는 숫자를 살펴보고 관리하면서 회사 경영 상황을 진단한다. 이들은 솔직하고 개방된 환경에서 바로 문제를 찾아 해결한다. 또, 프로세스를 문서화해 전 직원이 따르게 한다. 이들은 전 직원에게 업무 우선순위를 정하게 하고, 각 부서에 높은 신뢰와 소통, 책임감을 요구한다.

대부분의 기업은 조직평가표에서 50점을 넘지 못한다. 이런 기업이 성공한다면 그것은 우연일 뿐이다. 모든 요소에서 100점에 도달하는 것은 거의 불가능하다. 하지만 80점 이상의 수준만 되어도 당신 기업은 기름을 친 기계처럼 잘 돌아갈 것이다. 당신이 걱정했던 모든 일이 제자리를 찾을 것이고, 당신을 끊임없이 괴롭혀왔던 장애물은 사라질 것이다.

조직평가표

아래 각 문항을 읽고 해당한다고 생각하는 칸에 표시하라. 1이 가장 나쁜 상태이고, 5가 가장 좋은 상태이다.

                                           1 2 3 4 5

1. 우리 회사는 문서화된 명확한 비전이 있고, 전 임직원에게 이것을 공유하고 있다. ☐ ☐ ☐ ☐ ☐

2. 우리 회사는 분명한 핵심 가치가 있고, 그것을 기준으로 직원을 채용하고, 평가하고, 보상하고, 해고한다. ☐ ☐ ☐ ☐ ☐

3. 우리 회사는 명확한 주력 사업이 있고, 회사의 제도와 프로세스는 그것을 반영하고 있다. ☐ ☐ ☐ ☐ ☐

4. 우리 회사는 명확한 10년 목표가 있고, 전 임직원은 이 목표를 알고 있다. ☐ ☐ ☐ ☐ ☐

5. 우리 회사는 분명한 표적 시장이 있고, 영업 부서와 마케팅 부서는 이 표적 시장에 노력을 기울이고 있다. ☐ ☐ ☐ ☐ ☐

6. 우리 회사는 명확한 차별화 요소가 있고, 영업 부서와 마케팅 부서 직원은 모두 그것을 알고 있다. ☐ ☐ ☐ ☐ ☐

7. 우리 회사는 고객과 거래하는 입증된 프로세스가 있다. 우리 회사는 이 프로세스에 이름을 붙였고, 그림으로 시각화하였으며, 전 직원이 따르고 있다. ☐☐☐☐☐

8. 우리 회사의 전 임직원은 적합한 사람이다. ☐☐☐☐☐

9. 우리 회사의 책임 조직도(역할과 책임을 나타낸 조직도)는 명확하고, 철저하며, 계속 수정된다. ☐☐☐☐☐

10. 우리 회사의 전 임직원은 적합한 자리에 앉아 있다. ☐☐☐☐☐

11. 우리 회사의 경영진은 개방적이고 솔직하며, 높은 신뢰를 받고 있다. ☐☐☐☐☐

12. 전 임직원이 록(분기당 해야 할 3~7개의 중요한 일)을 가지고 있고, 거기에 노력을 기울인다. ☐☐☐☐☐

13. 전 임직원이 주례 회의에 참석한다. ☐☐☐☐☐

14. 주례 회의는 매주 같은 요일, 같은 시간에 개최되고, 인쇄된 안건의 서류 형식도 똑같다. 회의는 정시에 시작되고 정시에 끝난다. ☐☐☐☐☐

15. 전 부서가 회사 전체의 이익과 장기적 발전을 염두에 두고 핵심 문제를 찾고, 논의하고, 해결한다. ☐☐☐☐☐

16. 우리 회사의 제도와 프로세스는 문서화되어 있고, 단순하며, 전 임직원이 따르고 있다.

17. 우리 회사는 주기적으로 고객과 직원의 의견을 듣는 제도가 있어, 고객과 직원의 만족도를 알고 있다.

18. 우리 회사는 일주일 단위로 측정 지표를 적어 넣는 스코어카드를 쓰고 있다.

19. 우리 회사의 모든 임직원은 자신이 관리해야 할 숫자가 있다.

20. 우리 회사는 예산을 편성한 뒤 주기적으로 관리하고 있다(예, 매월 혹은 매 분기).

각 세로줄의 칸에 표시한 수

위에서 나온 수에 다음 가중치를 곱하라.   ×1 ×2 ×3 ×4 ×5

다섯 개의 칸에 있는 수를 모두 더하면, 그것이 당신 회사의 현 상태를 보여주는 점수다. ___ %

평가 결과 판정

20~34점 책을 계속 읽어라. 이 책이 당신 회사를 바꿔줄 것이다.

35~49점 당신 회사는 보통 수준이다. 보통 수준에 머물 것인가, 아니면 더 나은 회사가 되고 싶은가?

50~64점 당신 회사는 평균 수준이 넘는다. 하지만 여전히 개선의 여지가 있다.

65~79점 당신 회사는 평균 수준이 훨씬 넘는다.

80~100점 대부분의 EOS 고객사가 도달하는 점수이자 당신 회사의 목표 지점이다.

CHAPTER 2

동아줄 버리기

: 기존 시스템에서 벗어나라

· 제대로 된 경영진을 구성하라
· 한계에 부딪히는 것은 필연이다
· 기업의 운영 체제는 하나여야 한다
· 마음을 열고, 약점을 드러내라

이제 큰 그림은 분명해졌을 테니 여정을 시작하기로 하자. 첫 번째 요소의 세부 사항으로 들어가기 전에 먼저 당신의 발목을 잡는 나쁜 습관과 해로운 버릇에서 벗어나야 한다. 이것을 '동아줄 버리기'라 한다.

어떤 사업가가 절벽에서 미끄러져 떨어지다가 운 좋게도 칡넝쿨을 붙잡았다. 하지만 사방을 둘러보니 위로도 수십 길 낭떠러지요, 아래로도 수십 길 낭떠러지였다. 절망적인 상황이라는 사실을 깨닫자 그는 하늘을 올려다보며 생전 처음 기도를 해보기로 했다.

"신이시여, 제발 도와주세요."

한동안 아무 소리도 나지 않더니 드디어 하늘에서 굵고 낮은 목소리가 들려왔다.

"나를 믿느냐?"

"예."

사업가가 대답했다.

"그렇다면 쥐고 있는 칡넝쿨을 놓아라."

하늘의 목소리가 말했다. 사업가는 잠시 생각해보다가 다시 하늘을 올려다보며 이렇게 말했다.

"거기 혹시 다른 신은 안 계십니까?"

대부분의 사업가는 쥐고 있는 동아줄을 버릴 준비가 되어 있지 않아 회사를 더 높은 수준으로 끌어올리지 못한다. 당신도 그런 느낌을 알 것이다. 회사가 성장하는 모습을 보고 싶지만, 동시에 좌절감이 들고 지쳐서 더는 위험을 감수하고 싶지 않은 느낌 말이다. 진실을 말하자면, 회사가 성장하려면 맹신에 가까운 믿음이 필요하다. 그렇다고 걱정할 필요는 없다. 당신이 EOS 도구를 모두 확실히 알아서 안심할 때까지는 행동에 옮길 필요가 없을 테니까 말이다.

동아줄에 매달려 있는 전형적인 사업가를 소개하겠다. 이 사람은 영업 부서 책임자와 마케팅 부서 책임자가 사정하는 바람에 어쩔 수 없이 EOS 프로세스를 시작했다. 이 사람은 회사 업무의 모든 분야에 간섭한다. 경영진이 있기는 하지만 자주 바뀌고 직원들에게 신뢰를 주지 못한다. 이 사람이 뒤에서 전부 조종하기 때문이다. 게다가 이 사람은 일주일에 80시간을 일한다. 근무 시간이 워낙 길다 보니 회의 시간에 졸기까지 한다. 가히 좀비 수준이다.

이 사업가가 한번은 평소답지 않게 약한 모습으로, 더는 그런 방식으로 살고 싶지 않다고 나한테 몰래 털어놓았다. 이 사람은 EOS 프로세스를 신뢰했다. 그리고 2년 후 탄탄한 경영진을 갖춘 조직의 참된 리더로 올라설 수 있었다. 이제 그는 가족과 더 많은 시간을 보내고 있다. 스트레스를 훨씬 적게 받을 뿐만 아니라, 회사도 그 어느 때보다 많은 이익을 내고 있다.

만약 당신이 회사의 현재 상황에 만족하지 못한다면 세 가지 선택의 길이 있다. 하나는 그 상황을 감수하고 그냥 있는 것이고, 두 번째는 회사를 접는 것이다. 마지막은 회사를 바꾸는 것이다. 앞의 두 방법을 선택하지 않는다면, 이제 더는 이런 식으로 살 수 없다는 사실을 받아들일 때가 되었다.

변화는 두려운 일이다. 지금까지 쌓아 올린 것을 모두 무너뜨릴 수도 있다는 두려움은 당신만 느끼는 것이 아니다. 하지만 이런 우려를 모두 이겨내고 사고를 전환해야 한다. 당신이 바로 회사라는 믿음에서 벗어나, 회사가 하나의 독립체가 되도록 해야 한다. 올바른 비전과 구조, 올바른 사람이 자리를 잡으면, 회사는 최대한의 잠재력을 발휘해 발전할 것이다.

변화를 제대로 수용하려면 다음 네 가지 기본적인 믿음을 기꺼이 받아들여야 한다.

1. 제대로 된 경영진을 구성해야 한다.

2. 한계에 부딪히는 것은 필연이다.

3. 기업의 운영 체제는 하나여야 한다.

4. 마음을 열고, 약점을 드러내야 한다.

제대로 된 경영진을 구성하라

당신은 독재적 경영 방식을 선호하는가, 아니면 제대로 된 경영
진이 경영하는 방식을 선호하는가? 두 가지 방식 모두 효과가 있으
니 당신이 결정하기에 달렸다. 이 책의 철학은 건전한 경영진이 경
영하는 방식을 옹호한다. 당신과 함께 회사의 비전을 실현해갈 사
람들로 팀을 구성하는 방식이다. 경영진은 모두 확실한 책임감이
있어야 하고, 자신이 맡은 분야의 주도권을 쥐어야 한다. 당신은 이
들에게 모든 문제를 솔직하게 털어놓아야 하고, 힘을 합해 회사의
최선을 위해 함께 싸울 의지가 있어야 한다.

독재는 기업가를 지치게 할 뿐만 아니라 미래의 성장을 불가능
하게 한다. 간단한 계산이다. 한 사람이 의사 결정을 내리거나 문제
를 해결한다면 분명 한계가 온다. 그리고 만약 회사가 당신이 물러
나는 순간 와르르 무너지도록 설계되어 있다면, 회사는 결코 성공
적으로 영속할 수 없다.

아마도 당신은 지금까지 혼자서 모든 일을 처리해왔을 것이다.

하지만 규모가 일정 수준을 넘어가면 그런 방식으로 조직을 이끄는 것은 불가능하다. 회사를 성장시키고 싶다면서 영업, 서비스, 회계, 고객 불만 사항 처리, 후속 조치 등의 업무에 당신이 주기적으로 관여하는 것은 앞뒤가 맞지 않는 일이다.

그런 분야의 통제는 적합한 다른 사람에게 맡겨야 한다. 각 부서의 책임자는 자신이 맡은 분야에서 당신보다 뛰어나야 한다. 물론 그들에게 당신이 기대하는 바를 분명히 알리고, 효과적인 의사소통 및 책임 시스템을 도입해야 한다. 일단 적합한 사람을 적합한 자리에 앉히고 나면 나머지는 그들이 알아서 하도록 내버려두어야 한다.

이제 당신이 할 일은 적합한 사람을 뽑는 것이다. 회사 내에 적절한 인물이 없다면 다른 곳에서 영입하면 된다. 베스트셀러 작가 패트릭 렌시오니는 그의 책《탁월한 CEO가 되기 위한 4가지 원칙 Obsessions of an Extraordinary Executive》에서 바로 이 점에 대해 다음과 같이 말한다.

'응집력이 있는 경영진을 구성하고 유지하라.'

이것이 패트릭이 주장하는 건강한 조직을 만드는 첫 번째 규칙이다. 경영진을 구성하는 모든 임원은 회사의 문제가 자신의 책임이라는 사실에 동의해야 한다. 일단 어떤 문제에 책임을 지게 되면 문제를 해결하기 위해 노력할 수밖에 없다. 아직 특정 문제는 어떻게 해결해야 할지 모른다고 해서 걱정할 필요는 없다. 6장에서 다루는 문제 해결 경로를 읽고 나면 모두 알게 될 것이다.

당신이 두 번째로 가져야 할, 맹신에 가까운 믿음은 경영진이 움직이는 대로 회사도 움직인다는 것이다. 경영진은 조직 전체에 공동 전선을 펴야 한다. 회사에서는 답이 오직 하나여야 한다. 경영진은 전 직원을 뛰어난 인재로 양성할 책임이 있다.

한계에 부딪히는 것은 필연이다

회사는 보통 주기적으로 한계를 돌파하며 성장한다. 성장을 계속하다 보면 언젠가는 가용 자원의 한계에 도달하게 된다. 회사가 한계를 뚫고 다음 단계로 성장하려면 끊임없이 현재 상황에 대응해야 한다. 당신과 회사의 경영진은 이런 사실을 이해해야 한다. 회사는 서로 다른 세 가지 차원에서 한계에 부딪힐 것이다. 하나는 회사 차원, 또 하나는 부서 차원, 마지막 하나는 개인 차원이다.

이 세 가지 모두 성장하는 것만이 유일한 선택이다. 내적 성장이든 외형적 성장이든, 성장하지 않으면 죽기 때문이다. 대부분의 기업은 외형적 성장을 추구한다. 하지만 내적 성장도 뛰어난 기업을 위해 꼭 필요하다. 사실, 기업은 외형적 성장을 생각하기 전에 내적 성장부터 관심을 가지고 출발해야 한다. 역설적인 것은, 처음부터 내적 성장에 초점을 맞춘 기업이 결국에는 외형적으로도 더 빨리 성장한다는 것이다.

셰크터 웰스 스트래티지스(SWS)가 이것을 잘 보여주는 좋은 예다. 1971년 로버트 셰크터가 설립한 SWS는 평판이 좋은 탄탄한 기업이었다. 로버트는 그의 아들 마크와 사위 제이슨 지머맨이 합류하자 회사를 적극적으로 성장시키기로 결심했다. 하지만 회사의 내부 운영 자원은 이미 완전히 가동 중이어서 조직의 재편이 필요했다. 막강한 영업 부문, 강력한 기업 문화, 뛰어난 서비스 제공 능력을 갖추었지만, 유일한 장애는 운영 능력의 한계였다. 이들은 몇 달 안에 운영 부문이 제대로 돌아갈 수 있기를 원했다. 매우 공격적으로 설정한 이 시한에 맞추기 위해서는 회사의 구조를 바꾸고, 직원을 재평가하고, 프로세스를 일관성 있게 만들어야 했다.

각고의 노력, 집중, 굳은 결심을 통해 이들은 마침내 이 목표를 달성했다. 이들은 비전을 명확히 설정했고, 회사의 구조를 바로 세웠으며, 적합한 사람들을 적합한 자리에 앉혔고, 프로세스를 단순화했다. 1년이 조금 넘자 드디어 재편된 조직이 제대로 돌아가기 시작했다. 시간이 너무 많이 투입된 것처럼 보일 수도 있겠지만, 그보다 더 빨리 이루어질 수 없는 일이었다. 이들의 노력이 성공했다는 사실은 결과로 증명되었다. 매우 일 잘하는 부서 덕분에 지난 3년 동안 회사는 해마다 평균 50%씩 성장했다. 공격적으로 영업을 시작해, 늘어난 수주 물량을 감당하지 못하는 운영 부문에 새로운 사업을 억지로 밀어 넣었더라면, 이렇게 빨리 성장하지 못했을 것이다. 조직 전체가 붕괴되어 정신을 못 차렸을 뿐만 아니라 소중한 고객을 잃었을 수도 있다. 그런데 결과는 그와 반대로 그들의 참을 성과 각고의 노력이 보답을 받았다. 만약 당신 회사가 내부적으로 먼저 변화해야 할 필요가 있다면, 솔직히 인정하고 내적 성장과 비즈니스 모델을 갈고 다듬는 데 한두 해를 투자하라. 그러면 외형적인 매출액 성장도 이룰 수 있을 것이다.

내적으로 성장하든 외형적으로 성장하든, 한계에 부딪히는 때가 있다. 이 문제에 관해서는 서로 다른 여러 가지 통계 자료가 있지만, 결론은 동일하다. 많은 회사가 이런 성장통을 극복하지 못하고 주저앉는다. 미국 중소기업청 공식 홈페이지에 따르면 대략 50%의 중소기업이 창업하고 5년 안에 문을 닫는다. 경제학자 에이미 놉은 2005년 월간 노동 보고서에 실린 논문에서, 56%의 기업이 창업하고 4년 이내에 문을 닫는다고 말했다. 작가 마이클 거버는 자신의 책《사업의 철학 THE E-Myth Revisited》에서 이보다 훨씬 더 무서운 이야기를 하고 있다. 그는 80%의 기업이 사업을 시작하고 나서 5년 안에 실패하고, 살아남은 나머지 기업의 80%도 6~10년 안에 문을 닫는다고 말한다.

좋은 소식은, 다섯 가지 핵심 리더십 역량이 있는 경영진을 구성한다면 기업이 한계에 부딪혀도 살아남을 수 있다는 것이다. 다섯 가지 핵심 리더십 역량이란 단순화, 위임, 예측, 체계화, 구조화를 말한다. 당신과 경영진이 이 다섯 가지 역량을 발휘하는 만큼 당신 회사는 다음 단계로 성장할 수 있을 것이다. 지금부터 이 다섯 가지 핵심 리더십 역량을 하나씩 살펴보자.

단순화하라

여기서 당신이 외워야 할 주문은 KISS(Keep it simple, stupid)라는 약어다. 핵심은 당신 회사를 단순화하는 것이다. 이 말은 의사 전달 절차뿐만 아니라 회사를 운영하는 규칙도 간소화하라는 뜻이다. 프로세스, 제도, 메시지, 비전도 마찬가지다. 대부분의 회사는 매우 복잡한 상태로 출발한다. 모델, 시각 자료, 약어, 체크리스트 등을 써서 프로세스와 절차를 단순화하라. 기업이 성장할수록 프로세스와 절차가 복잡해지기 때문이다. 헨리 데이비드 소로는 《월든 Walden》에서 이 문제의 핵심을 이야기했다. 뒤에 랠프 월도 에머슨은 그보다 한 걸음 더 나아갔다.

'단순화하고 단순화하라.' _ 헨리 데이비드 소로

'단순화하라는 말 한마디면 충분했을 것이다.' _ 랠프 월도 에머슨

스트래티직 코치 프로그램의 창시자 댄 설리번은 다음과 같은

말로 핵심을 짚는다.

"조직이 새롭게 단순화 상태를 만들어내지 못하면 더 이상의 발전이나 성장은 불가능하다."

EOS 프로세스는 여러 도구를 이용해 새로 단순화 상태를 만들어낼 수 있게 돕도록 설계되어 있다. 단순화는 이 책 여기저기에서 몇 번이고 되풀이되는 공통된 맥락이다. 적을수록 좋다.

위임하라

한계를 돌파하는 역량은 위임하는 역량에도 달려 있다. '위임하고 올라설' 준비를 하라. 당신이 맡은 책임 중 많은 부분을 위임하고, 당신은 자신의 천부적인 재능을 최고로 발휘할 수 있을 만큼 올라서야 한다. 회사는 성장하는데, 당신이 주방장 겸 웨이터 겸 설거지 담당자 역할을 계속하는 것은 실용적이지 못하다. 조그만 일까지 모두 챙기는 행위는 회사의 성장을 방해한다. 당신이 개인적으로 성장할 때, 그런 당신 밑에서 회사도 성장하는 것이다. 이것이 바로 동아줄 버리기의 진정한 의미다.

이제 당신이 하지 않을 일을 다른 사람에게 위임해야 한다. 여기서 주의할 점은 알맞은 일을 맡겨야 한다는 것이다. 예컨대 메일을 확인하거나, 제안서를 작성하거나, 청구서를 승인하거나, 고객 불만 사항을 처리하는 일 같은 것이다. 다른 사람이 좋아하지 않을 만한 일을 넘기는 것이 걱정될 수도 있다. 하지만 때가 되면 그렇게 해야 한다. 그 일을 할 기량과 열의가 있는 사람은 어디에든 있다.

당신뿐만 아니라 당신 주위에 있는 사람도 위임하고 올라서는 법을 배워야 한다. 당신이 자신의 성장을 통해 회사를 성장시키듯이, 경영진을 구성하는 임원도 탄탄한 팀을 만들어 회사를 성장시킨다. 이런 식으로 회사는 성장을 지속하는 것이다.

예측하라

기업은 기본적으로 장기와 단기 두 가지 기준으로 예측한다.

장기 예측

상장 기업은 매출액을 예측한다. 그런 다음 실제 매출액을 발표하는데, 실제 매출액이 예상 매출액에 근접할 수도 있고 아닐 수도 있다. 실제 매출액이 예상 매출액과 비슷하면 주가는 지속해서 오른다. 실제 매출액이 예측치보다 낮으면 주가는 떨어진다.

장기 예측이란 90일 이상의 예측을 말한다. 장기 예측을 하려면 경영진이 회사의 목표가 무엇이고, 어떻게 그것을 달성할 것인지 알아야 한다. 그런 다음 먼 미래에서부터 시작해 거꾸로 거슬러오는 방식으로 예측한다. 회사의 10년 목표는 무엇인가? 3년 그림은 무엇인가? 1년 계획은 무엇인가? 그 방향으로 제대로 나아가려면 앞으로 90일 동안 무슨 일을 해야 하는가?

처음 이 일을 하면 감당하기 어렵다고 느껴지므로 부담감을 조금 줄이자. 수정 구슬을 가진 사람은 아무도 없다. 누구도 내일 무슨 일이 일어날지 확실하게 알 수 없다는 뜻이다. 장기 예측은 앞으로 무슨 일이 일어날지 예언하는 것이 아니라, 현재 당신이 알고 있는 사실을 기반으로 내일 무슨 일을 해야 할지 결정하는 것이다.

다른 말로 표현하자면, 경영진은 다른 사람들보다 훨씬 자주 '나무 위로 올라가야' 한다. 나는 장기 예측을, 근시안인 사람들이 팀을 이뤄 정글에 길을 내는 것에 비유한다. 이 팀은 지금까지 정글에 길을 낸 팀 중에서 가장 생산적일 수도 있고, 앞선 어떤 팀보다 두 배 이상 생산적일 수도 있다. 하지만 나무 위로 올라가 어느 방향으로 길을 내야 할지 알려주는 리더가 없다면, 팀원들은 틀림없이 지그재그로 길을 낼 것이다. 긴 안목으로 상황을 보는 데 익숙해져야 한다. 리더로서의 당신은 시간의 100%를 일에 파묻혀 보내서는 안 된다. 그래야 당신이 목표한 곳에 더 빨리 도달할 수 있다.

단기 예측

장기 예측은 90일 이상이 필요하지만, 단기 예측은 바로 앞의 미래에 초점을 맞춘다. 일 또는 주 단위로 일어날 문제에 초점을 맞추는 것이다. 이것은 회사의 장기적 발전에도 영향을 미친다.

당신은 회사의 리더로서 적어도 하루에 대여섯 개 이상의 문제에 부딪힐 것이다. 대부분의 리더는 지루하고 힘든 일상 업무에 파묻혀 헤매느라, 골치 아픈 문제는 적당한 선에서 빨리 덮어버리고 다음 주를 맞이하기 위해 엉성한 미봉책을 생각해낸다. 이런 일이 오랫동안 쌓이다 보면, 조직은 테이프와 노끈으로 여기저기 친친 감아 놓은 형국이 되어 언젠가는 무너지고 만다.

체계화하라

고객 요청에 응대할 때, 순간적으로 판단을 내릴 때, 그때그때 상황에 따라 창의적인 결정을 할 때 등 당신은 종종 직감에 의존해 회사를 운영해왔을 것이다. 그러다 어떤 행동은 지나칠 정도로 불필요했다는 사실을 알게 되었을 것이다. 이때가 업무를 체계화할 때이다.

어떤 기업이든 운영에 필요한 핵심 프로세스는 얼마 되지 않는다. 체계화란 이런 핵심 프로세스를 모두 찾아내 완전하게 작동하는 장치로 통합하는 것이다. 일반적으로 인적 자원 프로세스, 마케팅 프로세스, 판매 프로세스, 운영 프로세스, 고객 유지 프로세스, 회계 프로세스 등이 있다. 이런 모든 프로세스는 서로 조화를 이루어 돌아가야 하고, 조직 내 각 계층에 있는 모든 사람이 알 수 있도록 명백해야 한다.

그러려면 먼저 회사 프로세스에 대한 경영진의 의견이 일치해야 하고, 각 프로세스에 이름을 붙여야 한다. 프로세스는 회사의 사업 방식이라 할 수 있다. 일단 경영진이 회사의 사업 방식에 동의하면 다음에 할 일은 핵심 프로세스를 단순화하고, 기술을 적용한 후에 문서화하고, 세부적으로 다듬는 것이다. 이렇게 해야 효율적으로 회사를 체계화할 수 있다. 그러면 쉽게 오류를 제거하고 관리할 수 있으며 수익성도 향상된다.

회사를 체계화하고 나면, 어떻게 다섯 가지 핵심 리더십 역량이 어우러져 한계를 돌파할 수 있는지 알게 된다. 회사가 핵심 프로세스를 굳게 지키는 것과 동아줄을 버리려는 당신의 의지 사이에는 직접적인 상관관계가 있다. 담당 임원에게 모든 책임을 일괄해서 넘겨버리면, 위임하고 올라서는 일이 훨씬 쉬워진다. 해당 임원이 맡은 일을 처리할 기량을 갖추고 프로세스를 따르는 한, 당신은 그에게 맡긴 일이 바르게 처리되리라고 확신할 수 있다.

구조화하라

끝으로, 당신과 경영진은 회사 조직을 바르게 구성해야 한다. 회사는 복잡성을 줄이고 책임 소재가 분명하도록 조직되어야 한다. 거기에 더하여, 당신이 다음 단계로 올라설 수 있도록 설계되어야 한다. 꽉 막힌 상황에서 벗어나지 못하는 회사가 많다. 옛날 방식을 고수하고, 성장에 맞춰 변화하려 하지 않기 때문이다.

대부분의 중소기업은 구조가 너무 느슨하거나 구조 자체가 아예 없다. 이들 중 상당수가 오너의 자존심, 개성, 두려움 등에 의해 관리되는 구조다. 이런 함정에 빠지지 않도록, 당신은 이 책에서 책임 조직도를 활용하는 법을 배울 것이다. 책임 조직도를 활용하면, 성장을 촉진하고 전 임직원의 역할과 책임이 명확한 조직을 만들 수 있다.

기업의 운영 체제는 하나여야 한다

회사는 뚜렷한 하나의 비전을 갖고 있어야 하고, 목소리, 기업 문화, 운영 체제도 하나여야 한다. 회의하는 방식, 우선순위를 정하는 방식, 계획을 수립하고 비전을 세우는 방식, 사용하는 용어, 임직원과 의사소통하는 방식이 모두 같아야 한다. EOS는 모든 사람을 한 가지 방식으로 묶는 운영 체제다. 컴퓨터 프로그램이 하나의 시스템 안에서 동작이 이루어지도록 구성되어야 사용자가 훨씬 생산적인 결과를 얻듯이, EOS도 기업에 같은 역할을 한다.

당신이 만약 어떤 회사의 경영진을 구성하는 기업가나 CEO, 영업·마케팅·운영·재무 책임자 들을 각각 평가해보고 능력 있는 사람들이라는 판단을 내렸다면, 당신은 그 회사가 틀림없이 성공하리라고 생각할 것이다. 하지만 아무리 능력 있는 사람들이 모였다

해도, 회사 운영 체제를 하나로 정하지 않았다면 성과를 내기 힘들 것이다.

회사에서는 두 사람이 서로 완전히 다른 언어를 사용하는 일이 자주 벌어진다.

· "자네 목표가 뭐지?" "제 계획 말입니까?"

· "프로세스가 어떻게 되지?" "절차를 말하는 겁니까?"

· "월간 목표를 설정했으면 좋겠네." "저희는 지금까지 주간 단위로 설정해 왔습니다."

두 시스템이 서로 반대로 돌아가면 기업은 결국 망하고 만다. 여러 운영 체제를 기반으로 뛰어난 회사를 만들 수는 없다. 하나의 운영 체제를 선택해야 한다. 이 책이 권하는 운영 체제는 EOS다.

마음을 열고, 약점을 드러내라

《위험 감수하기 Risking》의 저자 고(故) 데이비드 비스콧 박사는 이렇게 말했다.

'위험을 감수하지 않으면 성장하지 못한다. 성장하지 못하면 최고의 모습을 보여줄 수 없다. 최고의 모습을 보여주지 못하면 행복할 수 없다. 당신이 행복하지 않은데 그 무엇이 중요한가?'

사업에서도 이와 마찬가지로 당신과 다른 새로운 생각에 마음을 열어야 한다. 모르는 것이 있으면 모른다는 사실을 솔직히 인정해야 한다. 도움을 요청하고, 기꺼이 도움을 받아들여야 한다. 무엇보다 중요한 것은 당신의 장단점을 알고, 어떤 분야에 당신보다 기량이 뛰어난 사람이 있다면 그 사람에게 책임을 맡기는 것이다.

나는 쓰라린 경험을 통해 이런 믿음의 가치를 배웠다. 한번은 내가 지도한 EOS 프로세스가 실패로 돌아가, 왜 그런 일이 일어났는지 곰곰이 생각해보았다. 결론은 매우 간단했다. 그 회사의 경영진이 약점을 드러내거나 마음을 열려고 하지 않았기 때문이다. 그러다 보니 어떤 결정을 내리거나 어려운 문제를 토의하는 것이 전쟁과 같았기에, 그 회사를 컨설팅하면서 성취한 것이 거의 없었다. 그래서 컨설팅은 양쪽 모두 불만족스럽게 끝났다. 그 후로는 잠재 고객사와 처음 인터뷰할 때 경고 신호를 확인하는 버릇이 생겼다. 고객사가 왜 EOS 프로세스를 받아들일 준비가 되지 않았는지 이해시켜야 할 때도 있었다.

당신도 약점을 드러낼 준비가 되지 않았다면 이 여정을 시작할 필요가 없다. 먼저 경계를 풀고 조직의 참모습을 직시해야 한다. 경영진과 함께 겉치장을 지우고, 마음을 열고 솔직해져라. 모든 답을 알고 있어야 하고, 절대 틀려서는 안 된다고 생각하는 리더는 핵심을 완전히 잘못 알고 있다. 마음을 연다는 것은 새로운 생각을 받아들인다는 뜻이고, 발전을 위해 변화할 준비가 되었다는 뜻이다. 팔짱을 끼고 있으면 아무것도 그 안에 들어갈 수 없다. 마음은 낙하산과 같다. 펼쳐져야 작동한다.

이 여정을 시작하려면 성장 지향적이어야 한다. 지금까지 성장을 원한다는 사람을 많이 만나보았지만, 상당수가 성장이 가져올 도전 과제와 격변에 관한 이야기를 듣고는 질겁하는 모습을 보였다. 이들은 지금의 회사 크기에 만족한다고 하며, 그 만족감을 옹호하는 많은 주장을 펼쳤다. 하지만 EOS는 성장을 돕기 위해 설계된 시스템이다.

지금까지 설명한 내용이 다음 네 가지 기본적인 믿음이다.

1. 제대로 된 경영진을 구성해야 한다.
2. 한계에 부딪히는 것은 필연이다.
3. 기업을 경영하는 운영 체제는 하나여야 한다.
4. 마음을 열고, 약점을 드러내야 한다.

당신이 이 믿음을 받아들인다면 동아줄을 버릴 준비가 된 셈이다. 이제 당신 회사를 다음 단계로 끌어올려 더 강한 조직으로 만드는 데 도움이 될 도구를 배울 때가 되었다.

당신은 앞으로 3~8장에 걸쳐 당신 회사의 여섯 가지 핵심 요소를 강화하는 법을 배울 것이다. 한 장 한 장 읽어나갈 때마다 EOS 구조를 더 잘 이해할 수 있을 뿐만 아니라, 각 구성 요소가 다음 구성 요소와 어떻게 연결되어 있는지도 알게 될 것이다. 이런 사실을 염두에 두고 모든 추진력이 시작되는 비전 요소부터 살펴보기로 하자.

CHAPTER 3

비전

: 당신이 하는 말을 직원들이 알아듣는가?

몇 해 전에 아버지가 재밌는 말을 해주었다. 사람들은 대화 중에 "내가 무슨 말 하는지 알지 Do you see what I'm saying?"라며 자신의 의견을 확인하는 버릇이 있다는 것이다. 따지고 보면 이치에 맞지 않는 소리다. 말은 보이지 않기 때문이다. 하지만 시간이 흐르면서 이 표현이 나름대로 이치에 맞는다는 생각이 들기 시작했다.

나의 아버지는 비저너리 Visionary다. 그는 한 명이 되었건 천 명이 되었건 사람들을 이끌고, 관리하고, 다루고, 사람들과 소통하는 법을 가르쳐준 나의 첫 번째 멘토다. 아버지는 미 연설가협회 명예의 전당에 오른 140인 중 한 사람이다. 미국 최고의 부동산 판매 교육회사를 설립하였고, 언스트 앤 영 Ernst & Young이 수여하는 올해의 기업가상 최종 후보자 명단에도 두 번이나 올랐다.

아버지처럼, 기업가는 대부분 자신의 비전을 분명히 볼 수 있다. 문제는 회사 내의 다른 사람도 모두 그 비전을 보고 있다고 착각하는 것이다. 하지만 직원의 대부분은 그렇지 않다. 그 결과 리더는 좌절하고, 직원들은 혼란스러워하며, 비전은 실현되지 못한다.

추진력을 얻는 프로세스는 여기에서 시작한다. 당신의 비전을 명확히 하라. 그러면 사람이나 프로세스, 재무, 전략, 고객 등에 관해 더 나은 결정을 내릴 수 있을 것이다.

기업가는 머릿속에 있는 자신의 비전을 끄집어내 종이 위로 옮긴 다음 조직 구성원과 공유해야 한다. 그래야 모든 사람이 회사의 목표가 무엇인지 보고, 그 목표를 향해 함께 갈 것인지 말 것인지 결정한다. 전 직원이 같은 생각을 하면 문제를 훨씬 더 빨리 해결할 수 있다. 패트릭 렌시오니는《탁월한 조직이 빠지기 쉬운 5가지 함정 The Five Dysfuctions of a Team》에서, 스타트업에서 시작해 매출액 10억 달러의 회사로 키운 한 친구의 말을 소개한다.

'회사의 모든 임직원이 같은 방향으로 노를 젓게 할 수 있다면, 어느 시대, 어떤 시장에서, 어떤 사업자와 경쟁하는 산업이라도 지배할 수 있다.'

어떤 기술 기업은 2년 연속 한계에 부딪히자 최근 EOS 프로세스를 시작했다. 이 기업의 가장 큰 문제는 한계에 부딪힌 이유를 경영진이 모른다는 것이었다. 조사해보니, 가장 중요한 이유는 회사의 중심이 되는 비전이 없다는 것이었다. 이 회사는 매우 다른 세 가지 서비스를 시장에 제공하고 있었다. 직원들은 여러 다른 고객에게 서비스를 제공하기 위해, 한 시간에도 몇 번씩 성격이 다른 업무를 번갈아 처리해야 해 회사 내부 운영이 쓸데없이 복잡했다.

이 회사는 EOS 프로세스를 시작하며 한 방향으로만 집중하기로 했다. 경영진은 두 번의 세션을 거치는 동안 회사의 정체성과 하고자 하는 것은 무엇이며, 어느 방향으로 가야 할지 명확한 비전을 설정했다. 이들은 짧은 시간 안에 조직을 단순화했다. 세 가지 서비스 중 두 가지를 버리고 자원의 여유를 확보했다. 그러자 직원들은 한 종류의 고객에게 한 분야의 서비스를 제공하는 데만 집중하면 되었고, 그 결과 서비스 품질이 훨씬 높아졌다. 이제 회사는 명확한 목표와 마케팅 전략을 갖게 되었다. 당연한 일이겠지만, 회사는 다시 성장하기 시작해 최근에 1분기 기준으로 역대 최고 매출을 올렸다. 전년도 1분기 대비 매출이 125%나 성장한 것이다.

비전 설정의 첫 단계는 놓아주는 것이다. 당신이 명확히 하려는 비전은 당신만의 것이 아니다. 비전은 더 큰 무언가를 설정하는 것이 되어야 한다. 더 나은 선(善)으로 가는 길을 제시하는 비전을 수립해야 한다. 비전 수립이 빠를수록 오래 지속하는 회사를 만드는 데 필요한 결정을 더 빨리 내릴 수 있다. 강력한 비전을 수립하는 법을 배우려면 먼저 여덟 가지 중요한 질문에 답해야 한다.

여덟 가지 질문

먼저 회사의 비전은 100쪽은 될 정도로 길어야 한다는 통념부터 떨쳐버리자. 재무에 관한 문제라면 그 정도로 자세한 내용이 필요할지 모르지만, 뛰어난 회사를 만드는 데는 그럴 필요까지 없다. 여덟 가지 질문에만 답하면, 당신을 포함한 회사 경영진은 회사의 비전을 명확히 세울 수 있다. 궁극적으로 전 직원은 회사가 가고자 하는 방향을 '보게' 될 것이다.

EOS의 첫 번째 도구는 '비전 추진 계획서(V/TO; The Vision/Traction Organizer)'다. V/TO는 당신의 비전을 머릿속에서 끄집어내 종이 위에 옮기는 것뿐만 아니라, 여덟 가지 질문에 답하는 데도 도움이 되도록 만들어졌다. V/TO를 이용하면 회사의 목표가 무엇이고, 그것을 어떻게 달성할지 명확한 그림을 그릴 수 있다. 중요한 것은 이런 일을 쉽게 할 수 있다는 것이다. 당신의 비전을 단 두 장의 종이에 요약할 수 있다. 다음 페이지에 V/TO 서식을 본보기로 예시했다.

나는 처음에 예전 동업자였던 에드 에스코바에게 계획을 단순화하는 것의 힘을 배웠다. 에드와 나는 나의 아버지와 함께 부동산 판매 교육 회사의 공동 소유자로서 경영에도 참여했다. 한번은 에드가 내가 회사에 들어오기 전에 있었던 일을 들려주었다. 그는 상당히 긴 사업계획서를 작성해서 아버지에게 제출했다고 한다. 그러자 아버지는 한번 훑어보더니 "좋긴 한데 이걸 10페이지로 요약할 수 있겠나?"라고 말했다고 한다. 에드가 끙끙대며 10페이지짜리 사업계획서를 만들어 가져갔더니, 아버지는 만족스러워하면서도 "이걸 다시 두 페이지로 요약할 수 있겠나?"라고 했다고 한다. 에드는 당황스러웠지만, 다시 힘든 작업을 거쳐 두 쪽짜리 사업계획서를 작성했다고 한다. 아버지가 다시 한 페이지로 요약해보라고 하였지만, 그것은 불가능했다고 한다. 그래서 최종적으로 나온 것이 두 페이지로 된 사업계획서다. 이렇게 단순화한 사업계획서가 북아메리카 최고의 부동산 판매 교육 회사를 탄생시킨 촉매제가 되었다. 이 일을 계기로 에드는 일생의 사업 관리 계획으로 알려진 단순화된 사업계획서 작성 도구를 개발하게 되었다. 일생의 사업 관리 계획은 내가 사업계획서를 작성하기 위해 처음으로 사용한 도구다.

이런 나의 생각을 가다듬는 데 도움을 준 사람이 《록펠러식 경영 습관 마스터하기 Mastering the Rockefeller Habits》의 저자 번 하니시다. 그는 인기 있는 성장 구루로, 청년기업가협회(지금은 기업가협회로 이

비전 추진 계획서(V/TO)

VISION

회사명:
_____

핵심 가치	1. 2. 3. 4. 5.
핵심 역량	목적/대의/열정: 우리의 특기:
10년 목표	
마케팅 전략	표적 시장/목록: 세 가지 독특한 요소: 1. 　　　　　　　　　　2. 　　　　　　　　　　3. 입증된 프로세스: 보장책:
3년 그림	목표일: 매출액: 이익: 측정 지표: 어떤 모습일까? · · · · · ·

비전 추진 계획서(V/TO)

TRACTION

회사명: _____

1년 계획	목표일: 매출액: 이익: 측정 지표:	**연간 목표** 1. 2. 3. 4. 5. 6. 7.	
록 (Rocks)	목표일: 매출액: 이익: 측정 지표:	**분기 록** 1. 2. 3. 4. 5. 6. 7.	**담당자**
문제 목록	1. 2. 3. 4. 5. 6. 7. 8. 9. 10.		

름을 바꾸었다)를 설립했고, 〈포춘 스몰 비즈니스^{Fortune Small Business}〉에 고정으로 글을 기고한다. 그는 나에게 한 장으로 만든 자신의 전략 계획을 소개해주었는데, 이 전략 계획은 내가 V/TO를 만드는 데 큰 도움이 되었다.

짐 호런도《한 장의 비즈니스 플랜^{The One Page Business Plan}》에서 일반적인 통념을 깨부순다. 그중 대표적인 것 두 개가 '좋은 사업계획서는 길어야 한다.'는 것과 사업계획서를 작성하려면 '6개월이 걸리고, 오너와 핵심 경영진이 많은 시간을 쏟아부어야 하며, 값비싼 컨설턴트를 써야 한다.'는 것이다. 호런이 지적했듯이 이 중에 맞는 말은 하나도 없다. 일반적으로, 전략 계획에 대한 단순화된 접근법이 최고의 접근법이다.

비전이란 무엇인가? 비전은 당신과 당신 회사의 정체성이 무엇이고, 당신 회사의 목표가 무엇이며, 그 목표를 어떻게 달성할 것인가를 명확하게 밝히는 것을 말한다. 비전은 간단하게 표현되어야 한다. 이미 당신 머릿속에 들어 있을 것이기 때문이다. 그런데 경영진이 다섯 명이면 각자 생각하는 회사 비전이 다를 수도 있다. 목표는 경영진 모두 같은 생각을 하게 하는 것이다.

다음 여덟 가지 질문에 대한 경영진의 답이 모두 같으면, 회사는 그만큼 더 분명한 비전을 갖게 될 것이다.

지금부터 다음 여덟 가지 질문에 답하고 V/TO 서식을 다 채워 넣어보자. 그러면 당신 회사의 비전이 무엇인지 명확하게 알 수 있을 것이다. 여덟 가지 질문은 아래와 같다.

1. 회사의 핵심 가치는 무엇인가?
2. 회사의 핵심 역량은 무엇인가?
3. 회사의 10년 목표는 무엇인가?
4. 회사의 마케팅 전략은 무엇인가?
5. 회사의 3년 그림은 무엇인가?
6. 회사의 1년 계획은 무엇인가?
7. 회사의 분기 록은 무엇인가?
8. 회사의 문제는 무엇인가?

시간을 쪼개 회사를 벗어난 곳에서 하루나 이틀에 걸친 회의를 통해 여덟 가지 질문에 대한 답을 도출하기를 권한다.

회사의 핵심 가치는 무엇인가?

핵심 가치는 시간이 흘러도 변하지 않는, 회사를 이끌어가는 매우 중요한 원칙을 말한다. 경험상 핵심 가치는 3~7개 사이가 바람직하다. 다른 것과 마찬가지로 이것도 적을수록 좋다. 핵심 가치는 회사의 기업 문화와 임직원의 정체성을 규정한다. 핵심 가치가 명확하면 비슷한 생각을 가진 사람들이 회사를 찾아올 것이다. 마찬가지로 핵심 가치와 맞지 않는 사람은 회사를 떠날 것이다. 일단 핵심 가치가 정해지면, 그 가치를 기준으로 직원을 채용하고, 평가·보상·표창·해고해야 한다. 그래야 핵심 가치를 중심으로 번성하는 기업 문화를 구축할 수 있다.

안타까운 일이지만, 대부분의 기업은 핵심 가치를 명확하게 규정하지 않고 있다. 회사에 명확한 핵심 가치가 없으면 회사가 성장할 수 없다. 임직원이 그것을 받아들이지 않으면, 그들의 행위는 회사의 대의에 도움이 되기보다는 오히려 해가 된다. 핵심 가치를 규정하지 않으면, 어떤 직원이 그것을 믿고 어떤 직원이 믿지 않는지 알 방법이 없다.

이미지 원이 EOS 프로세스를 시작했을 때의 이야기다. 처음에 몇 시간을 들여 회사의 핵심 가치부터 규정할 것이라고 말하자 이미지 원의 공동 오너인 롭 두베가 문제 해결 과정부터 하자고 주장했다.

"회사의 문제를 미리 정리해 왔습니다. 엄청나게 많아요. 이 문제부터 해결하고 나서 핵심 가치인가 뭔가를 하시지요."

나는 그에게 일단 나를 믿어달라고 말했다. 한 시간 뒤에도 핵심 가치를 찾는 일이 마음에 들지 않는다면, 그때는 문제 해결로 넘어가자고. 모든 과정을 마친 지금은 그의 태도가 완전히 바뀌었다. 롭은 지금 이렇게 말한다.

"핵심 가치를 규정하는 작업은 그냥 좋은 게 아니라 엄청나게 좋았어요. 그날 이후로 핵심 가치의 포로가 되었죠. 그래서 회사에 입사하는 사람한테는 항상 그 이야기를 합니다. 사람들한테 EOS에 관해 이야기할 때도 빠트리지 않죠. 핵심 가치를 규정하고 나서 회사가 바뀌었어요. 업무를 처리하는 방식도 바뀌었고, 직원을 채용하는 방식도 바뀌었죠."

핵심 가치를 찾아 조직에 주입하는 일이 갖는 힘에 관해서는 이미 여러 책에서 기술하고 있다. 《성공하는 기업의 8가지 습관 Built to Last》의 저자 짐 콜린스와 제리 포러스는 책을 쓰기 위해, 6년간 온갖 불황을 뚫고 수십 년을 견뎌온 기업을 조사했다. 이들이 발견한 중요한 사실 중 하나는, 이 기업들은 초기에 핵심 가치를 규정하고 그것을 중심으로 직원들의 문화를 발전시켜왔다는 것이다.

그럼에도 불구하고 최근 들어 핵심 가치의 중요성이 폄하되고 있다. 1990년대에는 지나치다 싶을 정도로 떠받들던 핵심 가치를 이제는 진부한 것으로 인식한다. 그래서 핵심 가치는 역설적으로 그 어느 때보다도 중요해졌다.

핵심 가치는 이미 당신 회사 안에 존재한다. 다만, 일상적인 업무의 혼란 속에서 찾지 못하고 있을 뿐이다. 당신의 임무는 이미 있는 핵심 가치를 찾아내, 회사가 따라야 할 규칙으로 다시 주입하는 것이다.

아래에 모든 EOS 고객사가 자사의 핵심 가치를 찾기 위해 따르는 절차를 소개한다. 제일 먼저 경영진과 회의 일정을 잡아라. 회의는 최소 두 시간, 가급적 회사를 벗어난 곳에서 하는 것이 좋다. 전략적 사고는 회사에서 벗어나야 원활하게 이루어지기 때문이다. 이 회의에서 당신이 따라야 할 절차는 다음과 같다.

1단계

참석자 전원이, 회사에 꼭 필요한 인재라고 생각하는 사람 세 명의 이름을 적어 낸다. 이름을 다 적었으면, 화이트보드에 이름을 게시해 참석자 전원이 볼 수 있게 한다.

2단계

이름을 하나하나 짚어가며 그 사람이 보여주는 특성을 적는다. 그 사람을 가장 잘 드러내는 특질은 무엇인가? 어떤 이유로 그 사람이 선정되었는가? 가능한 특질을 모두 볼 수 있도록 해당 사항을 전부 적는 것이 좋다. 당신의 생각을 돕기 위해 실제로 쓰이고 있는 핵심 가치를 나열하였으니 참고하라.

- 능력이 탁월하다.

- 늘 완벽함을 추구한다.

- 반드시 해낸다.

- 올바른 일을 한다.

- 공감 능력이 뛰어나다.

- 정직하고 진실하다.

- 성취를 갈망한다.

- 열정적이고, 에너지가 넘치며, 경쟁심이 강하다.

- 개인의 능력과 창의성을 북돋운다.

- 책임감이 강하다.

- 고객을 최우선으로 섬긴다.

- 열심히 일한다.

- 결코 만족하지 않는다.

- 끊임없이 자기 발전을 추구한다.

- 남을 돕는 데 앞장선다.

- 직업 정신이 투철하다.

- 개인의 자발성을 장려한다.

· 성장 지향적이다.

· 모든 사람을 존중한다.

· 성과를 기반으로 기회를 부여한다.

· 창의력과 꿈과 상상력이 있다.

· 부정적인 태도를 보이지 않는다.

· 자신감이 넘친다.

· 수수하면서 겸손하다.

· 디테일에 강하다.

· 헌신적이다.

· 평판의 가치를 이해한다.

· 재미있다.

· 공정하다.

· 팀워크를 장려한다.

3단계

당신 회사의 핵심 가치는 2단계에서 적은 리스트 안에 들어 있다. 이제 이 리스트를 줄여나가자. 먼저 정말로 중요한 항목에는 동그라미를 치고, 그렇지 않은 항목에는 줄을 긋고, 비슷한 항목은 서로 묶어라. 이렇게 1차 작업을 마치고 나면 5~15개의 항목이 남아야 한다.

4단계

이제 어려운 결정을 내릴 차례가 되었다. 토론과 논쟁을 거쳐, 어떤 가치가 정말로 당신 회사에 맞는 핵심 가치인지 결정하라. 목표는 리스트를 3~7개로 줄이는 것이다. 예를 들어, 부동산 관리 회사 매킨리의 핵심 가치는 '할 수 있다.' '검비 Gumby[*]' '서비스' '결과' '노련함'이다.

핵심 가치를 선정하자마자 바로 달려나가 직원들에게 알리는 대신, 경영진에게 30일 동안 숙려할 기회를 주어야 한다. 그런 다음 다시 경영진이 모여 최종안에 서명하는 것으로 마무리 지으면 된다.

다음 단계는 이렇게 선정된 핵심 가치를 전 직원에게 알리는 것이다. 이제 당신이 발표문을 준비할 시간이다. 각각의 핵심 가치를 그냥 낭독하기만 해서는 의미를 제대로 이해시킬 수 없다. 따라서

---

[*] 찰흙 인형의 이름. 1950년대에 TV 만화 주인공으로 탄생해 1990년대에는 〈검비 스토리〉라는 영화로 만들어지기도 했다. 검비를 핵심 가치로 쓴 이유는 찰흙 인형이라 형태를 쉽게 변형할 수 있으므로 융통성이 있다는 뜻이기도 하고, 만화에 나오는 검비의 성격이 밝고 협조적이며 정직해서 그런 의미를 내포한다고 할 수 있다.

핵심 가치마다 관련된 이야기나 비유, 예시 등을 들어 그 중요성을 이해시킬 필요가 있다.

발표문을 준비할 때 모든 핵심 가치를 같은 형식이나 시제로 표현하여야 한다. 그리고 핵심 가치마다 그것의 중요성을 보여주는 3~5개의 사례를 덧붙이도록 한다.

핵심 가치는 당신 회사를 인도하는 나침반이 되어야 하고, 직원을 채용하는 절차에도 반영되어야 한다. 채용 후보자를 면접할 때는 회사의 핵심 가치를 말해주어야 한다. 지원자도 당신 회사가 어떤 곳인지 알아야 하기 때문이다. 회사에 적합한 기량을 갖춘 사람을 찾기는 쉬운 일이다. 하지만 당신은 같은 방향으로 노를 저을 사람을 원한다. 지원자의 기량에 앞서 핵심 가치부터 평가한다면 채용 성공률이 높아질 것이다. 우리 고객사는 모두 이런 방식을 따른다. 이유가 무엇일까? 효과가 있기 때문이다.

핵심 가치에 관한 발표문을 작성해 발표하고, 그 내용이 채용 절차에도 반영되었다면, 이제 그 가치는 회사 내의 공용 언어가 될 것이다. 이제는 핵심 가치가 살아 움직이기 시작할 때이다.

핵심 가치를 살아 움직이게 하는 데는 여러 가지 방법이 있다. 예컨대 아주 멋진 기업 문화를 가진 어떤 고객사는 핵심 가치의 이름을 따서 회의실 이름을 지었다. '검비'를 핵심 가치로 정한 매킨리는 전 직원에게 검비 인형을 선물했다. 인형에는 '검비는 융통성이 있고, 협조적이고, 낙관적이고, 정직하고, 순수하고, 모험을 좋아하고, 겁이 없고, 타인을 사랑하며, 모든 사람의 친구'라는 꼬리표가 달렸다.

우리 고객사 중에는 다른 회사를 인수한 회사도 있고, 다른 회사와 합병한 회사도 있고, 다른 회사에 인수된 회사도 있다. 다른 회사에 인수된 회사는 다섯 곳인데, 모두 대단히 높은 가격에 팔렸고, 인수한 회사의 만족도도 매우 높았다. 인수나 합병된 회사가 성공을 계속 이어가는 가장 큰 이유는, 핵심 가치의 정합성 때문이다. 나는 기업 실사를 할 때는 핵심 가치의 정합성부터 따져보라고 고객사에 권유한다. 핵심 가치가 서로 맞으면 모든 것이 잘 돌아갈 것이다. 만약 그 것이 맞지 않는다면 인수 합병 절차를 중단하라고 권유한다.

요컨대 핵심 가치의 내용보다는 그것을 명확하게 설정하고, 직원에게 전파하고, 조직 내에 살아 움직이게 만드는 것이 더 중요하다. 그래야 회사를 성장시킬 사람으로 주변을 채울 수 있을 것이다.

이제 회사의 핵심 가치를 설정하도록 하라. 그 일이 끝나면 핵심 가치를 V/TO에 적어 넣어라.

회사의 핵심 역량은 무엇인가?

정신없는 비즈니스의 세계에서 회사가 궤도를 이탈하는 것은 그리 드문 일이 아니다. 회사는 늑대가 양의 탈을 쓴지도 모르고 그 것을 기회로 생각하고 쉽게 흔들릴 때가 있다. 한 사업에서 성공을 거두었다고 다른 사업에서도 성공할 것으로 오판할 때도 있다. 때에 따라서는 사업에 권태를 느낄 수도 있다.

경영진이 할 일은 회사의 핵심 역량을 정해, 어떤 일이 일어나도 그것에서 벗어나지 않도록 하는 것이다. 여러 가지 이유로 회사는 핵심 역량에서 벗어날 수 있다. 우리 고객사의 경영자인 스티브는 이 요인을 '눈길을 끄는 것'이라고 부른다. 경쟁사나 새로운 아이디어, 신제품 혹은 당시에는 가치 있는 조언처럼 보이는 형편없는 조언 등을 예로 들 수 있다.

핵심 역량의 중심 개념은 시간이 지나면서 여러 가지 다른 이름으로 불려왔다. '기업 목표', '사훈', '좌우명', '핵심 사업', '스위트 스 폿', '구역', '공('공에서 눈을 떼지 마라'에서 유래)' 등을 예로 들 수 있다. 스티븐 코비는 《성공하는 사람들의 8번째 습관 The 8th Habit》에서 이 것을 '목소리'라고 부른다. 댄 설리번은 이것을 '독특한 능력'이라고 부른다. 짐 콜린스는 《좋은 기업을 넘어 위대한 기업으로 Good to Great》에서 이것을 '고슴도치 개념'이라고 부른다. 내가 이것을 핵심 역량이라고 부르는 이유는, 그것이 회사의 핵심에서 나와야 하고,

전 직원이 이 개념에 중점을 두고 레이저 광선처럼 집중해야 하기 때문이다.

러셀 콘웰은 《다이아몬드 밭 Acres of Diamonds》이라는 책에서 이 점을 잘 보여주고 있다. 이야기는 대략 이렇게 전개된다.

옛날에 많은 과수원이 있는 대형 농장을 소유한 알리라는 사람이 살았다. 그는 자신이 가진 것에 만족했다. 그러다 어느 날 마을 신부를 만나 하나님이 다이아몬드라는 것을 창조했고, 엄지손가락 크기의 다이아몬드 하나만 있으면 그 지역의 땅을 다 살 수 있다는 이야기를 듣게 되었다. 알리는 그날 밤 비참한 기분으로 잠이 들었다. 그리고 다음 날, 자신의 농장을 팔아치우고 다이아몬드를 찾아 길을 떠났다.

알리는 몇 년 동안 팔레스타인과 유럽 전역을 헤매고 다녔지만, 다이아몬드는 하나도 찾지 못하고 무일푼이 되고 말았다. 절망에 휩싸인 알리는 거친 바다에 몸을 던져 생을 마감했다. 얼마 후 다이아몬드 이야기를 해주었던 신부가 알리의 농장을 방문하게 되었다. 새 농장주와 이야기를 나누던 신부는 벽난로 위 선반에 놓인 조그만 다이아몬드를 보고 "이거 어디서 난 겁니까?" 하고 물었다. 새 농장주는 이렇게 대답했다.

"우리 농장 가운데 개울이 흐르는데, 거기 가면 이런 돌이 잔뜩 있습니다."

우리는 대부분 자신의 다이아몬드 광산 위에 앉아 있다. 하지만 권태를 느끼거나, 욕심이 지나치거나, 다른 사람이 가지고 있는 떡이 더 커 보일 때 그 다이아몬드 광산을 잃는다.

당신의 핵심 역량을 찾아 거기에 몰두하라. 그리고 그 분야에서 탁월해지기 위해 시간과 자원을 쏟아부어라.

회사 오너가 권태를 느끼면 '눈길을 끄는 것'에 이끌려 궤도를 이탈하고, 그 결과 자신도 모르게 자기가 이루어놓은 것을 파괴한다. 열정이 식거나 자신이 사업을 하는 이유를 망각해도 같은 운명을 맞이한다. 핵심 역량을 정립하면 사고의 명확성과 열정을 원래의 수준으로 되돌릴 수 있다.

'눈길을 끄는 것'에 이끌려 궤도를 이탈한 회사의 예로 브로더 앤 삭스 부동산 서비스를 들 수 있다. 이 부동산 관리 회사는 EOS 프로세스를 시작하기 직전에 최악의 상황을 면한 바 있다.

이 최악의 상황은 어떤 사람이 브로더 앤 삭스에 찾아와 자신이 소유한 공장 건물을 사라는 사업 제안을 한 것에서 시작되었다. 그는 그 돈으로 엔진 분말 코팅 회사를 차리겠다고 했다. 계약 조건은 건물을 브로더 앤 삭스에 매각한 후 다시 그 건물을 임차해 사용하고, 매각 대금으로는 공장 설비를 구축하는 것이었다. 판매처도 이미 다 확보해 놓았고 회사를 설립해 문을 여는 일만 남아 있었다.

서류상으로 봤을 때는 백만 달러짜리 아이디어였다. 공동 오너였던 리치 브로더와 토드 삭스는 장밋빛 전망에 고무되어, 한 걸음 더 들어가 엔진 분말 코팅 회사의 동업자로 참여하기로 했다.

두 사람은 자신의 돈 100만 달러와 1년 반이라는 시간을 투자한 끝에 결국 사업을 접고 말았다. 사업을 시작한 지 3개월 만에 30만 달러의 손실을 보았기 때문이다. 엔진 분말 코팅 회사는 두 사람 모두에게 인생 최악의 결정이었다. 하지만 하늘이 무너져도 솟아날 구멍이 있다는 말처럼, 반년 뒤에 어떤 사람이 나타나 그 회사를 인수하는 행운이 찾아왔다. 매각 대금은 두 사람이 투자한 돈과 거의 비슷한 금액이었다. 두 사람에게는 정말 다행이었다. 하지만 1년 반이라는 시간과 그동안 핵심 사업에 집중하지 못했다는 점은 여전히 손실로 남아 있다. 돈으로 환산할 수 없는 손실이다.

두 사람이 저지른 실수는 회사 내에서 CCT로 불린다. CCT는 그들이 동업자로 참여했던 회사 캐피털 코팅 테크놀로지스의 약어다. 이제 두 사람은 자신의 눈길을 끄는 뭔가를 보면, 그것을 CCT라 부르며 주의를 다른 데로 돌려버린다.

브로더 앤 삭스의 핵심 역량은 부동산을 소유하고 관리하는 것이지 분말 코팅이 아니다. 새로운 아이디어가 서류상으로는 매우 쉬워 보일지 몰라도, 회사의 핵심 역량이 아니라면 할 만한 가치가 없다.

회사의 핵심 역량을 분명히 하면 몇 가지 중요한 사실을 깨닫게 된다. 일부 업무 관행이나 사람, 때에 따라서는 전체 부서나 생산 라인이 핵심 역량에 맞지 않는다는 사실을 깨닫게 될 수도 있다. EOS 고객사 중에는 이런 사실을 깨닫고 전 부서를 없앤 후 실적이 나아진 곳도 있다.

레이저 프린터 서비스 및 공급 회사인 이미지 원은 핵심 역량을 분명히 하고 나서, 컴퓨터 네트워크 사업 부문을 폐지했다. 그리고 고객사의 인쇄 환경을 단순화하는 일에만 집중했다. 심적으로 매우 고통스러운 결정이었지만 어쨌든 이미지 원은 그 일을 해냈다. 그 결과, 이미지 원은 4년 동안 연평균 30%씩 성장했고, 결국에는 해당 업계의 어떤 상장 회사에 평가 가격보다 몇 배 높은 가격으로 인수되었다.

이미지 원의 사장이자 공동 오너인 롭 두베는 이렇게 말한다.

"신설한 지 6개월 만에 컴퓨터 사업 부문을 폐지하는 결정이 우리 회사 역사의 전환점이었습니다. 회사의 핵심 역량이 분명한데, 원래대로 돌아갈 수는 없었습니다."

그러다 우연히 롭과 조엘은 매각한 회사를 다시 인수해 현재 연간 30%씩 성장시키고 있다. 최근에 〈크레인스 디트로이트 비즈니스 Crain's Detroit Business〉는 이미지 원을 올해의 중소기업으로 선정했고, 롭 두베는 언스트 앤 영이 수여하는 올해의 기업가상 최종 후보자 명단에 올랐다.

회사가 어떤 사업을 하는지 정의한 뒤에는 그 사업 범위를 벗어나지 말아야 한다. '두 마리 토끼를 쫓는 사람은 한 마리도 잡지 못한다.'는 속담도 있다. 알 리스 역시《포커스 경영》에서 이렇게 말했다.

"의사가 이런 말을 한다고 상상해보라. '우리는 뛰어난 뇌신경외과 의사이니 심장, 간, 폐, 팔다리 수술에도 뛰어들자.'"

나는 고객사가 다른 업계에 있는 회사를 가리키며 "우리가 저 사업을 한다면 얼마나 좋을까? 지금보다 훨씬 편할 텐데…."라고 말할 때마다 실소를 금하지 못한다. 그러면서 속으로 이렇게 생각한다.

'실상을 안다면 생각이 바뀔 텐데….'

나는 지금까지 경영하기 쉬운 회사를 단 하나도 보지 못했다. 모든 회사는 최선의 노력을 해야 한다. 한 업종에서 성공했다고 다른 업종에서도 성공한다는 보장은 없다. 당신은 당신 자신과 회사에 맞는 업종에서만 성공할 수 있다. 짐 콜린스는《좋은 기업을 넘어 위대한 기업으로》에서 이렇게 말했다.

'자신의 유전 부호가 어떤 일에 적합한지 알아내야 한다.'

바로 그것이다. 당신의 재능과 열정과 리더십이 결합하면 어떤 회사에도 없는 독특한 그 무엇이 만들어진다. 독특한 그 무엇이 바로 당신 회사의 핵심 역량이다. 그것이 무엇인지 알아내야 한다. 아래의 과제는 그것을 돕기 위해 만들어진 것이다.

핵심 역량을 정하는 방법

먼저 회사 경영진은 두 가지 내용을 명확하게 정립해야 한다. 하나는 회사의 존재 이유이고 다른 하나는 회사의 특기이다.

핵심 역량은 사실 매우 단순하다. 너무 깊이 생각할 필요는 없다. 먼저 경영진에게 이 책에서 핵심 역량에 관해 쓴 부분을 읽어 보게 하라. 그런 다음 아무런 방해도 받지 않는 회의실에 모이게 한다. 그리고 참석자에게 아래에 나오는 두 가지 질문에 답을 쓰게 하라. 적어도 두 시간은 걸릴 것이다. 모두 답을 다 적었으면 서로 돌려 보며 내용을 공유한다. 그런 다음 시간 제한 없이 논의를 시작한다.

질문은 한 번에 한 가지씩 다루어라. 참석자의 의견이 일치해야 하고, 각각의 답은 몇 글자로 압축되어야 한다. 작업을 다 마칠 때까지 여러 번의 회의를 거쳐야 할 수도 있다. 인내심을 가져야 한다. 너무 깊이 생각하거나 자세히 분석할 필요가 없다는 사실을 기억하라. 핵심 가치와 마찬가지로 핵심 역량도 이미 존재한다. 단지 그것을 알아내기 위해 비핵심적인 내용을 제거하는 작업이 필요할 뿐이다.

다음에 나오는 것이 두 가지 질문이다.

1. 당신 회사의 존재 이유는 무엇인가?

당신 회사의 목적이나 대의, 열정은 무엇인가?

회사의 목적이나 대의, 열정이 명확하면, 오히려 어떤 업종에 속하는지 알기 어렵다. 이러한 회사는 어떤 업종에도 적합하기 때문이다.

우리 고객사를 예로 들면, 매킨리는 '공동체의 삶의 질을 향상시키는 것'을 목적으로 하고 있으며 커닝햄은 '고객의 기쁨'이 회사의 존재 이유이다.

> 만약 V/TO 서식에 핵심 역량을 기입한다면, '목적'이나 '대의', '열정' 중 당신 회사가 선정한 내용과 가장 잘 어울리는 한 항목만 남기고 나머지는 지우도록 한다. 이것도 적을수록 좋다.

목적이나 대의, 열정은 다음 여덟 가지 항목을 만족시켜야 한다.

1. 3~7개 이내의 낱말로 기술되었다. ☐

2. 평범한 언어로 작성되었다. ☐

3. 크고 대담하다. ☐

4. 무릎을 탁 치게 하는 면이 있다. ☐

5. 마음에서 우러나오는 것이다. ☐

6. 모든 사람과 관련이 있다. ☐

7. 돈과 관련된 것이 아니다. ☐

8. 목표보다 더 포괄적이다. ☐

2. 당신 회사의 특기는 무엇인가?

회사의 특기는 단순해야 한다. 이것은 당신이 앞으로 나아가려 할 때, 그리고 궁극적으로 당신의 팀이 의사 결정을 할 때 여과 장치가 된다. 이와 관련해 오빌 레덴바커는 이렇게 말했다.

"한 가지 일을 하되 누구보다도 뛰어나게 하라."

매킨리의 특기는 '복잡한 부동산 문제 해결'이고, 아틀라스 오일은 '석유 운송', 이미지 원은 '고객사의 인쇄 환경 단순화'를 특기로 하고 있다.

회사의 특기와 존재 이유를 명확히 설정했다면, 그것이 핵심 역량이다. 핵심 역량을 명확히 정했으면 거기에 충실해야 한다. 만약 새로운 사업 기회가 그것에 맞지 않는다면 하지 말아야 한다. 만약 경영진 중 누군가가 핵심 역량에 부합하지 않는 것을 가지고 들어온다면 그것을 다시 밖으로 내던져야 한다. 핵심 역량을 모든 미래 의사 결정의 여과 장치로 삼아라.

타일러 스미스와 조너선 스미스 형제는 다른 동업자 두 사람과 함께 백엔드 웹 응용 프로그램을 갖춘 고급 웹사이트를 구축해주는 조그만 기술 회사를 설립했다. 그러나 두 사람은 그 회사가 더는 자신들의 개인적인 핵심 역량과 맞지 않는다는 사실을 깨닫고는 그것을 다른 동업자에게 맡겼다. 그리고 각각 자신의 핵심 역량에 맞는 회사를 설립해 성공을 거두었다.

조너선은 전 세계 여러 국가를 대상으로 해안 보안 서비스를 제공하는 회사, 웨이브 디스퍼션 테크놀로지스를 공동 설립했다. 이 회사는 잡지사 〈인크 Inc.〉에서 선정하는, 빠르게 성장하는 개인 기업 500개사 중 하나로 뽑혔다.

타일러는 새로운 동업자 브래드와 함께 니치 리테일이라는 웹 소매 회사를 설립해, 9년 만에 매출액 1,900만 달러의 회사로 키웠다. 타일러와 브래드는 언스트 앤 영 올해의 기업가상 최종 후보자 명단에 올랐으며, 니치 리테일은 〈인크〉가 선정하는 빠르게 성장하는 개인 기업 500개사 중 하나가 되었다.

핵심 역량을 분명히 하면 당신도 이런 결과를 얻을 수 있다. 물론 전제 조건이 있다. 회사에 제대로 작동하는 재무 모델이 있어야 한다는 것이다. 그래야 핵심 역량에 집중해 비전을 실현할 수 있다. 그러면 이익도 저절로 따라온다.

당신이 골퍼라면 골프 클럽 면에 스위트 스폿이 있다는 사실을 알 것이다. 스위트 스폿의 크기는 클럽의 크기에 따라 다르겠지만, 대략 클럽 면의 50% 정도 된다고 가정해보자. 당신이 공을 스위트 스폿에 잘 맞출수록 공은 더 멀리, 더 똑바로 날아간다. 타격감도 더 좋고, 당연히 점수도 더 잘 나온다. 사업에도 스위트 스폿이 있다. 회사의 핵심 역량을 분명히 정했다면, 스위트 스폿을 알고 있다는 뜻이다. 회사가 스위트 스폿에 집중하면(대략 시장의 50%가량이다), 회사는 더 발전하며 수익성도 좋아진다.

회사의 핵심 역량을 분명히 정하면 거기에 맞게 사람과 프로세스, 시스템을 갖출 수 있다. 핵심 역량 내에 있는 모든 기회를 소진하기 전까지는 눈길을 끄는 것에 이끌려 궤도를 이탈해선 안 된다.

모든 작업이 끝나면 핵심 역량을 V/TO에 적어 넣어라.

회사의 10년 목표는 무엇인가?

핵심 가치와 핵심 역량을 정했으면 다음 질문으로 넘어가자. 당신 회사의 10년 목표는 무엇인가? 10년 뒤 당신 회사는 어디에 가 있고 싶은가?

성공한 사람과 기업에는 한 가지 공통점이 있다. 목표를 정하고, 그것을 달성하는 것이 습관화되어 있다는 것이다. 많은 기업가가 자기 회사의 최고 목표가 무엇인지도 모르고 있다. 나는 그런 모습을 볼 때마다 놀라움을 금치 못한다. 그런 회사는 내 눈에 키 없이 항해하는 배로 보인다. 어느 방향을 향하는지도 모르면서 올바른 방향으로 가고 있는지는 어떻게 알겠는가? 이에 대해 요기 베라는 이렇게 말했다.

"당신이 어디로 가고 있는지 모른다면 조심해야 한다. 엉뚱한 곳에 도착할지도 모르기 때문이다."

짐 콜린스와 제리 포러스는 《성공하는 기업의 8가지 습관》에서 수십 년을 살아남은 기업의 공통점 중 하나로, 10~25년 앞까지 내다보는 큰 목표가 있다는 점을 꼽았다. 콜린스와 포러스는 이것을 BHAG, 즉 크고(big) 대담하고(hairy) 도전적인(audacious) 목표(goal)라고 부르며, 그 뜻을 '불가능해 보일 정도로 대담한 일을 이루려고 하는 장기 비전'으로 정의했다.

이것이 10년 목표와 그보다 짧은 기간의 목표 사이의 차이점이다. 10년 목표는 모두가 지향하는, 실제보다 과장된 목표이고, 회사의 모든 사람에게 장기적인 관점의 방향을 제시하는 역할을 한다. 회사의 10년 목표를 정하고 나면, 당신을 포함한 경영진은 거기에 도달하기 위해 일하는 방식을 바꾸게 될 것이다.

프라이스 프리쳇은 그의 책 《당신 ᵞᵒᵘ》에서 어떻게 해야 비약적인 도약을 할 수 있는지 설명한다.

'수단이 아니라 목적에 초점을 맞춰야 한다.'

당신 회사의 장기 목표가 바로 프라이스가 말하는 목적이다. 이어서 그는 이렇게 말한다.

'당신이 이루고자 하는 것을 머릿속에 명확하게 그리는 것이 중요하다. … 비약적인 도약을 한 후에 당신이 어디에 있을지 주목하라. … 만약 그렇게 한다면, 그곳에 도달하는 수단과 방법은 자연스럽게 따라올 것이다. 문제에 대한 해결책은 곧 모습을 드러낼 것이고, 답이 보이기 시작할 것이다.'

목표 기간을 10년으로 잡은 이유는 EOS 고객사의 90%가 지금까지 그렇게 해왔기 때문이다. 하지만 5년을 선호한 고객사도 있었고, 목표 기간을 20년으로 정한 고객사도 있었다. 기간은 전적으로 당신한테 달렸다.

매킨리는 '공동 주택 2만 호 소유 및 관리', 아틀라스 오일은 '석유 50억 갤런 운송'을 10년 목표로 잡았다.

10년 목표를 설정하는 방법

경영진이 모여 회사를 어디로 끌고 갈 것인지 토론하라. 여기서 주의할 점은 다음과 같다. 회사의 핵심 가치와 핵심 역량을 이미 정했어도 10년 목표는 그것과 다를 것이다. 나는 지금까지 첫 번째 토론에서 모든 경영진이 10년 목표에 동의하는 모습을 본 적이 없다. 처음 시도할 때는 인내심을 가져야 한다.

처음에는 모든 사람에게 몇 년 앞을 내다보고 싶은가부터 물어보는 것이 좋다. 그런 다음, 그때쯤이면 매출액 규모가 얼마나 될 수 있으리라 생각하는지 물어보라. 다양한 대답을 들을 수 있을 것이다. 일단 서로 다른 숫자가 나오면 모든 사람이 이야기를 시작해 활발한 토론으로 이어질 것이다. 앞선 두 질문이 마중물 역할을 하는 것이다. 분위기가 무르익으면 목표가 무엇이 되어야 한다고 생각하는지 물어보라. 최종적으로 목표를 결정하려면 회의를 여러 차례 해야 할지도 모른다. 일부 고객사의 경우 목표를 확정하기 위해 분기마다 같은 질문을 던진다.

목표가 확정되었으면 참석자 모두 그것을 이해하고 있는지, 그것이 참석자 모두에게 동기를 부여할 만한 것인지 확인해보라. 다른 모든 목표 설정 활동과 마찬가지로, 10년 목표도 구체적이고 측정할 수 있어야 한다. 그래야 모호한 부분이 생기지 않는다. 10년 목표는 들을 때마다 회사 내의 모든 사람에게 열정과 흥분과 에너지를 불러일으키는 원천이 된다.

작업이 끝나면 10년 목표를 V/TO에 적어 넣어라.

목표로 설정한 기간이 다가오거나 10년 목표를 달성해가는 고객사가 많아지다 보니, 목표 달성이 다 되어갈 때쯤에는 어떻게 해야 하는가에 관한 질문이 나올 때가 많다. 내 경험에서 나온 답은 10년 목표를 3년 남긴 시점이 되면 그것을 3년 그림으로 바꾸고(3년 그림 설정에 관해서는 다음에 다룬다), 새로운 10년 목표를 설정하는 것이다.

회사의 마케팅 전략은 무엇인가?

어떤 어머니와 아들이 당나귀를 끌고 먼 길을 떠나게 되었다. 어머니는 당나귀를 타고 아들은 옆에서 걸어가며 어떤 마을에 들어섰더니, 갑자기 마을 사람들이 모여들어 그들에게 돌을 던지기 시작했다. 두 사람은 황급히 도망쳐 마을을 벗어났다. 어안이 벙벙해진 어머니는 사람들이 아들을 걸리는 게 부적절하다고 생각한 모양이라고 판단했다. 그래서 다음 마을이 가까워지자 아들을 당나귀에 태우고 자신은 걸어서 마을로 들어갔다. 하지만 이번에도 두 사람은 마을 사람들에게 돌팔매질을 당했다. 완전히 얼이 빠진 어머니 머릿속에 이런 생각이 들었다.

'당나귀 때문인가 보군. 이 지역 사람들은 당나귀를 숭배하는지도 모르지.'

그래서 모자는 다음 마을에 들어서기 전에 당나귀를 들것에 태워서 가기로 했다. 하지만 당나귀가 너무 무거워 다리를 건너다 떨어트리는 바람에 당나귀는 물에 빠져 죽고 말았다.

이 이야기의 교훈은 무엇일까? 모든 사람의 비위를 맞추려고 하면 일을 망쳐버린다는 것이다.

우리 고객사 중에도 처음 사업을 시작할 때는 모든 사람에게 모든 것을 제공하려고 했던 기업이 많았다. 예컨대 이런 식이다.

"아, 그게 필요하세요? 우리가 해드리지요."

"저런 걸 원하신다고요? 문제없습니다."

하지만 시간이 지나면서 고객도, 직원도 지치기 시작했다. 이윤은 점점 줄어들었다. 이런 마구잡이식 방법 덕분에 초창기의 어려움을 이겨내고 지금의 위치에 올랐을 수도 있다. 하지만 한계를 돌파하려면 표적에 집중해야 한다.

많은 회사가 컨설팅, 일관성 없는 마케팅 메시지, 인쇄 등에 수천 달러의 돈과 시간을 낭비한다. 처음부터 명확한 전략을 설정하지 않았기 때문이다. 역량을 집중하면 알맞은 사업 품목을 더 많이 판매하고, 더 많은 계약을 체결할 수 있을 것이다. 이것은 또한 영업 자료, 계획, 메시지, 광고 등의 기반이 될 것이다.

집중할 표적이 명확해지면 회사가 달라지고 적절한 고객에게

다가갈 수 있다. 모든 직원은 어떤 사람이 적절한 고객이고, 고객을 위해 자신이 무슨 일을 해야 하며, 그 일을 어떻게 해야 할지 분명한 지침을 갖게 될 것이다. 궁극적으로는 모든 직원이 어떤 고객과 거래해야 하고, 하지 말아야 할지 알게 될 것이다. 이 말은 더는 모든 사람에게 모든 것을 제공하려 들지 않는다는 뜻이다.

더글러스 러시코프는 그의 책《제자리로 돌아가기 Get Back in the Box》에서 이 점을 강조하며, 기업은 답을 찾기 위해 다른 곳을 기웃거리지 말아야 한다고 말한다. 러시코프는 마케터나 컨설턴트를 고용하기보다는 자신의 경험과 핵심 가치, 핵심 역량에 의존하라고 한다. 그는 독자에게 '당신의 문제를 밖으로부터 해결하려고 하지 말라.'라고 주문한다. 그러면서 이렇게 이어간다.

'제자리로 돌아가 자신이 가장 잘하는 일을 하라. 컨설턴트나 광고 캠페인, 사업 계획에 기댈 것이 아니라, 절제력을 가지고 자신의 핵심 열정에 전념하는 것이 참된 혁신의 원천이다.'

마케팅 전략은 네 개의 요소로 구성되어 있다. V/TO의 네 번째 칸에 나와 있는 각 요소는 다음과 같다.

1. 표적 시장/목록
2. 세 가지 독특한 요소

3. 입증된 프로세스

4. 보장책

표적 시장/목록

마케팅 전략의 첫 번째 요소는 표적 시장 또는 목록이다.

표적 시장을 선정한다는 것은 적합한 고객을 찾는다는 뜻이다. 적합한 고객은 어떤 사람인가? 그들은 어디에 있으며 무엇을 원하는가? 이것을 알려면 그들의 인구통계학적·지리적·심리통계학적 특성을 알아야 한다. 표적 시장을 선정함으로써 회사는 필터를 갖게 된다. 이 필터를 통해 회사와 영업 부서가 표적으로 삼아야 할 완벽한 잠재 고객 목록이 나온다. 만약 당신 회사가 평범한 중소기업이라면, 아마도 완벽하지 못한 방법으로 고객을 찾아가며 지금의 위치에 이르렀을 것이다. 처음 사업을 시작했을 때는 돈을 지불하면 누구든지 좋은 고객으로 판단했을 것이다. 그 결과, 당신 회사에는 현재 표적 시장 안에 들지 않는 고객도 있을 것이다. 수익성이 낮은 고객일 수도 있고, 말도 안 되는 요구를 하는 고객일 수도 있다. 심지어 당신이 싫어하는 고객일 수도 있다.

대다수 기업의 문제점은 판매와 마케팅에 산탄총과 같은 접근법을 적용한다는 것이다. 표적 시장을 선정해 목록을 만든다는 말은, 산탄총을 라이플로 대체한 접근법이라는 뜻이다. 그렇게 하면 당신 회사의 판매와 마케팅 활동은 훨씬 효율적이 될 것이다.

우리 부동산 판매 교육 회사가 전환기에 매출을 정상 궤도에 올릴 수 있었던 결정적인 요인은, 이상적인 표적 시장을 선정했기 때문이다. 우리는 표적 시장이, 북아메리카에 있으며(지리적 위치), 외부 기관이 하는 판매 교육이 필요하다고 느끼는(심리통계학), 중개사 200인 이상을 보유한 부동산 회사의 사장과 CEO(인구통계학)라는 사실을 알게 되었다.

이런 사실이 명확해지자 우리는 누가 잠재 고객이고 그 수가 얼마나 되는지 필터를 통해 알아보았다(해당 업계의 출판물과 데이터베이스, 각종 자료를 찾아보았다는 뜻이다). 우리가 알아낸 수는 모두 525명이었다. 그다음 분기 강사 회의에서 우리는 성서적 주제를 다룬 촌극을 했다. 음악과 의상까지 갖춘 촌극이었다. 그런 다음 목록이라는 표지의 대형 바인더를 만들었다. 바인더에는 사장과 CEO 525명의 연락처와 관련 정보가 들어 있었다.

우리는 이 목록을 강사 30명에게 나누어 주었다. 강사는 우리의 영업 인력인 셈이었다. 이들이 목록에 집중해 각자 작업에 들어가자 매출이 호전되어, 최종적으로 목록에 있는 잠재 고객 50% 이상을 고객으로 만들 수 있었다. 이것은 이례적인 일이 아니다. 어떤 회사라도 표적 시장을 선정하고 거기에 집중하면 좋은 결과를 얻을 수 있다.

참고로, 이미지 원은 미시간과 오하이오에 있는, 레이저프린터 25대 이상을 쓰는 IT 회사를 표적 시장으로 선정해 공략했다.

표적 시장 선정은 그만한 가치가 있다. 고객사의 경우 표적 시장을 선정한 후 태도와 인식이 완전히 달라졌다. 이전에는 눈에 보이는 고객은 모두 끌어들이려고 했지만, 지금은 15분만 이야기해보면 자기 회사에 맞는 고객인지 아닌지 알게 되었다. 그 결과, 번거로운 문제는 적게 만들고 수익은 더 많이 가져다주는 우량 고객을 확보하고 있다. 더는 자기 회사와 맞지 않는 고객에게 귀한 시간을 낭비하지 않는 것이다. 거기에 더하여 부당한 요구를 하거나 수익성이 낮아 골칫거리였던, 표적 시장에 들지 않는 기존 고객을 버리는 조치까지 취했다.

목록 만드는 법

경영진이 모두 모여 다음 문제와 관련한 브레인스토밍을 한다.

· **당신 회사에 적합한 고객의 지리적 특성:**

적합한 고객은 어디에 있는가?

· **당신 회사에 적합한 고객의 인구통계학적 특성:**

적합한 고객은 어떤 사람인가? (당신 회사가 B2B 회사라면 직위, 업종, 규모, 사

업 유형 등과 같은 특성을 고려하라. B2C 회사라면 나이, 성별, 소득, 직업 등을 고려

하라.)

· **당신 회사에 적합한 고객의 심리통계학적 특성:**

적합한 고객의 사고방식은 어떠한가? 그들이 원하는 것은 무엇인가? 그

들은 어떤 것을 가치 있다고 생각하는가?

위의 질문에 대한 답을 찾았으면 목록 작성 작업에 들어간다. 목

록은 각 잠재 고객의 연락처와 관련 정보로 구성된다. 꽤 힘든 작업

이 될 것이다. 현재 가지고 있는 잠재 고객 목록을 검토하고, 기존

고객에게 추천받고, 업계의 출판물을 찾아보아야 한다. 또, 구매할

수 있는 리스트가 있으면 사고, 여기저기 수소문하거나 영업 직원

을 통해 정보를 수집하기도 해야 한다. 이렇게 해서 찾아낸 정보를

데이터베이스에 저장한다. 작업이 끝나면 영업 직원과 마케팅 직

원은 회사의 전체 잠재 고객 목록을 손에 쥘 수 있다. 아니면 적어

도 잠재 고객이 어디에 있는지 알 수 있어 그에 따른 관리가 가능하

다. 이렇게 되면 레이저 광선처럼 표적에 집중한 판매와 마케팅 활

동을 할 수 있을 것이다.

이 책을 다 읽고 나면 새로 세운 마케팅 전략을 이용해, 이들 잠

재 고객에게 접근할 수 있는 최선의 방법을 찾아라. 대부분의 기업

은 새로 선정한 표적 시장에 접근하는 최선의 방법으로 추천을 꼽

는다. 기존 고객을 통해 잠재 고객에게 접근하는 것이다. 물론 표적 시장에 접근하는 데는 다양한 방법이 있다. 어느 것이 최선의 방법인지는 당신 회사의 형편에 달렸다. 참고로 매킨리는 은행 거래 관계를 이용하고, 이미지 원은 판촉 전화, 추천, DM을 섞어서 이용하며, 제나콤프는 네트워킹을 이용한다. 일단 핵심 가치, 핵심 역량, 10년 목표, 마케팅 전략을 확정하고 나면 답은 저절로 드러날 것이다. 접근법이 명확해지면 판매와 마케팅 활동을 그 방향으로 집중하며 앞으로 나아갈 수 있다. 그러다 보면 눈덩이 효과로 판매 활동이 저절로 이루어지는 단계에 이른다. 이때쯤이면 초창기보다 훨씬 적은 노력으로도 새로운 고객을 확보하게 될 것이다.

작업이 끝나면 표적 시장을 V/TO에 적어 넣어라.

세 가지 독특한 요소

독특한 요소에 해당하는 다른 마케팅 용어로 '차별화 요소'가 있다. 쉽게 말해 회사를 타사와 다르게 하는 요소, 회사를 돋보이게 하는 요소, 그리고 회사가 타사와 경쟁하는 수단을 의미한다. 당신 회사를 10개의 경쟁사와 비교하면, 어느 회사든 이 독특한 요소 세 개 중 하나는 겹칠 것이다. 심지어 두 개가 겹치는 회사도 있을 것이다. 하지만 세 개 모두 겹치게 해서는 안 된다. 적합한 고객에게 회사가 정말로 독특하게 보일 수 있는 세 가지 특질을 정해야 한다는 뜻이다.

앞에서와 마찬가지로 여기서 필요한 것도 집중이다. 대부분의 회사가 저지르는 가장 흔한 실수는 너무 많은 분야와 시장, 서비스, 생산 라인에서 경쟁하는 것이고, 모든 사람에게 모든 것을 제공하려 한다는 것이다. 그렇게 해서는 이길 수 없다.

당신 회사 영업 직원은 아무 일에나 "예, 우리가 해드리지요. 아, 그것도 해드리지요."라고 말해서는 안 되고, "그런 일을 원하시는 거라면 우리 회사는 맞지 않는 것 같습니다. 저희가 잘하는 분야는 이러이러한 것입니다."라고 말해야 한다. 만약 고객이 회사가 제공하는 것을 원하지 않는다면, 그 고객은 처음부터 적합한 고객이 아니다. 어찌 되었건 결국에는 당신 회사와 그 고객은 불만족스럽게 헤어질 것이다.

사우스웨스트 항공이 좋은 본보기다. 사우스웨스트 항공은 저렴한 운임, 정시 운항, 즐거움에 초점을 맞춘다. 회사의 비즈니스 모델과 관련한 모든 것이 이 셋을 기준으로 돌아간다. 만약 사우스웨스트 항공을 이용해본 적이 있다면, 이 회사가 불필요한 서비스를 제공하지 않는다는 사실을 알 것이다. 이런 점을 싫어하는 고객도 있지만, 회사는 상관하지 않는다. 적합한 고객에게는 사우스웨스트 항공이 중요하고, 회사는 그 점이 중요하기 때문이다.

사우스웨스트 항공의 성공 이야기를 다룬 책《너츠! 사우스웨스트 효과를 기억하라 NUTS! Southwest Airlines' Crazy Recipe for Business and Personal Success》에는 비행기를 이용할 때마다 항의 편지를 보낸 여성에 대한 이야기가 나온다. 이 여성은 지정석이 없다, 일등석이 없다, 기내식을 주지 않는다, 승무원의 유니폼이 마음에 들지 않는다, 분위기가 너무 자유스럽다는 등의 문제를 제기했다. 책에 따르면 그런 편지 중 하나가 당시 CEO였던 허브 켈러허의 책상에까지 올라갔다고 한다. 그러자 허브는 1분도 걸리지 않아 다음과 같은 답장을 썼다고 한다.

'투덜이 여사 귀하, 그동안 우리 항공사를 이용해주셔서 감사합니다. 허브 드림.'

당신이 회사의 세 가지 독특한 요소를 믿고, 그 요소가 당신 회사에 적합한 고객에게 중요하다는 사실을 믿는다면, 그 요소에 대해서는 절대 사과하지 말아야 한다.

세 가지 독특한 요소를 선택하는 방법

이 단계에서는 마케팅 전략을 수립하는 회의에 영업팀을 참여시키는 방법도 고려해볼 수 있다. 회사와 직원, 상품이나 서비스를 구성하는 본질이라고 생각되는 것을 모두 적어라. 회사에 적합한 고객은, 무엇이 당신 회사의 독특한 점이라고 생각하는가? 그들에게 물어보라. 10분 정도 통화하면 답을 얻을 수 있을 것이다.

항목을 줄여나갈 때는 과감한 결단을 내려야 한다. 토의를 거쳐 당신 회사를 정말로 독특하게 만드는 세 가지 요소, 즉 회사와 고객에게 중요한 세 가지 요소가 무엇인지 정하라. 각각의 요소가 모두 경쟁사와 다를 필요는 없다. 당신 회사를 차별화하는 것은 세 가지 독특한 요소의 결합이기 때문이다.

아래는 우리 고객사의 독특한 요소들이다.

아이덴티티(홍보 및 마케팅 회사)

1. 우리는 당신이 무엇을 하는지 안다

2. 우리는 결과를 만들어낸다

3. 모든 서비스를 사내에서, 모든 서비스를 자체 인력으로

매킨리(부동산 관리)

1. 감성적 접촉을 통한 고객 서비스 및 판매

2. 우리는 직원에게 투자한다

3. 우리는 주인의 관점으로 판단한다

오텀 어소시에이츠(손해보험)

1. 우리 직원/핵심 가치

2. 추천에 의해서만

3. 고객이 선택하는 프로세스

작업이 끝나면 세 가지 독특한 요소를 V/TO에 적어 넣어라.

입증된 프로세스

아버지는 언제나 "행동으로 보여줄 수 있는 것을 말로 하지 말라."고 가르치셨다. 대부분의 영업 직원이 새로운 잠재 고객을 만나면, 수많은 말을 하고 도표가 들어간 여러 장의 시각 자료를 보여주며 고객을 사로잡으려 한다. 하지만 설명이 모두 끝나고 나면, 고객 눈에는 그 사람도 다른 영업 직원과 똑같아 보일 뿐이다.

당신은 고객에게 서비스나 상품을 제공하는, 입증된 방법을 갖고 있다. 당신은 항상 그렇게 해왔고, 같은 결과를 얻었다. 그 방법이 당신을 지금의 위치로 끌고 왔다. 당신에게 필요한 것은 그 프로세스를 시각적 형식의 자료로 만들어 영업팀을 가르치는 것이다. 프로세스는 한 장의 종이에 다 들어가야 한다. 입증된 프로세스가 그림으로 표현되어야 하고, 이름이 있어야 한다. 또, 처음 고객을 만날 때부터 상품이나 서비스가 제공된 다음의 후속 조치에 이르기까지 모든 단계가 망라되어야 한다.

어떤 회사든 입증된 프로세스의 주요 단계는 보통 3~7개 내외로 이루어져 있다. 108페이지에 나올 EOS 프로세스가 그 본보기다. 영업 활동을 할 때 입증된 표준 프로세스를 활용하면 두 가지 강력한 이점을 누릴 수 있다. 우선 잠재 고객에게 당신 회사와 거래해도 되겠다는 믿음과 안도감을 줄 것이다. 두 번째로, 대부분의 다른 회사는 자기네 회사가 일하는 방식을 보여주지 않기 때문에 당신 회사를 돋보이게 하는 효과를 줄 것이다.

프레젠테이션하면서 잠재 고객을 정보의 홍수에 빠트리기보다는 이렇게 말하는 것이다.

"저희가 어떤 식으로 고객에게 성과를 안겨드릴 수 있는지 보여드리겠습니다. 저희는 ○○○(회사 이름) 방식이라 불리는 입증된 프로세스가 있습니다."

입증된 프로세스의 부수적 이점은 그것이 조직 내부에도 도움이 된다는 것이다. 전 직원이 자신의 행위가 고객에게 어떤 영향을 미치는지, 또 프로세스 내에서 자신이 맡은 단계가 왜 중요한지 알게 될 것이다.

입증된 프로세스를 만드는 방법

1단계

경영진과 함께, 입증된 프로세스를 구성한다고 생각하는 주요 단계를 화이트보드에 그리고, 각 단계에 이름을 붙여라. 주요 단계는 고객과 상호작용하는 접점이다. 경험상 주요 단계는 3~7개 정도다.

2단계

주요 단계가 결정되면, 각 단계 밑에 영업 직원이 잠재 고객을 만났을 때 이야깃거리로 쓸 수 있도록 2~5개의 항목을 기입하라. 셰크터 웰스 스트래티지스의 예를 들면, 1단계 밑에 다음과 같은 세 가지 항목이 있다. 우리 회사 소개, 상대방 소개, 상대방의 목표 명확화.

3단계

이제 당신 회사의 입증된 프로세스에 이름을 붙여라. 마땅한 이름이 생각나지 않으면 '우리 회사의 입증된 프로세스' 또는 '○○○ (회사 이름) 방식'이라고 부르면 된다. 많은 EOS 고객사가 그렇게 하고 있다.

4단계

입증된 프로세스가 다 만들어졌으면, 그래픽 디자이너에게 맡겨 회사의 색깔과 로고를 써서 당신 회사 것처럼 보이고 느껴지게 시각 자료로 만들어라. 당신이 대부분의 일을 다 했기 때문에 그렇게 큰돈은 들지 않을 것이다. 그래픽 디자이너가 할 일은 당신과 직원, 고객의 마음을 끌 수 있게 회사의 입증된 프로세스를 디자인하

EOS 프로세스

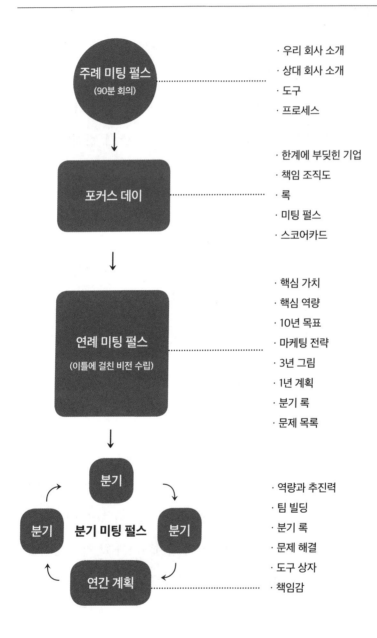

주례 미팅 펄스
(90분 회의)

· 우리 회사 소개
· 상대 회사 소개
· 도구
· 프로세스

포커스 데이

· 한계에 부딪힌 기업
· 책임 조직도
· 록
· 미팅 펄스
· 스코어카드

연례 미팅 펄스
(이틀에 걸친 비전 수립)

· 핵심 가치
· 핵심 역량
· 10년 목표
· 마케팅 전략
· 3년 그림
· 1년 계획
· 분기 록
· 문제 목록

분기

분기   **분기 미팅 펄스**   분기

연간 계획

· 역량과 추진력
· 팀 빌딩
· 분기 록
· 문제 해결
· 도구 상자
· 책임감

는 것뿐이다.

5단계

인쇄소에 맡겨 입증된 프로세스를 두꺼운 종이에 컬러 인쇄하고, 필요하면 비닐로 코팅하라. 이렇게 하면 잠재 고객의 눈에 훨씬 가치 있어 보일 것이다.

작업이 끝나면 입증된 프로세스를 V/TO에 적어 넣어라.

보장책

마케팅 전략의 네 번째이자 마지막 요소는 보장책이다.

페더럴 익스프레스가 익일 배송에 관해 무엇이라고 말했는지 생각해보라.

'무조건 정확하게 내일 도착해야 한다면!'

도미노도 피자 배달과 관련해 같은 말을 했다.

'30분이 넘으면 돈을 받지 않겠습니다.'

요즘은 병원 응급실이 그 아이디어를 가져와 대기 시간 30분 이하를 보장하고 있다. 어떤 병원 응급실은 대기 시간 제로를 보장하기도 한다.

보장책은 업계 전반에 만연한 문제를 찾아내 해결할 기회다. 이런 문제는 보통 서비스나 품질과 관련한 것이다. 고객이 당신 회사에 무엇을 기대하는지 알아야 한다. 만약 그것을 보장한다면 고객의 마음을 편하게 해주어 더 많은 거래를 맺을 수 있다.

기업에 따라서는 보장책이 맞지 않는 곳도 있다. EOS 고객사의 50%가 보장책이 없다. 사업을 더 활성화할 멋진 보장책을 생각해 내지 못했기 때문이다. 보장책이 없다고 사업을 못 하는 것은 아니다. 하지만 보장책이 있으면 비전을 더 빨리 달성할 수 있다. 현재 회사가 계약을 더 많이 체결하지 못하는 이유는 잠재 고객의 마음을 온전히 편하게 해주지 못하기 때문이다. 회사가 잠재 고객의 마음을 편하게 해줄 수 있다면 더 많은 고객을 확보할 수 있다.

이미지 원은 자사에 적합한 보장책을 찾아내 8년 넘게 이것을 활용하고 있다. 이미지 원의 고객사가 레이저 프린터와 관련해 느끼는 가장 큰 문제는, 프린터가 고장 나면 며칠 동안 업무에 지장을 받는다는 것이었다. 공동 오너 조엘 펄먼은 '프린터를 수리하는 데 4시간이 넘으면 돈을 받지 않겠습니다.'라는 보장책으로 이 문제를 해결했다.

보장책에는 부수적인 이득이 따른다. 전 직원이 회사가 한 약속을 지킬 수밖에 없다. 그렇게 하려면 당신도 사람과 프로세스와 제도가, 약속을 지킬 수 있도록 제대로 갖추어져 있는지 확인할 수밖에 없다. 만약 제대로 갖추어져 있지 않다면 개선해야 한다. 정말로 최선을 다하고 있다면, 고객은 절대 약속을 지키라고 요구할 필요가 없을 것이다.

보장책을 정하는 방법

경영진이 모여, 잠재 고객이 당신 회사와의 거래를 염두에 두었을 때 어떤 점을 가장 불안하게 느낄지 브레인스토밍 한다. 이상적인 보장책이 되려면 회사가 약속을 지키지 않았을 때를 대비한 실질적인 벌칙이 있어야 한다. 보장책은 사업을 활성화하든지, 아니면 지금은 따내지 못하고 있는 계약을 더 많이 체결하는 효과가 있어야 한다. 만약 그런 것이 아니라면 쓸데없이 보장책에 시간을 낭비할 필요가 없다.

몇몇 우량 고객이나 잠재 고객에게 의견을 물어보는 것도 좋은 생각이다. '보장'이라는 말 때문에 대답하기를 꺼리는 고객이 있을지도 모른다. 이럴 때는 '약속' 같은 용어를 써라. 그렇게 하면 창의적인 사고를 가능하게 할 수 있을 것이다.

잠재 고객의 마음을 편하게 해줄 수 있고, 더 많은 계약을 따낼 수 있는 보장책을 모두 적어보라. 물론 당신 회사가 감당할 수 있어야 한다. 적어놓은 보장책 중에서 가장 좋은 것을 선택하라. 위에서 말한 조건을 모두 충족하고, 당신이 보기에 적합한 안을 선택하면 된다.

첫 번째 시도에서 보장책을 찾지 못할 수도 있다. 인내심을 가지고 기다리면 적합한 보장책이 나타날 것이다. 인식하고 있다는 사실이 중요하다. 그러면 당신이나 경영진에게 아이디어가 떠오를 것이다.

언젠가 나는 차를 몰고 자동차 정비소 옆을 지나가다가 '렌터카 무료'라고 적힌 현수막을 보았다. 이 광고는 자동차 없이 지낼 고객의 낭패감을 겨냥한 것이다. 또, 라디오를 듣다가 14일 이내에 대출이 이루어지지 않으면 500달러를 주겠다는 주택 담보 대출 광고를 들은 적도 있다. 일단 당신이 보장책을 인식하고 나면, 여기저기에서 그와 관련한 광고를 보거나 듣게 될 것이다. 결국 적합한 보장책도 나타날 것이다.

작업이 끝나면 보장책을 V/TO에 적어 넣어라.

마케팅 전략의 네 가지 요소가 모두 명확히 설정되었으니, 이제 그것을 결합해 업무에 활용할 때가 되었다. 당신은 조직 전체가 따라야 할 일관된 마케팅 전략을 직원들에게 명확히 설명해야 한다. 그러면 직원들은 자신이 해야 할 일이 무엇인지 확실하게 알 수 있을 것이다. 이렇게 작성한 마케팅 전략은 앞으로 당신 회사의 판매와 마케팅 자료, 메시지, 프레젠테이션의 토대가 될 것이다.

목록에 있는 모든 잠재 고객과 접촉해 당신 회사가 왜 독특한지 그 이유를 설명하라. 업무를 처리하는 입증된 프로세스를 보여주고, 보장책을 제시하라. 이런 정밀한 판매와 마케팅 활동은 매출액을 극적으로 끌어올릴 것이다.

회사의 3년 그림은 무엇인가?

V/TO 서식의 앞에 나온 네 개의 칸을 다 채웠으면, 당신은 회사의 정체성이 무엇인지, 무엇을 하는 회사인지, 어디를 향해 가고 있는지, 어떤 마케팅 전략을 이용해서 그곳으로 갈 것인지 알게 되었을 것이다. 이제는 지금부터 3년 후 당신 회사가 어떤 모습이 될지 그려볼 시간이다.

삶과 비즈니스가 워낙 빨리 변화하는 21세기에, 3년 이후를 내다보며 자세한 전략 계획을 수립하는 것은 별 의미가 없다. 3년 이후면 엄청나게 많은 변화가 있을 것이다. 그런 계획을 세우느라 투입하는 시간과 돈에 비해 소득은 그다지 높지 않을 것이다.

그래도 3년 뒤의 조직의 모습을 그리는 일은 가치가 있다. 여기에는 두 가지 매우 중요한 이득이 있다.

첫째, 직원들은 당신이 하는 말을 '볼' 수 있고, 그에 따라 그 그림의 일부가 될 것인지 말 것인지 선택할 수 있다. 직원들이 회사에 남아 있기로 한다면, 그들이 그 비전을 보았기 때문이다. 따라서 비전을 달성할 가능성이 훨씬 커질 것이다.

둘째, 1년 계획을 수립하는 데 엄청난 도움이 될 수 있다. 분명한 3년 그림이 머릿속에 들어 있다면, 그 목표에서 벗어나지 않기 위해 앞으로 12개월 동안 무엇을 해야 할지 훨씬 쉽게 정할 수 있다. 나폴레온 힐은 이렇게 말했다.

"사람의 마음이 상상하고 믿을 수 있는 것이라면 무엇이든 이루어질 수 있다."

V/TO에 나온 3년 그림을 보면 윗부분에는 측정할 수 있는 수치를 적어 넣게 되어 있고, 아랫부분에는 어떤 모습의 그림을 그릴지 써 넣게 되어 있다. 단순해 보이지만 강력한 도구다. 3년 그림의 중요성을 과소평가해서는 안 된다. 그렇다고 과대평가할 필요도 없다. 당신이 할 일은 목적지의 그림을 그리는 것이지, 가는 길에 있는 장애물을 논의하는 것이 아니다.

3년 그림 그리기

경영진이 모여 한 시간가량 회의할 수 있도록 일정을 잡아라. 경영진이 모이면 V/TO를 한 부씩 나누어 준다. 먼저 목표일부터 정하라. 사람들이 상상하기 쉽게 연말로 정하는 것이 좋다.

다음에는 매출액 그림을 정한다. "지금부터 3년 후 우리 회사의 연간 매출액은 얼마쯤 될 것인가?"라는 질문으로 시작하라. 재미있는 질문이 될 것이다. 회사가 얼마나 빨리 성장했으면 좋겠는가에 관해 경영진이 얼마나 같은 생각을 하고 있는지 확인할 기회이기 때문이다. 보통 폭넓은 범위의 다양한 답을 얻겠지만, 하나의 숫자를 결정해야 한다. 우리 신규 고객사 중 한 곳은 답의 범위가 2,000만 달러에서 1억 달러 사이였다. 사람에 따라 미래의 전망이 이렇게 다르다는 사실을 상상할 수 있겠는가? 이런 식이라면 이들은 복잡한 문제나 혼란 또는 불만 등을 야기하지 않고는 같은 회사에 공존하기 어렵다. 이 고객사는 결국 3,000만 달러로 모든 사람의 합의를 끌어냈다.

볼프 그룹은 처음에 예상 매출액의 범위가 1,000만 달러에서 2,500만 달러 사이였다. 최저와 최고 금액은 공동 오너의 생각이었다. 당시 볼프 그룹의 매출액은 400만 달러였고, 직원은 51명이었다. 장시간의 토론과 논쟁 끝에 예상 매출액을 1,500만 달러로 결정했다. 두 오너와 경영진이 의견의 일치를 보았고, 이들 모두 회사의 미래를 낙관했다. 나는 고객사와 같이 일을 하면 할수록 3년 그림을 그려야 할 필요성을 분명히 느끼고 있다.

다음 단계는 이익 숫자에 합의를 보는 것이다. 예상 매출액을 정할 때와 비슷한 대화가 오가겠지만, 그것보다는 훨씬 빨리 정해질 것이다.

그다음에는 당신 회사에 특유한 측정 지표를 설정해야 한다. 측정 지표는 모든 사람에게 범위와 규모를 알게 한다. 모든 회사는 그

것만 보아도 그 규모를 알 수 있는 한두 개의 특유한 숫자가 있다. 고객 숫자일 수도 있고, 대형 고객의 숫자일 수도 있다. 어떤 단위의 숫자일 수도 있고, 생산한 제품의 숫자일 수도 있다.

아틀라스 오일은 주유소에 기름을 공급한다. 이 회사의 측정 지표는 갤런이다. 지난해 아틀라스 오일은 7억 2,500만 갤런의 기름을 운송했다. 이 회사의 3년 그림에서 측정 지표는 10억 갤런이 넘는다. 이 숫자는 범위와 규모를 나타낸다. 그리고 직원들에게 3년 내에 회사의 규모를 거의 두 배로 키우려면 무엇을 해야 할지 생각하게 만든다. 또, 경영진이 목표에 합의했을 뿐만 아니라 이런 성장을 할 준비가 되어 있다는 사실도 보여준다.

간편하게 먹을 수 있는 수프와 샌드위치 프랜차이즈 회사 주프의 측정 지표는 가맹점 숫자다. 지난해 주프의 가맹점 수는 38개였는데, 3년 그림의 측정 지표는 94개다.

숫자를 모두 정했으면 참석한 경영진에게 지금부터 3년 후 회사가 어떤 모습을 하고 있을지 적어보게 하라. 고려할 요인으로는 직원의 수와 질, 늘어날 자원, 사무실 환경과 크기, 운영 효율성, 체계화 정도, 기술 요구 사항, 제품 믹스, 고객 믹스 등이 있다.

이렇게 해서 나온 결과를 놓고 토론하라. 3년 그림에서 회사의 미래 모습을 묘사하는 항목은 일반적으로 10~20개 정도 나올 것이다. 이것으로 끝난 것이 아니다. 참석자 전원에게 3년 동안 자신의 회사 내 역할을 구두로 밝히게 하라. 당신은 사람들의 동기가 어떻게 유발되는지 통찰력을 얻을 수 있을 것이다. 또, 회사는 경영진이 그 기대치에 부합하도록 도와줄 수 있다.

이 상태로 3년 그림 그리기를 마무리해서는 안 된다. 경영진이 3년 그림을 명확히 알아야 끝나는 것이다. 3년 그림이 완성되었으면, 회의에 참석한 사람 모두 눈을 감게 하고 그중 한 사람에게 큰 소리로 그것을 낭독하게 하라. 모든 사람의 마음속에 그림이 생생히 보여야 한다. 모든 사람이 그것을 믿어야 하고, 궁극적으로는 그것을 원해야 한다. 결국, 이들이 그 일을 일어나게 할 사람이다. 3년 그림을 그리는 회의에서는 참석자들에게 큰 소리로 말하게 하고, 토론하게 하고, 이런저런 말을 주저 없이 하게 해야 한다. 하지만 궁극적으로는 경영진 모두 중요한 사항에 관해서 의견이 일치해야 한다. 이제 당신은 전 직원에게 제시할 수 있는 3년 그림을 갖게 되었다.

작업이 끝나면 3년 그림을 V/TO에 적어 넣어라.

회사의 1년 계획은 무엇인가?

지금부터 V/TO의 추진력 부분으로 들어간다. 당신 회사의 장기 비전을 현실로 끌고 내려와 실현하는 부분이다. 이것은 올해 무슨 일을 해야 할지 결정한다는 뜻이다.

적을수록 좋다는 말을 기억하라. 대부분의 기업은 한 해에 너무 많은 목표를 달성하려고 한다. 한 번에 모든 일을 이루려 들면, 별다른 성과 없이 좌절감을 느끼는 것으로 끝나고 만다. 우리 고객사 중 한 곳은 처음 2년 동안 이 점에 관해 고집을 꺾지 않으려 했다. 회사 목표를 3~7개 이내로 줄이라고 몇 번이나 말했지만, 사장은 목표 숫자를 계속 불려나갔다. 그래서 이 회사의 1년 목표는 12~15개나 되지만, 연말이 되면 달성한 목표가 거의 없어 회사 경영진은 좌절감에 시달렸다. 3년째에 접어들자 사장은 자신이 너무 많은 목표를 이루려고 욕심냈다는 사실을 깨달았다. 우리는 그다음 해의 목표를 단 세 개로 정하는 데 합의할 수 있었다. 다음 해 연말, 이 회사는 세 가지 목표를 모두 달성했다. 매출은 19% 늘었고, 순이익은 5년 중 최고치를 기록했다. 모든 것이 중요하다는 말은 중요한 것이 아무것도 없다는 뜻이다. EOS 방식은 소수의 목표에 집중하게 하는 것이다. 그렇게 함으로써 당신 회사는 더 많은 것을 성취할 수 있다. 이것이 집중의 힘이다.

1년 계획을 세우는 방법

경영진이 모여 두 시간가량 회의할 수 있도록 일정을 잡아라. 경영진이 모두 모이면 먼저 목표일부터 정하라. 회의 시점이 언제든 목표일은 연말이나 회사의 회계연도 말일로 하는 것이 좋다. 예컨대 7월에 회의하더라도 목표일은 12월 31일로 잡는다. 그 이후부터는 1년이 꽉 찬 연간 계획을 세울 수 있을 것이다. 연도 중간에 계획을 잡는다면, 계획을 세울 때부터 목표일까지의 과정을 통해 경험을 쌓을 수 있을 것이다.

3년 그림과 마찬가지로 1년 계획에서도 숫자를 결정하라. 연간 매출액 목표는 얼마인가? 이익 목표는 얼마인가? 측정 지표는 무엇인가? 이들 숫자는 3년 그림의 숫자와 일관성을 유지해야 한다.

3년 그림을 염두에 두고 토론과 논쟁을 거쳐, 다음 해에 반드시 성취해야 할 일을 우선순위에 따라 3~7개 선정하라. 이것이 당신 회사의 목표다. 목표는 구체적이고, 측정할 수 있으며, 달성할 수 있는 것이어야 한다. 이것은 중요하다. 연말에 연간 목표 달성 실적을 분석하면서, 목표가 정확하게 무슨 의미였는가를 놓고 논쟁을 벌이는 고객사를 한두 번 본 것이 아니다. 이런 일을 피하려면 목표를 구체화해 달리 해석할 여지를 없애야 한다. 측정 지표라는 말은 측정할 수 있다는 뜻임을 잊지 말라. '매출액'은 구체적인 목표가 아니다. '신규 매출액 100만 달러'가 구체적인 목표다. '고객 만족도 증진'은 구체적인 목표가 아니다. '고객 만족도 평가 점수 평균 9점'이 구체적인 목표다.

'달성할 수 있는 것'이라는 말은 할 수 있다는 뜻이다. 비현실적인 목표 설정이 기업가가 빠지는 가장 큰 함정이다. 직원들이 목표를 달성할 수 있다고 믿어야 한다. 그렇지 않으면 직원에게 책임을 지울 수 없다. 만약 모든 목표가 '도전 목표'로만 되어 있다면, 성공했는지 실패했는지 어떻게 알 수 있겠는가? 목표는 달성할 수 있게 설정되어야 한다.

1년 계획을 세웠으면 거기에 맞춰 예산을 편성해야 한다. 1년 계획을 수립해놓고, 그것을 실현할 수 있다는 사실을 보여주는 재무 계획을 세우지 않는 회사가 많다. 1년 계획에 맞춰 예산을 편성한다는 것은, 계획을 달성하는 데 필요한 모든 자원을 갖추었다는 것과 매출액 목표를 달성하면 수익 목표가 실현된다는 사실을 보여주는 것이다. 수익 목표부터 먼저 설정하면, 대부분 현실적인 이유를 들어 모든 숫자를 낮추게 된다.

작업이 끝나면 1년 계획을 V/TO에 적어 넣어라.

회사의 분기 록은 무엇인가?

1년 계획을 명확히 정했으면, 회사 비전의 기간을 더 좁혀서 정말로 중요한 일에 집중해야 한다. 이 기간은 향후 90일이다. 여기서 당신은 다음 분기에 가장 우선으로 해야 할 중요한 일이 무엇인지 정해야 한다. 그것을 록이라고 부른다.

분기 록은 회사의 90일간의 세계를 창조하는 일이다. 이것은 엄청난 추진력을 얻을 수 있게 해주는 강력한 개념이다. 분기 록을 정하는 방법은 다음과 같다. 90일마다 경영진이 한자리에 모여, 1년 계획을 토대로 향후 90일 동안 해야 할 중요한 일의 우선순위를 정한다. 토의를 거쳐, 무슨 일을 해야 할지 결정을 내리면 된다. 물론, 1년 계획은 3년 그림을 토대로 정한 것이고, 3년 그림은 10년 목표를 토대로 그린 것이다.

성장하는 회사에서는 자원과 시간, 회사의 관심을 두고 싸우는 것이 정상이다. 갈등도 생길 것이다. 하지만 록 설정을 마치고 모든 소동이 가라앉으면, 다음 분기에 어떤 목표가 우선적으로 달성되어야 하는가에 관해 생각해야 한다. 회사 내 모두의 생각은 같아야 한다. 록에 집중하면 이런 과정이 내실 있게 진행될 것이다. 대부분의 회사는 사방에 전선을 형성한 채 다음 분기에 진입한다. 이들은 모든 것을 먼저 하려고 하지만, 달성하는 것은 거의 없다. 그래서 분기마다 회사 전체의 록을 설정해야 한다. 그러면 훨씬 큰 추진력을 얻어 결국 목표에 도달하게 될 것이다.

록을 설정하는 전체 과정은 8장에서 자세히 다룰 것이다.

록이 정해지면 V/TO에 적어 넣어라.

회사의 문제는 무엇인가?

V/TO의 여덟 번째이자 마지막 부분은 문제 목록이다. 문제의 목록을 비전의 일부분으로 집어넣는 것이 이상하게 보일지 모르지

만, 이 목록은 앞선 일곱 개의 질문 못지않게 중요하다. 이제 당신은 회사가 어디로 가는지 분명히 알게 되었으니, 목적지에 도달하는 길을 가로막는 모든 장애물을 찾아내야 한다.

문제가 있다는 사실을 빨리 받아들일수록 회사에 득이 된다. 회사에는 언제나 문제가 있다. 당신의 성공은 이 문제를 해결하는 능력과 비례한다. 경영진은 회사의 문제를 드러내놓고 솔직하게 밝혀야 한다. 그래야 머릿속에 있는 문제가 종이 위로 올라갈 수 있다. 이것이 문제 해결의 첫 단계다.

문제를 발견하는 방법

이 부분은 매우 빨리 진행할 수 있다. 기껏해야 15분이면 끝난다. 경영진에게 비전을 달성하는 과정에서 직면하게 될 장애물이나 우려 사항, 기회 등을 생각해보게 하라. 그런 다음 생각나는 대로 모든 의견을 말하게 하라. 듣기 좋게 포장하지 말아야 한다. 어떤 말이든 할 수 있게 개방적인 분위기를 조성하라.

이 장에 나와 있는 여덟 가지 질문에 답하는 동안 문제가 대부분 드러날 것이다. 이 책을 다 읽을 때쯤 되면 문제를 포착하는 감각이 생길 것이다. 그러면 그것을 문제 목록에 올리는 습관만 들이면 된다. 만약 장애에 봉착했을 때 '문제가 또 하나 있군.'이라 생각하고 그 내용을 문제 목록에 기입한다면, 문제 목록에 올리는 습관이 든 것이다.

모든 문제가 밖으로 드러나면 그것을 V/TO의 문제 목록에 적어 넣어라. 아직 해결에 관해 걱정할 필요는 없다. 해결에 관해서는 6장에서 다룰 것이다.

이제 당신은 여덟 가지 질문에 답하며 비전을 명확히 설정했고, V/TO를 마무리 지었다. 당신이 작성한 V/TO는 다음 페이지에 나오는 보기와 같은 모습일 것이다.

비전 추진 계획서(V/TO)

VISION

회사명:
RCS 인터내셔널

핵심 가치	1. 융통성 2. 혁신 3. 존중 4. 진취성 5. 팀워크
핵심 역량	**열정:** 핵심 가치 생활화로 열광적인 고객층 만들기 **우리의 특기:** 캐나다에 있는 당신의 물류 '파트너'
10년 목표	매출액 2,500만 달러에 순이익 10% 달성
마케팅 전략	**표적 시장/목록:** 1. 캐나다에서 직접 우편 마케팅을 하려고 하는 우편 발송 업체 2.캐나다 내의 우편 발송을 위해 국제적 서비스 사업자를 이용하는 주요 고객 **세 가지 독특한 요소:** 1. 캐나다에 관한 전문 지식 　　　　　　　　　　2. 가치 사슬 이해 　　　　　　　　　　3. 올바른 경로에 대한 해법 **입증된 프로세스:** 올바른 경로에 대한 해법 **보장책:**
3년 그림	**목표일:** 20XX. 12. 31. **매출액:** 1,500만 달러 **측정 지표:** 연 5만 달러 이상의 고객사나 프로젝트 45개 <u>어떤 모습일까?</u> · 150만 달러 이상의 고객 3개사 · 100만 달러 이상의 고객 3개사 · 20만 달러 이상의 고객 15개사 · 신규 프로젝트의 50%는 신규 고객 · 직접 우편 마케팅 대행 역량 · 적절한 보상을 받는 직원 · 전 회사의 자동화 · 높은 평판/업계에서 영향력 있는 선두 주자 · 더 많은 협회 가입- PIA, MFSA, Red Tag 등에서 연설이나 기고 · 기업 인수 방어

비전 추진 계획서(V/TO)

TRACTION

회사명:
RCS 인터내셔널

		연간 목표	
1년 계획	**목표일:** 20XX. 12. 31. **매출액:** 1,000만 달러 **측정 지표:** 연 5만 달러 이상의 고객사나 프로젝트 30개(사)	1. 회계 책임자 영입 2. 5만 달러 이상의 신규 프로젝트 14개(신규 고객사 절반) 3. 명단 확보와 판매 경로를 관리할 영업 소프트웨어 4. 8개의 협회와 접촉 5. 운영 체제 가동 6. 7.	

		분기 록	담당자
록	**목표일:** 20XX. 9. 11. **매출액:** 200만 달러 **측정 지표:** 연 5만 달러 이상의 고객사나 프로젝트 20개(사)	1. 판매 전략 수립과 실행(측정 지표 포함)	앤
		2. 기업 문화 활성화: 견적 작업 단순화(4시간) 　　　　　　전화 시간 8:30~5:30 　　　　　　월례 행사 　　　　　　핵심 가치	밥
		3. 파이프라인에 3,000명 이름 기입하기	패트릭
		4. 웹사이트 개설	앤
		5. 6. 7.	

문제 목록	1. 운영 설비 2. 환율 3. 운영 시스템 4. 데이터베이스 5. 견적 작업 소요 시간 6. 장비 수급 7. 8. 9. 10.

직원과 공유하기

비전 요소의 앞부분인 V/TO 작성 작업이 끝났으면, 나머지 EOS 프로세스의 토대가 마련된 셈이다. 비전 요소의 뒷부분은 회사의 비전을 직원과 공유하는 것이다. 직원들이 회사의 비전을 공유하지 않는 가장 큰 이유는 그것을 모르기 때문이다. 따라서 전 직원에게 비전을 말해주어야 한다. 그것이 비전을 직원들과 공유하는 유일한 방법이다.

주요 산업의 주요 기능을 담당하는 직원 2만 3,000명을 대상으로 한 해리스 인터랙티브와 프랭클린커비의 공동 조사 결과를 보면 이 문제가 적나라하게 드러난다. 이 조사에서 직원 37%가 자기 회사에서 가장 중요한 일이 무엇인지 모른다고 대답했다. 회사의 목표에 열의를 보이는 사람은 다섯 명 중 한 명에 지나지 않았고, 자신의 업무와 회사의 목표 사이의 연관성을 분명히 아는 사람도 다섯 명 중 한 명밖에 되지 않았다.

이제 당신 회사의 비전이 문서화되었으니, 회사 내의 모든 사람에게 그것을 알려야 한다. 또, 직원들은 모두 회사의 비전을 이해하고 공유해야 한다. 모든 사람의 에너지가 한 방향으로 향하면 집적된 힘이 작용해 기하급수적인 효과를 발휘할 것이다.

직원들이 비전의 문제점을 지적하거나 그것에 관해 질문하는 것을 두려워할 필요는 없다. 대화와 질문으로 당신과 직원 모두 비전에 더 몰입하게 될 것이다. 직원들이 계획의 결함을 지적하는 것은 결코 나쁜 일이 아니다. 문제가 있다는 사실을 인지하고 그것을 밝힌 직원이라면, 자신이 관여해 바꾼 비전이라 거기에 훨씬 더 전념할 것이다. 그러므로 직원들의 공격을 기꺼이 받아들여라.

불편한 진실은, 전 직원이 모두 비전을 공유하지는 않는다는 것이다. 경영진으로서 당신의 책임은 직원들과 V/TO를 공유하고, 설득력 있는 비전으로 직원들을 고무하는 것이다. 직원들이 비전을 이해하면 그것의 한 부분이 되고 싶어 할 것이다. 행동으로 비전을 떠받칠 것이며, 공유할 것이다. 비전을 공유하지 않는 직원은 눈에 확 띌 것이다. 대개 그들은 당신이 내보내기 전에 스스로 회사를 그만둘 것이다. 좋은 관리자로 보이기 위해 그들을 회사에 계속 남겨두는 것은 다른 직원들뿐만 아니라 그들에게도 해가 되는 짓이다. 스스로 떠나려 하지 않는다면 내보내는 것이 그들의 미래에도 도움이 된다.

다음과 같은 세 가지 행사를 통해 직원들에게 비전을 효과적으로 전달할 수 있다.

1. 비전을 선포하는 회의를 개최해 그 자리에서 명확히 정해진 비전(V/TO)

을 밝힌다. 당신이 준비한 핵심 가치 발표문을 처음으로 직원들과 공유할 기회다. 반드시 질의응답 시간을 포함하도록 하라.

2. 분기마다 전 직원이 모여 회사의 경영 상황을 공유하는 짧은 회의를 개최한다(45분을 넘기지 않는다). 이 회의의 목적은 사업 진행 현황을 공유하고, V/TO를 검토하고, 새로 설정한 다음 분기 회사 록을 알려주는 것이다.

분기별 경영 상황 공유 회의는 직원들에게 회사 비전을 공유하고, 이해하게 하고, 받아들이게 하는 가장 효과적인 수단이다. 이 회의의 기본적인 형식은 다음 세 부분으로 구성된다.

1. 회사가 어디에 있었는가
2. 회사가 어디에 있는가
3. 회사가 어디로 가는가

매 분기 경영진은 위의 내용을 가장 잘 보여주는 자료를 항목별로 세 개씩 뽑은 뒤, 직원들에게 명확하고 간결하며 힘 있는 메시지를 전달해 회사의 형편을 알리도록 한다. 분기마다 전달하고 메시지에 일관성이 있어야 효과를 발휘한다.

3. 분기마다 다음 분기의 록을 정할 때 각자의 부서에 해당하는 V/TO 내용을 재검토한다.

이 세 가지 일을 하다 보면 질의응답이 뒤따를 것이고, 그것을 통해 직원들은 비전을 더 명확히 이해할 것이다. 그러므로 직원들에게 질문을 통해 비전을 이해할 기회를 줘야 한다. 그러다 보면 직원들은 이 회사가 다니고 싶은 곳인지 아닌지 판단할 수 있게 될 것이다. 이 과정을 통해 직원들은 자율적으로 일을 할 수 있게 된다. 핵심 가치, 핵심 역량, 마케팅 전략은 직원들에게 명확한 행동 지침이 되어줄 것이고, 그 결과 혼자 힘으로 더 나은 결정을 내릴 수 있게 된다. 그렇게 되면 위임하고 올라서는 일이 훨씬 쉬워질 것이다.

직원들이 비전을 제대로 받아들이려면 일곱 번은 들어야 한다. 인간은 주의 지속 시간이 짧고, 새로운 메시지를 듣기 싫어한다. 훌륭한 리더가 되려면 메시지에 일관성이 있어야 한다. 직원들은 처음 비전에 대해 들으면, '또 시작이군.'이라고 생각할 것이다(지금까지 일관성이 없었기 때문에 생긴 문화라는 사실을 기억하라). 두 번째로 같은 이야기를 들어도 같은 반응일 것이다. 하지만 네 번째, 다섯 번째가 되면 이번에는 진짜라는 사실을 깨달을 것이다. 일곱 번 들으면 마음으로 비전을 받아들일 것이다. 그러므로 당신은 '벌써 세 번이나 말했는데…. 미치겠군!'에서 '이제 세 번 말했으니까 앞으로 네 번만 더 말하면 되겠군!'으로 생각을 바꿔야 한다. 인내심을 가져라. 이것은 여정이라는 사실을 잊지 말라.

매킨리는 직원들과 비전을 공유하기 위해 중간 관리자 12명을 경영진에게 할당해 멘토링을 받게 했다. 프로페셔널 그룹은 현장에서 직원들에게 핵심 가치를 아는지 물어본 뒤 다 맞힌 직원에게는 그 자리에서 상금 20달러를 지급했다.

또 V/TO를 크게 복사해서 전 직원이 볼 수 있도록 사무실에 붙여놓은 회사도 있었다.

조금 독특하긴 하지만 매주 20달러짜리 기프트 카드를 내건 회사도 있었다. 지난주에 기프트 카드를 받은 직원이, 회사의 핵심 가치 중 하나를 보여준 직원을 골라 다음 수상자로 선정하는 방식이었다. 이때 전 직원에게 이메일을 보내 다음번에 기프트 카드를 받을 사람이 누구인지, 그 사람이 어떤 핵심 가치를 보여주었는지 알려주었다. 전 직원이 기프트 카드를 다 받을 때까지 같은 사람이 두 번 받을 수 없게 하고, 매번 다른 부서 직원을 선정하게 했다. 이렇게 52주가 지나자 핵심 가치와 관련한 이야기 52개가 퍼져나갔다.

여덟 가지 질문에 대한 경영진의 답이 모두 같을 때 회사는 최대한의 잠재력을 발휘한다. 전 직원이 회사의 비전을 공유해야 하고,

비전의 일익을 담당하고 싶어 해야 하고, 자신의 행동과 말로 비전을 떠받쳐야 한다.

이제 비전을 실현하기 위한 일을 시작할 시간이다.

CHAPTER 4

사람

: 당신 주변을 뛰어난 사람들로 채워라

훌륭한 리더는 주위에 '뛰어난 사람들'이 있었기에 자신이 성공할 수 있었다는 말을 자주 한다. 이 말은 도대체 무슨 뜻일까? 내가 그들에게 그 의미를 물어볼 때마다 답이 전부 다른 것처럼 들렸다. 그러나 그 뜻은 모두 같다. 이 장에서 나는 '뛰어난 사람', '플레이어', '플래티넘', '상위 25%', '슈퍼스타' 등과 같은 혼란스러운 용어는 모두 피하고, 본질적인 부분만 다루도록 하겠다.

이 모든 용어는 결국 적합한 사람을 적합한 자리에 쓰라는 말이다. 짐 콜린스는《좋은 기업을 넘어 위대한 기업으로》를 통해 이런 생각을 대중화했다. 사람들은 오래전부터 이런 사실을 알고 있었지만 그 뜻이 실제로 무엇인지는 명확한 정의가 내려지지 않았다. 그 결과, 안 그래도 용어가 복잡하게 뒤섞여 있는데 또 하나가 더해져 혼란만 가중했다. 하지만 실제로 그 정의는 매우 단순하다.

적합한 사람은 회사의 핵심 가치를 공유한다. 또, 회사의 기업문화에 자신을 맞추고 그 속에서 성장하며 회사를 근무하기 좋은 곳으로 만든다. 당신이 주위에 두고 싶은 사람이 바로 이런 사람이다.

이 장에서는 직원 분석표에 대해서 배울 것이다. 직원 분석표를 이용하면 누가 당신 회사에 적합한 사람인지 알 수 있어, 인력을 선발할 때 겪는 애매한 상황을 피할 수 있다.

핵심 가치 + 직원 분석표 = 적합한 사람

적합한 자리란 직원이 최고의 기량과 열정을 가진 분야에서 일한다는 뜻이고, 직원에게 요구되는 역할과 책임이 그 사람의 독특한 능력과 일치한다는 뜻이다. 모든 사람에게는 독특한 능력이 있다. 당신이 그 능력 범위 안에 있는 일을 한다면, 당신의 뛰어난 기량은 그것을 가치 있게 생각하는 사람 눈에 쉽게 띌 것이다. 기량은 끊임없이 상승하고, 당신은 에너지가 소진되는 것이 아니라 샘솟는다고 느낄 것이다. 무엇보다도 일에 대한 열정이 있으므로 그 분야에서 다른 사람보다 훨씬 앞서갈 것이다. 이렇게 열정과 재능을 갖춘 사람이 제대로 지지를 받는다면, 자연스럽게 다른 사람에게 도움이 되는 가치를 창출한다. 그러면 도움을 받은 사람은 그 보답으로 당신에게 더 큰 보상과 발전할 기회를 제공할 것이다. 그것이 당신 개인의 핵심 역량인 셈이다. 누군가 자신의 독특한 능력 범위

안의 일을 하고 있다면, 그 사람은 적합한 자리에 있는 것이다.

조직과 관련한 문제로 인해 역할과 책임, 기대치, 직무 기술서 등이 불명확할 때도 추진력을 얻어 비전을 달성하기 어렵다. 조직 구조가 모호한 덕분에 당신 회사가 지금의 위치까지 올 수 있었겠지만, 그 상태로는 더 이상 앞으로 나가지 못한다. 흔히 저지르기 쉬운 실수 중 하나는 조직을 구성할 때 당신이 좋아하거나 잃고 싶지 않은 사람을 수용하는 것이다. 효율적으로 기능하는 조직을 구성하려면 장기적인 안목을 가져야 한다. 이 말은, 더 이상 필요하지 않은 자리는 없애거나 바꾸어야 한다는 뜻이다. 한계를 돌파하려면 회사를 다음 단계로 끌어올릴 수 있는, 제대로 된 조직을 갖춰야 한다. 그러기 위해서는 책임 조직도가 필요하다. 책임 조직도는 회사를 적절하게 조직화하는 도구로, 역할과 책임을 규정하고, 회사 내의 모든 자리를 명확하게 정의한다.

독특한 능력 + 책임 조직도 = 적합한 자리

적합한 사람, 부적합한 자리

사람은 적합한데(즉, 회사의 핵심 가치를 공유하고 있는데), 자신의 독특한 능력에 맞지 않는 일을 하는 경우가 있다. 너무 높은 자리로 승진했거나, 사람이 성장해 지금 있는 자리가 너무 낮거나, 자신의 독특한 능력을 활용하지 못하는 자리에 배치된 경우가 여기에 해당한다. 일반적으로 이런 사람이 지금의 자리에 있는 이유는 회사에 오래 근무했거나, 당신이 좋아하거나, 자신의 부서에 큰 보탬이되었기 때문이다. 당신은 이 사람을 지금의 자리로 승진시킨 것이 그를 도와준 일이라고 믿었을 것이다. 하지만 실제로는 그와 회사의 성장을 방해하고 있었다. 현 상황에서 당신이 할 일은 이 사람을 그 자리에서 빼내 적합한 자리, 즉 그가 성공할 자리에 배치하는 것이다.

그런 자리가 있다면, 그 사람을 재배치하면 된다. 하지만 그런 자리가 없을 경우 매우 힘든 선택을 해야 한다. 당신은 회사 전체의 이익을 위한 결정을 내려야 한다. 단순히 좋아하는 사람이라고 해서 회사에 남겨둘 사치를 부릴 수 없는 형편이다. 따라서 그 사람을 내보내야 한다. 이것은 당신이 직면할 가장 어려운 문제 중 하나다. 그러나 변화하면 회사는 더 나아지고, 그 사람에게도 장기적인 관점에서 도움이 된다.

부적합한 사람, 적합한 자리

매우 뛰어나고, 생산적이며, 자신의 독특한 능력에 맞는 일을 하는 직원이 있다. 그러나 핵심 가치를 공유하지 않는다면 그는 회사에 부적합하다. 단기적으로, 이런 정도는 감수할 만한 장애물로 보일 수도 있겠지만, 장기적으로는 회사에 해가 된다. 이 사람은 당신이 애써 구축해 놓은 것을 조금씩 갉아먹는데, 워낙 조금씩 갉아먹기 때문에 대부분 당신은 눈치도 채지 못한다. 예컨대 등 뒤에서 경멸하는 눈으로 당신을 쳐다보거나, 복도에서 회사를 비꼬는 말을 하거나, 직원들 사이에 갈등의 씨앗을 퍼트리는 일을 하는 것이다.

이런 문제를 안고 있는 고객사가 있었다. 이 회사의 한 직원은 영업을 가장 잘하지만, 진실성이 없었다. 이 사람은 상냥하고 고객에게 접근하는 방법이 뛰어났으며 업무 지식이 풍부했다. 하지만 계약을 따내기 위해 끊임없이 사실을 호도했다. 이 사람이 맡은 분야의 신규 사업 성장률은 연 20%였고, 불평하는 고객은 한 사람도 없었다. 경영진이 핵심 가치를 정하기 전이라 이런 상황은 12개월 동안 계속되었다. 이 사람이 어떤 식으로 영업을 해왔는지 알게 된 경영진은 어려운 결정을 내렸다. 이 사람을 내보낸 뒤에야 동료 직원들과 납품업자들이 자신의 감정과 걱정하는 마음을 털어놓기 시작했다. 이 사람은 근무 기간 내내 회사의 평판에 해를 끼치고 있었던 것이다. 지금 이 회사의 핵심 가치는 문서화되었다. 핵심 가치 중에는 '진실성'도 포함되어 있다.

오너는 이렇게 말했다.

"핵심 가치를 지키지 않는 사람하고는 다시는 같이 일하지 않겠습니다."

문제가 아무리 어렵다 해도 긴 안목으로 보았을 때 회사에 득이되는 결정을 내려야 한다. 만약 어떠한 자리에 부적합한 사람이 앉아 있다면, 회사 전체의 이익을 위해 내보내야 한다.

부적합한 사람, 부적합한 자리

사람과 관련한 세 번째 유형의 문제는 부적합한 사람이 부적합한 자리에 있는 것이다. 해결책은 명백하다. 그 사람을 내보내는 것이다. 하지만 이런 지경에 이르게 된 과정이 분명하지 않은 경우가많다. 우리 고객사 중에 20년 넘게 근무한 CFO를 둔 회사가 있었다. 이 사람은 초기에는 핵심 가치를 공유했고, 재능도 있었고, 딱적합한 자리에 있었다. 그러나 시간이 지나며 회사와 업계, 기술이변했지만, 이 사람은 그에 맞춰 변화하지 않았다. 그러다 보니 이사람이 있기에 자리가 너무 커져버렸다. 게다가 그의 태도도 상당히 달라졌다. 화를 잘 내고, 전과 달리 사람들과 잘 어울리지 않으려 했다. 더는 적합한 사람이 아니거나, 적합한 자리에 있는 것이아니었다. 하지만 공동 오너는 회사의 핵심 가치를 재정립하고, 올바른 조직 구조를 세우고 나서야 이 사람이 변했다는 사실을 알아차렸다. 공동 오너는 이 골치 아픈 문제를 두고 1년 반을 씨름했다. 그동안 CFO에게 시대 흐름에 맞춰 변화하고 새로운 핵심 가치를받아들일 기회를 줬지만, 모두 쓸데없는 짓이었다. 다른 선택을 할 여지가 없다는 판단을 내린 공동 오너는 그를 교체했다. 차이는 낮과 밤처럼 극명하게 대조되었다. 경영진 회의는 훨씬 생산적으로 바뀌었고, 재무 부서는 재편되었다. 회사가 다음 도약을 위한 준비를 하게 된 것이다.

당신은 핵심 가치와 독특한 능력을 중심으로 직원을 채용, 평가, 보상, 표창, 해고해야 한다. 이것이 적합한 사람을 적합한 자리에 쓰는 조직을 구성하는 방법이다.

다음에 나오는 도구를 이용하면 직원을 평가하고 올바른 결정을 내리는 데 도움이 될 것이다.

그 일에 적합한 사람인가?

V/TO의 첫 번째 질문, 즉 '회사의 핵심 가치는 무엇인가?'에 대한 답을 찾았으면, 어떤 사람이 적합한 사람인지 정의할 수 있다. 여기서 중요한 것은 회사의 핵심 가치가 무엇이든, 그것을 공유하지 않는다고 해서 그 사람이 그르다거나 나쁜 사람은 아니라는 것이다. 그냥 회사의 문화에 적합하지 않은 사람일 뿐이다. 만약 그 사람이 자기 가치와 맞는 회사에 간다면, 그곳에서 잘 지낼 수 있을 것이다. 어쩌면 큰 성공을 거둘지도 모른다.

이제 핵심 가치를 염두에 두고, 직원들이 어떤 사람인지 보여줄 도구에 대해 알아볼 시간이다.

직원 분석표

나는 고객사가 매우 주관적이고 비생산적인 방식으로 직원 문제에 대해 논의하는 모습을 자주 보았다. 개중에는 직원 문제를 제대로 해결하지 못하는 회사도 있었고, 해결한다고 해도 필요한 시간보다 두 배 이상 걸리는 곳도 있었다. 그래서 매우 실질적인 방식으로 그런 논의를 할 수 있는 도구를 개발하게 되었다.

핵심 가치	존 스미스	샐리 존스	조지 윌슨
겸손하지만 자신감을 가져라	+	-	+ / -
성장하지 못하면 죽는다	+	-	+ / -
먼저 남을 도와라	+	-	+ / -
옳은 일을 하라	+	-	+ / -
말한 대로 실행하라	+	-	+ / -

이 직원 분석표는 우리 고객사가 많이 이용하는 다섯 개의 도구 중 하나다. 이 개념은 애초 1970년대 초에 아버지가 영업 직원을 평가하기 위해 개발한 것인데, 나중에 내가 내용을 조금 바꿔 직원의 핵심 가치를 평가하는 도구로 만들었다.

평가 방식은 다음 각 등급 중 하나를 부여하는 것이다.

+ : 대부분 핵심 가치를 보여준다.

+/- : 핵심 가치를 보여줄 때도 있고 그렇지 않을 때도 있다.

- : 대부분 핵심 가치를 보여주지 않는다.

위의 그림을 보면 존은 회사에 매우 적합하고, 조지는 이도 저도 아니게 어중간하며, 샐리는 회사를 그만둬야 할 사람이라는 사실을 알 수 있다. 당신이 추구할 이상은 당신 주변을 100% 적합한 사람, 즉 존과 같은 사람으로만 채우는 것이다. 하지만 이것은 이상일 뿐이므로 완벽함에 사로잡혀서는 안 된다. 경영진이 해야 할 일은 '한계선'을 설정하는 것이다. 한계선은 직원 분석표 평가 결과를 보고 회사가 수용할 수 있는 최소 기준이다.

한계선을 설정하면, 모든 관리자는 어떤 것을 받아들이고 받아들일 수 없는지 분명하게 알 수 있다. 당신의 기대치를 알면 관리자는 그에 맞춰 직원들에게 책임을 지울 것이다.

내가 추천하는 한계선은, 핵심 가치가 다섯 개 있는 회사라면 +가 세 개, +/−가 두 개, −는 한 개도 없는 것이다. 이것은 순전히 경험을 기반으로 추천한 것이다. 고객사 중에는 이보다 한계선이 높은 회사도 있고 낮은 회사도 있다. 그러니 당신 회사에 맞게 결정하면 된다. 핵심은, 적합한 사람은 한계선상에 있거나 그 위에 있으며, 당신의 목표는 회사를 그러한 사람으로만 채우는 것이다.

삼진 아웃제

한계선보다 낮은 평가를 받은 직원은 어떻게 할 것인가? 가장 좋은 방법은, 극단적인 조치를 하기 전에 먼저 그 직원에게 직원 분석표 평가 결과를 알려주고 태도를 개선할 기회를 주는 것이다. 그러면 대부분 태도를 고칠 것이다. 문제는 한계선보다 위로 올라갈 수 있을 만큼 태도를 개선할 것인가이다. 분명 그렇지 않은 사람도 있을 것이다. 그런 경우에는 새로운 체계에 맞게 태도를 개선할 기회를 줘야 한다.

삼진 아웃제를 적용하는 방식은 다음과 같다.

- · 원 스트라이크: 해당 직원에게 그의 문제와 당신의 기대치가 무엇인지 알려준다. 그리고 30일 내에 문제를 바로잡으라고 한다.
- · 투 스트라이크: 개선의 기미가 보이지 않으면, 그 직원을 불러 문제를 논의한 다음 한 번 더 30일의 기회를 준다.
- · 스리 스트라이크: 그래도 개선의 기미가 보이지 않으면, 그 직원은 변화의 여지가 없으므로 회사에서 내보내야 한다. 그 직원을 내보내고 나면 적합한 사람으로 평가받은 직원은 모두 그 일을 고맙게 생각할 것이고, 그를 너무 늦게 내보냈다는 점을 의아하게 여길 것이다.

실무적으로는 대부분 직원을 해고할 필요가 없다. 일단 핵심 가치 발표, 분기별 경영 상황 공유, 직원 분석표, 태도 개선 점검, 삼진 아웃제 등을 통해 직원들에게 핵심 가치를 인식시키고 나면, 거기 맞지 않는 직원은 삼진 아웃이 될 때까지 버티지 않는다. 심지어 원 스트라이크까지 가지도 않는다. 이들은 자신이 회사에 맞지 않는다는 사실을 알기 때문에 자진해서 회사를 그만둘 것이다.

이것은 적합하지 않은 사람을 회사에서 몰아내는 과정이다. 다음 사례를 참고하기 바란다. 고객사의 경영진 한 사람이 회사와 맞지 않았다. 그는 영업 및 마케팅 담당 부사장이었다. 두 번의 EOS 세션에서, 이 임원은 책임 조직도를 작성하는 내내 진땀을 흘리고, 핵심 가치를 정하는 동안에도 몹시 불편해했다. 그러는 동안 나는 몇 년 동안 이 회사의 매출이 정체된 이유를 알게 되었다. 세 번째 세션이 되자 이 임원은 중요한 일로 출장을 가게 되어 참석할 수 없다며 양해를 구했다. 네 번째 세션이 되자 그는 회사를 그만두고 다른 데로 자리를 옮겼다. 새로 영업 및 마케팅 부문을 책임지게 된 사람은 적합한 자리에 앉은 적합한 사람이었다. 이 고객사는 3년 만에 처음으로 성장을 경험하게 되었다.

역할이나 가치, 기대치 등이 명확하게 정립되고, 직원의 집중도와 책임감이 강화되면 적당히 버티는 사람이 숨을 곳은 사라진다.

다음은 직원 분석표를 활용하는 네 단계이다.

1단계

회사의 핵심 가치를 정한 다음 직원 분석표에 따라 경영진 상호 간 분석을 실시하라. 여기에는 두 가지 목표가 있다. 첫째, 이런 과정을 통해 핵심 가치를 검증할 수 있다. 만약 어떤 하나의 가치에서 모든 사람의 점수가 낮게 나왔다면, 이것을 포함해야 할지 말아야 할지 심각하게 고민할 필요가 있다. 둘째, 경영진 중에 한계선에 미치지 못하는 사람이 있는지 확인할 수 있다. 드물지만, 만약 그런 일이 일어난다면 이 사람에게도 삼진 아웃제를 적용해야 한다. 대부분은 태도를 개선하지만 회사를 떠나는 사람도 있을 것이다.

2단계

관리자에게 소속 직원을 대상으로 분석을 한 뒤, 분석 결과를 놓고 해당 직원과 1대1로 상담하게 하라. 이렇게 하면 조직 전체에 이 도구가 활성화될 것이다.

3단계

전 직원이 모이는 분기 경영 상황 공유 회의에서 직원 분석표를 활용하라. 당신에 대해서도 분석하게 하라. 당신의 말을 행동으로 보여주는 것을 두려워하지 말라.

4단계

관리자가 직원 문제로 힘들어하면 직원 분석표를 이용해 분석해보라. 문제가 사람 때문인가 아닌가에 관해 명확한 답을 얻을 수 있을 것이다. 적합한 사람인가 아닌가의 문제라면 해결책을 알고 있으니 더는 고민할 필요가 없다. 그것이 아니라면 그 직원의 자리 문제일 수 있다.

그에게 적합한 자리인가?

직원이 모두 적합한 사람이라는 확신이 섰다면, 이제 그들을 적합한 자리에 앉히는 일이 중요하다. 즉, 전 직원이 자신의 독특한 능력에 맞는 일을 하고, 그 능력에 맞는 역할과 책임을 맡아야 한다.

회사가 다음 단계로 성장하기에 적합한 방법으로 조직되어야 자리가 생긴다. 이것을 위해 우리는 책임 조직도라는 강력한 도구를 이용할 것이다. 책임 조직도는 매우 효과적인 조직도다. 이것이 만들어지면 오너와 경영진은 자신의 역할과 책임을 명확히 파악하게 된다. 마찬가지로 직원들도 자신의 역할과 책임을 명확히 알게된다.

책임 조직도

이 도구는 조직을 구성하는 방법이 한 가지밖에 없다고 가정하지 않는다. 조직 발전에 관해서는 수십 권의 책이 나와 있고, 책마다 조직을 구성하는 방법에 관한 의견이 다르다. 여기에서의 핵심 질문은 이것이다. 어떤 조직이 앞으로 6~12개월 동안 당신 회사를 성장시키기에 적합한가?

책임 조직도는 EOS 도구 중에서 V/TO 다음으로 영향력이 크다. 책임 조직도는 그것을 이용하는 사람에게 조직을 다른 방식으로 보게 하고, 여러 해 동안 발목을 잡았던 직원 문제에 대처하게 해준다.

책임 조직도를 작성해 회사에 적용하기 위해서는 몇 가지 기본 원칙을 따라야 한다.

1. 오로지 앞만 바라봐야 한다. 뒤돌아보거나 현재에 사로잡히면 안 된다. 그렇게 하면 당신의 판단이 잘못될 수 있다.

2. 기존의 비즈니스, 당신의 현재 역할, 당신의 자존심에서 벗어나야 한다.

3. 지금 하는 사업을 위에서 내려다보며 장기적인 관점에서 회사 전체의 이익을 위한 결정을 내려야 한다.

책임 조직도는 어떤 회사든 세 가지 주요 기능으로 구성되며, 스타트업이 되었든 세계에서 가장 큰 기업이 되었든 모든 회사는 이것에 의해 돌아간다는 기본적인 믿음에서 시작된다.

세 가지 주요 기능을 나타내기 위해 박스 세 개를 나란히 그려보라. 왼쪽 박스에는 첫 번째 주요 기능인 영업 및 마케팅이 들어 있다. 가운데 박스에는 두 번째 주요 기능인 운영이 들어 있다. 오른쪽 박스에는 세 번째 주요 기능인 재무 및 관리가 들어 있다. 각각의 기능을 다른 이름으로 부를 수도 있지만, 어쨌든 이 세 가지가 회사의 주요 기능이다. 영업 및 마케팅은 사업을 만들어낸다. 운영은 서비스를 제공하거나 상품을 생산하고, 고객을 관리한다. 재무 및 관리는 돈의 흐름과 회사의 인프라를 관리한다.

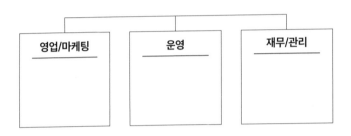

모든 회사에 이 세 가지 주요 기능이 있다는 것을 전제했을 때, 다음으로 중요한 점은 그것이 모두 강해야 한다는 것이다.

지금까지 나는 영업 및 마케팅이 가장 중요한 기능인가에 대해 수많은 논쟁을 벌여왔다. 그러다 끝에 가서 나오는 주장은 항상, 누군가가 그중 하나를 매각하기 전까지는 아무 일도 일어나지 않는다는 것이다. 부인하기 어려운 말이다. 하지만 현실적으로는 이 세 가지가 모두 강해야 한다.

이런 사실을 보여주는 세 가지 시나리오를 생각해보자.

· 영업/마케팅 기능이 강하고, 운영 기능은 약하며, 재무 기능은 강한 회사
  → 이 회사는 영업을 잘해 신규 고객을 많이 모집할 것이다. 하지만 고객

을 바로 잃고 말 것이다. 영업 부서가 약속한 것을 운영 부서가 제공하지 못해 고객이 불만을 가질 것이기 때문이다.

· 영업/마케팅 기능과 운영 기능이 강하지만, 재무 기능은 약한 회사 → 이 회사도 고객을 많이 모집할 것이고, 고객 관리도 잘할 것이다. 하지만 돈이 앞문으로 들어왔다가 바로 뒷문으로 나가고 말 것이다. 재무/관리 기능이 약하기 때문이다. 1,000만 달러를 벌어 1,000만 달러를 쓰거나, 심하면 1,000만 달러를 벌어 1,020만 달러를 쓸 수도 있다. 이 말을 듣고 아파하는 기업이 많을 것이다. 많은 기업이 지출을 감시하지 않거나, 개별 고객을 대상으로 한 수익성 평가를 하지 않고 있기 때문이다.

· 영업/마케팅 기능이 약하고, 운영 기능과 재무 기능이 강한 회사 → 운영 부서와 재무 부서의 많은 재능 있는 직원이 무슨 일이 일어나기를 기다리고 있겠지만, 아무 일도 일어나지 않을 것이다.

세 가지 주요 기능 중 어느 하나라도 약하면 회사는 효율적으로 운영될 수 없다.

지금부터 세 기능의 중요도가 모두 같다는 것을 전제로 책임 조직도를 작성해보도록 하겠다. 책임감을 유지하기 위해서는, 회사 내 각각의 주요 기능은 한 사람이 책임을 맡아야 한다. 영업 및 마케팅, 운영, 재무 및 관리를 각각 한 사람이 책임지고 감독하는 식이다. 두 사람 이상이 한 가지 기능의 책임을 맡고 있다면, 아무도 책임을 맡고 있지 않다는 뜻과 마찬가지다.

경영진이 처음으로 이 작업을 하면 박스 하나에 두 개, 심지어 세 개의 이름이 들어갈 때도 있다. 당신 회사에서도 일어날 수 있는 일이다. 이런 일이 일어난다면, 그동안 회사가 성장하지 못했거나 혼란스러웠던 근본 이유를 발견한 셈이다. 이런 문제를 해결하려면 이름을 하나로 만들어야 한다. 여러 기능을 하나의 이름으로 부르거나 하나의 기능을 여러 이름으로 불러서는 내실 있는 회사가 될 수 없다. 그런 방식으로 회사가 지금의 위치에 올라왔을 수도 있다. 그러나 명확한 책임 부여에 의해서만 다음 단계로 올라설 수 있을 것이다.

조직을 한 단계 더 끌어올리려면 이 세 기능이 독자적으로 작동하게 두어서는 안 된다. 그래서 뛰어난 회사에는 또 다른 주요 기능이 있다. 바로 통합조정자^{Integrator}다.

통합조정자

통합조정자는 기업의 주요 기능을 조화롭게 통합한다. 주요 기능이 모두 강하고, 각 기능을 책임지는 사람도 강하다면, 기능 사이에 건강한 마찰과 갈등이 많이 일어날 것이다. 통합조정자는 이 마찰을 통제해 회사 전체를 위한 더 큰 에너지로 승화시킨다.

나는 이 역할에 붙는 멋진 명칭을 모두 배제하고 '통합조정자'라는 용어를 썼다. 멋진 명칭이란 예컨대 CEO, 사장, 총지배인, 왕, 여왕 같은 것이다. 당신이 무엇이라고 불러도 상관없다. 중요한 것은 통합조정자는 회사를 운영하고, 일상적으로 발생하는 문제를 관리하고, 세 가지 주요 기능을 통합하는 독특한 능력을 갖춘 사람이라는 것이다.

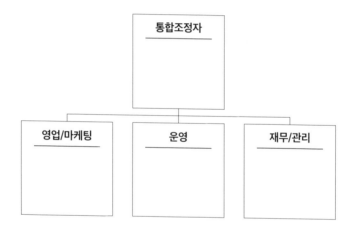

이것이 책임 조직도의 기본 구조다. 이 그림에 대한 이해를 전제로, 적합한 조직을 구성하기 위해 고려해야 할 매우 중요한 요소가 두 가지 더 있다.

첫째, 책임 조직도를 적용할 때 세 가지 주요 기능을 더 많은 기능으로 나눌 수 있다. 예컨대 영업/마케팅 기능을, 영업 기능과 마케팅 기능으로 분명하게 나누는 것이다. 운영 기능은 2~3개의 기능, 즉 계약 이행, 프로젝트 관리, 고객 서비스 등으로 나눌 수 있다. 재무/관리 기능은 많게는 4개까지 나눌 수 있다. 예컨대 재무, 관리, 정보 기술(IT), 인적 자원(HR) 등으로 나누는 것이다.

회사의 규모와 상황에 따라 제일선의 주요 기능을 3~10개 사이에서 결정하면 된다. 어떤 구조가 적합할지 신경을 쓰다 보면 적절한 숫자가 나올 것이다. 여기서도 적을수록 좋다는 말을 잊으면 안 된다. 주요 기능이 7개를 넘어가는 EOS 고객사는 한 곳도 없다.

두 번째 요소는 제일선에 있지 않은 또 다른 주요 기능이다. 책임 조직도를 작성하다 보면, 통합조정자 외에 또 다른 강력한 역할을 하는 사람이 조직 내에 존재한다는 사실을 깨닫는 경우가 많다. 그 사람은 통합조정자 기능 위에 있는 역할을 하며, 비저너리라 부른다.

비저너리

책임 조직도 내에 있는 비저너리는 내가 발견한 매우 중요한 개념이다. 이 개념을 이해하고 실행하면 눈앞이 환해지고 자신감이 생길 것이다.

비저너리와 통합조정자는 매우 다른 개념이다. 중소기업에서는 일반적으로 오너나 공동 오너, 창업자가 비저너리가 된다. 두 사람이 동업할 때는 대개 한 사람은 비저너리가 되고, 다른 사람은 통합조정자가 된다. 그것이 두 사람을 지금의 위치로 끌어올린 원동력이다.

비저너리는 일반적으로 일주일에 새로운 아이디어를 열 개는 낸다. 그중 아홉 개는 별 볼 일 없는 아이디어지만, 하나는 좋은 아이디어다. 일주일에 하나 나오는 그 좋은 아이디어가 회사를 계속 성장시키는 것이다. 이런 이유로 비저너리는 매우 소중한 존재다.

비저너리는 매우 창의적이다. (실무적인 사소한 문제가 아니라) 큰 난제를 훌륭히 해결하고, 중요한 고객, 납품업자, 공급업자, 은행과의 관계에 매우 뛰어나다. 비저너리는 보통 감정을 기반으로 일 처리를 하는 경우가 많아 기업 문화를 매우 중요시한다. 따라서 직원들의 감정을 잘 파악하고 있다. 당신이 비저너리라면, 자기 자신을 알고 자유로워질 필요가 있다.

이에 비해 통합조정자는 일반적으로 사람을 이끌고, 조직을 관리하고, 사람에게 책임을 지우는 일에 매우 능하다. 일상적인 업무 처리를 즐기며 회사의 손익뿐만 아니라 전체적인 사업 계획을 책임진다. 또, 회사의 장애물을 제거해 주요 기능을 맡은 사람들이 편하게 업무를 처리할 수 있게 돕는다. 이들은 특별한 프로젝트에도 뛰어나다. 통합조정자는 논리를 기반으로 일 처리를 한다. 당신이 통합조정자라면, 자기 자신을 알고 압박감을 느껴야 한다.

캘리포니아대학교의 한 교수는 학생들에게 항상 기업가와 최고 관리자의 역할을 동시에 수행해야 한다고 말한다. 기업가의 욕망과 관리자의 신중함, 절제력이 균형을 이루어야 한다는 뜻이다. 용어는 다르지만, 비저너리와 통합조정자의 관계를 이야기하는 것이다. 두 역할이 책임 조직도에 제대로 구현되기만 한다면, 독특한 두 능력 사이에 존재하는 역동성은 마법과 같은 힘을 발휘할 것이다.

연 매출 4,000만 달러에 직원 120명인 도로 포장 회사 아스팔트 스페셜리스츠가 EOS 프로세스를 시작했을 때, 이 회사의 경영진은 제 능력을 발휘하지 못하고 있었다. 그리고 회사는 설립 후 처음으로 적자를 보았다. 공동 오너 브루스와 댄 형제는 서로 눈도 마주치려고 하지 않았다. 두 사람이 회사를 공동 운영하고 있었는데, 모두 부적합한 자리에 앉아 있었다. 댄은 온갖 종류의 일에 파묻혀 지내다 에너지가 다 떨어져가는 중이었고, 브루스는 영업 활동에만 매달리다가 일이 돌아가는 상황에 좌절감을 느끼고 있었다.

이들은 회사의 책임 조직도를 작성하다가 비저너리와 통합조정자의 역할을 알게 되었다. 자신의 진짜 능력을 깨달은 두 형제는 자리를 명확하게 설정했다. 현재 브루스는 비저너리이고, 댄은 통합조정자이다. 비전을 명확히 설정한 경영진은 시장에서 최고 품질의 도로 포장 회사가 되겠다는 목표 달성에 매진하고 있다. 작년에 이 지역의 신규 도로 공사 발주는 20년래 최저를 기록했다. 다른 아스팔트 포장 회사들은 살아남기 위해 몸부림쳤지만, 이 회사는 역대 최고의 수익을 냈다.

내가 비저너리와 통합조정자의 역할이 갖는 힘을 처음으로 경험한 것은 첫 회사 위크먼 프로덕션스에서였다. 위크먼 프로덕션스는 아버지와 내가 거의 공동으로 경영하던 회사였다. 교과서적인 비저너리였던 아버지는 일상적인 업무 처리에 쉽게 진력내면서도 모든 일에 손을 대려 했다. 교과서적인 통합조정자였던 나는, 아버지가 세부적인 일은 나에게 맡기고 참견하지 말기를 바랐다.

양쪽의 갈등이 쌓여가자 나는 어느 날 메리어트 호텔 회의실을 하루 통으로 예약했다. 그리고 프레젠테이션 자료를 준비해 아버지와 단둘이 회의실에 들어갔다. 내가 준비한 자료에는 회사 전체의 이익을 위해 비저너리는 무엇을 해야 하고, 통합조정자는 무엇을 해야 하는지에 대한 내용이 들어 있었다. 비저너리는 아버지의 독특한 능력이었고, 통합조정자는 나의 독특한 능력이었다. 모든 일이 마무리되고 나자 우리는 각자의 역할과 책임을 분명히 인식하고 새로운 마음으로 다시 시작하기로 했다. 이 회의는 회사가 새로 도약하는 계기가 되었다. 명확한 책임 부여는 다음 단계로 도약하는 발판이 된다.

비저너리는 있지만 통합조정자가 없는 회사가 많다. 이러면 문제가 생긴다. 비저너리는 자신이 추진력이 없다는 사실 때문에 계속 힘들어하기 때문이다. 게다가 통합조정자의 역할을 할 수밖에 없어 일상적인 업무 처리에 파묻히게 된다. 밥 세네펠트는 완전한 비저너리다. 밥은 처음 시작한 회사 그레이트 화이트를 매출액 1,000만 달러의 회사로 키운 다음 큰돈을 받고 매각하는 데 성공했다. 이 회사는 〈인크〉에서 빠르게 성장하는 기업 500개사 중 하나로 선정되기도 했고, 기업 문화도 건전하다. 어떻게 이런 일이 가능했을까? 밥에게는 통합조정자 역할을 하는 동업자가 있었다.

밥은 두 번째 회사 RCS에서 추진력을 얻기 위해 몸부림쳤지만, 4년 만에 매출액 400만 달러를 간신히 넘기는 정도에 그쳤다. 적합한 통합조정자를 찾을 수 없었기 때문이다. 작년에 그는 패트릭 지젤을 영입해 이 역할을 맡겼다. RCS는 40%의 성장률을 기록했고, 올해는 적어도 700만 달러의 매출을 달성할 것으로 보인다. 게다가 앞으로도 지속해서 성장할 것으로 전망된다.

책임 조직도가 조직도와 다른 점은, 일단 주요 기능이 결정되면 각 기능에 다섯 가지 주요 역할을 부여한다는 것이다. 예컨대 비저너리에는 다음과 같은 다섯 가지 역할을 부여할 수 있다.

- R&D(연구개발)/아이디어

- 창의적 문제 해결

- 주요 관계

- 기업 문화

- 판매

    다음에 나오는 그림은 주요 기능에 부여되는 가장 일반적인 다섯 가지 주요 역할을 나타낸 것이다. 대략 절반의 회사는 비저너리가 없다는 사실을 기억하라. 그래서 비저너리 박스는 점선으로 그렸다.

    LMA는 사람을 이끌고(leading), 조직을 관리하고(managing), 사람에게 책임을 지운다는(accountable) 뜻이다. 책임 조직도에 있으면서 직원에게 보고받는 사람은 누구든지 LMA라는 중요한 책임을 맡고 있다. 이 일을 하려면 시간과 에너지, 독특한 능력이 필요하다.

    이제 전체 조직을 책임 조직도에 옮겨보라. 회사의 전체 기능이 다 나와야 하고, 어느 기능이 어느 기능에 보고하는지도 그려야 한다. 그런 다음 각 기능에 다섯 가지 주요 역할을 기입하라. 회사에 비저너리 기능이 필요한지도 결정해야 한다. 만약 필요하다면 그것도 그려 넣어라.

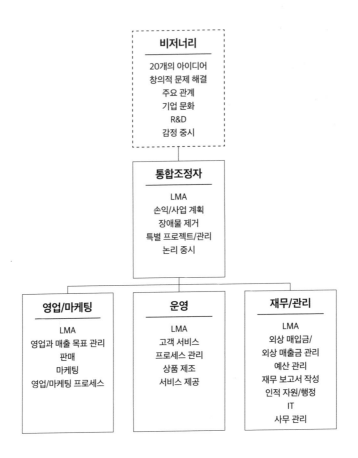

책임 조직도를 작성할 때 주의해야 할 점이 있다. 먼저 구조부터 만들어야 한다는 것이다. 책임 조직도가 완성될 때까지는 어떤 사람의 이름도 박스에 기입해서는 안 된다. 즉, 회사 내 모든 부서 또는 직급의 정확한 기능만을 그리라는 뜻이다. 이렇게 하면 어떠한 사적인 생각도 개입되지 않고, 최고의 구조를 만들 수 있다. 구조를 제대로 설정했으면, 이제 각 자리에 적합한 사람을 배치한다. 어떤 자리에 사람을 배치할 때는 그 사람의 독특한 능력을 발휘할 수 있도록 해야 한다.

작업을 마친, 각 기능의 주요 역할이 다섯 개 더해진 책임 조직도는 조직도처럼 보여야 한다. 여기서 참고해야 할 중요한 내용이 하나 있다. 책임 조직도에는 기능, 역할, 보고 구조 등이 명확하게 표시되지만, 의사소통 구조는 표시되지 않는다는 점이다. 직원들의 의사소통은 부서나 직급을 막론하고 자유롭게 이루어져, 솔직하고 개방된 기업 문화가 조성되어야 한다. 각 자리의 책임이 명확히 설정되고 전 부서에서 소통이 이루어진다면, 부서와 부서 사이에 발생하는 문제를 피할 수 있다. 책임 조직도가 사일로 Silos 현상[*]이나 분열을 야기하는 도구가 되어서는 절대 안 된다.

경영진

책임 조직도를 다 만들었으면, 비저너리(만약 있다면)와 통합조정자, 주요 기능을 책임지는 사람들로 경영진을 구성한다. 이로써 회

---

[*] 조직의 부서가 다른 부서와 교류하지 않고 자기 부서의 이익만 추구하는 현상.

사의 주요 기능을 이끄는 사람이 누구인지, 또 그 사람이 맡은 책임이 무엇인지가 정해졌다. 이제 회사의 경영진이 자리를 잡았으니, 앞으로 네 개의 장에 걸쳐 회의하는 방식, 우선순위 정하는 방식, 의사소통 방식, 보고 방식, 문제를 해결하는 방식, 비전을 실행하는 방식에 대해 다룰 것이다.

GWC

책임 조직도는 누가 무엇을 책임지고 있는지를 명확히 나타내는 도표다. 이것이 명확해졌으면 이제 적합한 사람을 적합한 자리에 앉힐 차례다. 이 일에는 GWC라는 하나의 필터만 있으면 된다.

GWC는 대상자가 그 직무를 이해해야 하고(get it), 그 직무를 원해야 하며(want it), 그 직무를 수행할 역량(capacity)이 있어야 한다는 뜻이다. GWC는 리더들과 수천 시간의 작업을 하다 개발된 도구다. 이 개념이 구체화된 것은 고객사 오너와 커피숍에 앉아 이야기를 나눌 때였다. 당시 우리는 핵심 인력 중 한 사람을 통합조정자로 승진시킨 그의 조치가 왜 결실을 보지 못하는지 논의하던 중이었다. 그는 적합한 사람이었지만, 성과를 내지 못하고 있었다. 그러다 지금까지 나를 괴롭혀오던 문제에 대한 답이 떠올랐다. 갑자기 어떤 자리가 어떤 사람에게는 왜 맞지 않는지 그 이유를 알게 된 것이다. 지금까지 수백 번의 세션을 거치면서도 이해하지 못하던 것이었다. 나는 그 오너에게 GWC의 개념을 설명했다. 그는 내 말을 듣자마자 자신이 그 사람을 부적합한 자리에 앉히는 실수를 저질렀다는 사실을 깨달았다. 통합조정자로 승진한 사람은 그 자리를 원했지만, 그 직무를 수행할 역량이 없었다. 이 사람은 바로 자신에게 더 적합한 자리로 재배치되었으며, 현재 새로운 자리에서 뛰어난 성과를 내고 있다.

GWC는 어떤 자리에 보임되었지만 자신의 역할을 제대로 수행하지 못하는 많은 사람을 관찰한 끝에 발견한 개념이다. 이들이 성과를 제대로 내지 못한 이유는 세 가지 요소 가운데 하나가 없었기 때문이다. 그 일을 이해하지 못했거나, 원하지 않았거나, 할 역량이 없었던 것이다.

당신이 다음 단계로 올라서려면, 밑에 있는 사람이 당신 일을 떠맡아 그 일을 잘 수행할 수 있어야 한다. 당신이 리더나 관리자의 지위에서 어떤 직무를 명확하게 설명하고(역할, 책임, 기대치, 평가 기준 등) 기회를 제공한다면, 빈자리를 하나 만들어준 것이다. 이렇게 하면 둘 중 하나의 결과가 뒤따를 것이다. 책임을 떠맡든지, 아니면 그 일을 맡지 않는 것이다. 그 일을 떠맡지 않는다면, 그 이유는 G, W, C 중 하나가 없기 때문이다. 이렇게 되면 당신도 좌절하겠지만 그 제의를 받은 사람도 좌절할 것이다. 당신은 절대 일을 위임하고 올라서지 못할 것이고, 어쩔 수 없이 그 일의 일부나 전부를 해야 할 것이다. 이 세 요소를 하나씩 나눠서 살펴보도록 하자.

G: 직무를 이해하기(get it)

당신은 직무를 이해하는 사람과 이해하지 못하는 사람을 보았을 것이다. '직무를 이해한다'라는 말은 자신이 맡은 역할, 기업 문화, 제도, 일이 돌아가는 속도, 그 일과 다른 일의 관계 등을 제대로 안다는 뜻이다. 모든 사람이 직무를 이해하는 것은 아니다. 좋은 소식은, 직무를 이해하는 사람이 많다는 것이다.

W: 직무를 원하기(want it)

이 말은 자신의 일을 정말로 좋아한다는 뜻이다. 즉 그 역할을 이해하고, 공정한 보상과 책임을 기반으로 그 일을 하고 싶어 한다는 것이다. 상대방은 실제로 원하지 않는데, 관리자가 동기 부여나 초과 보상을 하거나 사정을 해서라도 그 직무를 원하게 할 필요성을 느낄 때가 많다. 때로는 본인의 자존심, 관리자의 희망, 그 일에 대한 무지 때문에 자신이 그 직무를 원한다고 생각하기도 한다. 하지만 그 직무를 진정으로 원하지 않는 사람이라면 결코 열정을 쏟지 않을 것이다. 당신이 아무리 뛰어난 관리자라도 어쩔 수 없다. 그러니 자신을 자책할 필요는 없다. 대신 정말로 그 직무를 원하는 사람을 찾아서 맡기면 결과는 확연히 달라질 것이다.

C: 직무를 수행할 역량(capacity)

역량이란 어떤 일을 수행할 심리적·육체적·정서적 능력과 함께 그 일을 할 시간도 있다는 뜻이다. 어떤 직무는 일주일에 55시간을 들여야 수행할 수 있는 일인데, 대상자는 40시간만 일하고 싶어 하는 경우도 있다. 어떤 직무는 일정 수준의 지적 능력, 기량, 지식, 감성 지능 등이 필요한데, 대상자는 그런 능력이 없는 경우도 있다. 좋게 말해 이것을 피터의 법칙이라고 부른다. 사람들은 무능해질 때까지 승진한다는 것이다.

이 세 요소 중 하나라도 '노'가 있으면, 그 자리는 그 사람에게 적합한 자리가 아니다. 그 사람의 독특한 능력에 속하는 일이 아니라는 뜻이다. 이 문제에 관해 자신을 속여서는 안 된다. 만약 당신이 돈과 시간을 들여 어떤 사람을 키울 생각이 있다면, '노'를 '예스'로 바꿀 수도 있다. 하지만 대부분 그 사람의 학습 곡선이 상승할 때까지 기다릴 시간적 여유가 없다.

주요 기능을 이미 적합한 사람으로 채웠다고 생각해서는 안 된다. 그 자리에 현재 사람이 있다고 해서 그 사람이 그 직무를 이해하고, 원하며, 수행할 역량이 있다는 뜻은 아니다. GWC라는 필터를 이용하는 것이 당신 자신에게 정직해지는 방법이다.

매출액 4,400만 달러에 직원이 37명이었던 종합건설회사 로니시 건설 그룹이 EOS 프로세스를 시작했을 때, 이 회사의 경영진은 통합조정자 역할을 하던 회사 오너 버니 로니시를 포함해 다섯 명으로 구성되어 있었다. 나는 객관적인 시각으로 보기 때문에 경영진 중 자기 역할을 제대로 하지 않는 사람이 누구인지 금방 알 수 있다. 로니시 건설 그룹의 경우 그런 사람이 두 명이나 되었다. 이는 오너를 제외한 경영진의 50%를 의미한다. 우리는 어렵사리 분기 우선순위표를 만들고, 책임 조직도를 작성하고, 핵심 가치를 설정할 수 있었다. 이들은 우선순위표의 내용을 제대로 달성하지 못하며 몇 분기를 보냈다. 나는 좌절감에 빠져 단도직입적으로 그 두 임원에게 EOS 프로세스에 얼마나 충실하게 임하는지 물어보았다. 두 사람 모두 10점 기준에 4점을 주었다.

이 말을 들은 버니는 힘든 결정을 내려야 했다. 둘 다 재능 있는 사람이었지만, 버니는 그들을 경영진에서 배제했다. 한 사람은 바로 내보내고, 다른 한 사람은 감독관으로 보냈는데 얼마 지나지 않아 이 사람도 회사를 그만두었다. 버니는 두 사람의 자리를 다른 사람으로 채웠다. 둘 다 적합한 자리에 발령받은 적합한 사람이었다. 18개월 후 회사는 그해에 50%의 성장을 기록했다. 여섯 명의 경영진이 탄탄하게 자리 잡자(버니가 주요 기능을 하나 더 늘렸다), 이들은 나머지 일에 착수했다. 이들은 직원의 40%를 물갈이하는 고통스러운 작업을 수행했다. 그 결과 이제 이 회사는 조직 전체가 적합한 사람이 적합한 자리에 있는 조직이 되었다. EOS 프로세스를 시작하고 4년이 지난 작년에 이 회사는 70% 성장해, 〈크레인스 디트로이트 비즈니스〉가 선정하는 빠르게 성장하는 기업 7위에 올랐다. 또, 언스트 앤 영이 수여하는 올해의 기업가상 최종 후보자 명단에도 올랐다.

나는 EOS를 도입하고 첫 2년 안에 고객사의 경영진이 어떻게 바뀌는지 보기 위해 지난 11년 동안 추적해왔다. 이 과정을 시작한 기업의 약 80%에서 경영진의 변화를 보였다. 이 말은 대개의 회사가 처음 시작할 때 구성한 경영진이 끝까지 가지 않는다는 뜻이다. 변화를 보인 기업의 50%는 경영진에서 누군가를 내보냈고, 50%는 경영진을 늘렸다. 여기에서의 요점은 당신이 진정으로 뛰어난 기업을 만들고, 강력한 경영진을 구성하고, 적합한 자리에 적합한 사람을 쓸 의지가 있다면, 경영진을 변화시킬 준비가 되어 있어야 한다는 것이다. 하지만 변화를 보이지 않은 20%의 기업 중 하나로 남는 길을 택할 수도 있다.

주위에 있는 사람들이 모두 정말로 그 직무를 이해하고, 원하며, 수행할 역량을 갖추었다면, 모든 사람의 직장 생활이 훨씬 편해질 것이다.

GWC가 무엇인지 알았으면 이제 직원 분석표에 GWC를 더하라. 직원을 평가할 때는 +, -를 쓰던 핵심 가치와 달리, GWC는 ○ 아니면 ×로 평가한다. 셋 다 모두 ○를 받아야 한다. 그렇지 않은 사람은 부적합한 자리에 있는 것이다.

핵심 가치 + GWC	존 스미스	샐리 존스	조지 윌슨
겸손하지만 자신감을 가져라	+	-	+ / -
성장하지 못하면 죽는다	+	-	+ / -
먼저 남을 도와라	+	-	+ / -
옳은 일을 하라	+	-	+ / -
말한 대로 실행하라	+	-	+ / -
직무를 이해한다	○	○	×
직무를 원한다	○	×	○
직무를 수행할 역량이 있다	○	○	○

한 사람의 이름, 두 개의 자리

하나의 자리에 두 사람의 이름이 있는 것이 아니라, 두 개의 자리에 한 사람의 이름이 있을 수 있다. 회사를 처음 설립하면 창업자가 모든 자리를 다 차지한다. 모든 자리에 창업자의 이름이 있는 셈이다. 창업자는 통합조정자이다. 동시에 영업 및 마케팅 책임자, 운영 책임자, 재무 책임자이기도 하다. 그러다 회사가 성장하면 새로운 사람을 영입해 필요한 자리를 채운다. 예를 들어 창업자가 혼자 감당하지 못할 만큼 일이 늘어나면, 누군가를 영입해 운영 부문을 맡기고 자신은 그 일에서 손을 떼는 식이다.

한 사람이 두 자리 이상의 일을 맡아도(예컨대, 경리가 물건 배달도 하고 고객 서비스도 하는 경우다), 맡은 일을 모두 잘 수행할 만큼 시간적 여유가 있다면 괜찮다. 이것은 회사의 규모와 관련한 문제다. 만약 직원이 자신이 맡은 일을 모두 처리할 만큼 시간적 여유가 없다면, 변화가 필요하다. 이 경우에는 다음 단계로 넘어가야 한다.

위임하고 올라서기

회사가 성장하면 당신은 당신의 독특한 능력에 맞는 일을 해야 한다. 회사의 경영진도 마찬가지다. 책임 조직도가 만들어지면 어떤 사람이 능력의 한계에 도달했는지 알 수 있다. 어떤 사람이든 열심히 일할 수 있는 시간은 100%밖에 없다. 이 100%라는 것은 개개인이 열심히 일하면서도 삶의 균형을 유지하는 시간의 양을 말한다. 어떤 사람에게는 이것이 일주일에 40시간이 될 수도 있고, 어떤 사람에게는 일주일에 70시간이 될 수도 있다. 사람에 따라 다르다는 뜻이다.

어떤 사람이 맡은 일이 100% 이상, 예컨대 120%의 시간이 필요하다면, 무언가 해결책이 필요하다. 이 사람은 여분의 20%를 위임하고 올라서야 한다. 그로 인해 회사가 앞으로 나가지 못하고 한계에 봉착했기 때문이다. 때에 따라서는 현재 이 사람이 차지하고 있는 두 개의 자리 중 하나를 줄여야 한다. 만약 이 사람이 하나의 자리만 차지하고 있다면, 맡은 일 중 일부를 다른 사람에게 위임해 효율성을 높이든지, 아니면 아예 일부의 일을 완전히 없애버려야 한다. 어찌 되었건 당신은 이 사람이 자신의 독특한 능력에 가까워지도록 해야 한다.

예를 들어 당신 회사에 뛰어난 운영 책임자와 재무 책임자가 있어, 당신은 그 두 개의 주요 기능에 신경을 쓰지 않아도 되는 상황이라고 가정해보자. 그런데도 120%의 시간이 필요할 정도로 업무가 과중하다. 당신이 맡은 일은 통합조정자로서 경영진을 이끌고, 영업팀을 관리하고, 판매하고, 마케팅 자료를 작성하는 것이다. 이제 그 일 중 일부를 놓아줄 때가 되었다. 경영진을 이끌고 관리하는 일과 판매하는 일이 당신의 독특한 능력이라면, 20%의 시간적 여유를 얻기 위해 영업팀 관리일과 마케팅 자료 작성하는 일을 위임해야 한다. 적합한 자리에 있는 적합한 사람에게 위임하고, 당신은 당신의 독특한 능력을 발휘할 수 있는 자리로 올라서라.

위임하고 올라설 때는 적합한 자리에 적합한 사람이 있어야 한다는 점이 중요하다. 만약 그렇지 않다면 놓아주는 일이 절대 편하게 느껴지지 않을 것이다.

또 하나 중요한 것은 위임할 수밖에 없다는 사실을 깨달아야 한다는 점이다. 당신이 120%의 시간이 필요한 상황이라면, 당신은 회사의 성장을 가로막고 있을 뿐만 아니라 자신의 에너지도 소진하고 있다. 다른 일은 차치하고라도, 더는 회사를 제대로 경영하고 영업팀을 잘 관리할 시간조차 없다. 당신이 일을 놓아주지 못하는 이유가 그 자리에 있는 사람 때문이라면, 이제 힘든 결정을 내려야 할 때다. 그 사람의 일을 당신이 계속 해줄 수는 없다. 헬 버로스 등이 《최강 팀장의 조건 The One Minute Manager Meets the Monkey》에서 말한 것처럼 다른 사람의 '원숭이'를 당신이 계속 맡을 수는 없다.

당신 밑에 있는 사람들이 맡은 책임과 문제를 모두 원숭이로 생각하라. 부하 직원이 어떤 문제를 들고 당신 사무실에 들어온다면, 그는 자기 원숭이를 당신에게 맡기려는 것이다. 온종일 여러 사람이 자신의 문제를 들고 당신 사무실에 찾아와 그것을 맡기고 갔다면, 퇴근 무렵에는 사무실에 원숭이 스무 마리가 이리저리 뛰어다니고 있을 것이다. 만약 누군가가 원숭이를 데리고 사무실로 들어온다면, 나갈 때도 그 원숭이를 데리고 나가야 한다. 그 사람이 그럴 능력이나 의지가 없다면, 부적합한 사람을 채용한 것이다.

니치 리테일의 타일러 스미스는, 회사가 성장해 계속해서 새로운 한계를 돌파하는 데 맞춰 자기 일을 위임하고 올라서는 것이 무엇인지 보여준 교과서적인 본보기다. 타일러와 동업자 브래드 소록이 인터넷 소매 회사를 시작했을 때(타일러는 통합조정자였고, 브래드는 비저너리였다), 타일러는 영업·운영·재무를 맡았고, 브래드는 새로운 상품에 대한 아이디어를 찾고 전략을 개발하는 일을 맡았다. 타일러는 휴대폰에 주문이 들어왔다는 문자가 뜨면, 지하실로 내려가 주문서를 인쇄한 뒤 상품을 포장해 발송했다. 타일러는 대금 수납, 상품 주문, 각종 청구서 처리 등의 일도 했다. 첫 1년은 이런 식으로 지나갔다.

그러다 사업이 잘돼 타일러의 능력은 한계에 도달했다. 더는 이전에 하던 일을 혼자서 다 처리할 수 없었다. 그가 처음으로 업무를 위임한 사람은 부인 스테이시였다. 그녀가 맡은 일은 상품 포장이었다. 얼마 지나지 않아 두 사람 모두 능력의 한계에 도달했다. 타일러는 상품 발송 업무를 도와줄 직원을 채용해, 그 일을 완전히 맡겨버렸다. 그 뒤 재고 관리를 원활히 할 수 있도록, 회사를 $200\,m^2$ 넓이의 창고가 있는 곳으로 옮겼다. 그러자 운영을 담당할 직원이 필요해졌다. 그다음에는 경리를 채용하고 그 기능에서 손을 뗐다. 회사는 지속해서 성장했다.

⟨니치 리테일의 1년 차 책임 조직도⟩
인원 4명/매출액 50만 달러

비저너리

브래드

- R&D
- 초기 거래처 담당
- 웹사이트 개발
- 고급 재무
- 기업 문화
- 창의적 아이디어

통합조정자

타일러

- LMA
- 시스템 처리
- 특별 프로젝트
- 법무
- 사업 계획
- 쇼핑몰 디자인
- 웹사이트 관리

영업/마케팅

제프

- LMA
- 전화 영업
- 고객 서비스
- 매출 목표 관리
- 영업 광고

운영

팀

- LMA
- 사무실 관리
- 주문 상품 발송
- 반품 처리
- 판매 후 고객 서비스

재무

타일러

- 실질적인 CFO
- 회계
- 외상 매입금/매출금 관리
- 재무보고서 작성
- 예산 관리
- 자금 수요 예측
- 인적 자원

〈니치 리테일의 2년 차 책임 조직도〉

인원 14명/매출액 210만 달러

비저너리

브래드

· R&D
· 초기 거래처 담당
· 고급 재무
· 기업 문화
· 창의적 아이디어

통합조정자

타일러

· LMA
· 시스템 처리
· 특별 프로젝트
· 법무
· 사업 계획
· 쇼핑몰 디자인
· 웹사이트 관리

영업/마케팅

제프

· LMA
· 전화 영업
· 고객 서비스
· 매출 목표 관리
· 영업 광고

운영

팀

· LMA
· 사무실 관리
· 주문 상품 발송
· 반품 처리
· 판매 후 고객 서비스

영업

4명

· 영업 관련 전화 회신
· 전화 수신
· 이메일 답신
· 상품 지식
· 실시간 고객 지원
· 주문 접수/판매

고객 서비스

맬컴

· LMA
· 전화 영업
· 고객 서비스
· 매출 목표 관리
· 영업 광고

행정

미셸

· 서류 정리
· 고객 불만 처리
· 업무 지원
· 전화 응대

창고 관리

브렌트

반품 처리

브라이언

재무

타일러

· 실질적인 CFO
· 회계
· 외상 매입금/매출금 관리
· 재무보고서 작성
· 예산 관리
· 자금 수요 예측
· 인적 자원

경리

샌디

인적 자원

샌디

구매 업무

칼

· 상품 주문
· 상품 전시회 참관
· 재고품 분석
· 외상 매입금 관리
· 서무
· 상품 구매

니치 리테일은 900㎡ 넓이의 창고가 있는 곳으로 이전했다. 이후 CFO, COO, 웹사이트 및 마케팅 책임자가 필요해지자 이들을 차례대로 영입했다. 회사는 더 성장해 7,500㎡ 넓이의 창고가 있는 곳으로 이전했고, 니치 리테일의 성장 이야기는 지금까지 이어지고 있다. 타일러는 자신의 한계에 도달할 때마다 능숙하게 위임하고 올라서기를 반복하며 에너지 소진을 피해왔다. 그뿐 아니라 회사가 성장을 거듭함에 따라 경영진도 지속해서 위임하고 올라섰다.

진화

앞에 나온 니치 리테일의 예를 보면 알 수 있듯이, 회사가 성장함에 따라 책임 조직도는 끊임없이 진화하고 바뀔 것이다. 책임 조직도는 동적인 도구다. 회사가 지금 크기의 절반이었을 때 조직 구조가 어떠했는지 되돌아보라. 또, 회사가 지금보다 두 배로 커졌을 때의 조직 구조를 상상해보라. 어떤 차이가 있는가? 내가 말하고자 하는 것은 회사가 성장함에 따라 책임 조직도도 그에 맞춰 계속해서 진화한다는 것이다. 만약 성장률이 20%라면, 약 90일마다 한 번씩 책임 조직도를 바꿔야 할 것이다.

신축성

책임 조직도가 커지면 어떤 기능은 여러 사람이 수행할 필요가 있다는 점을 인식하게 된다(예컨대, 영업 직원, 고객 서비스 상담원, 회계 직원 등). 책임 조직도는 신축성이 있다. 만약 여러 사람이 같은 일을 한다면, 그 숫자만큼 새로운 박스를 그려 넣을 필요 없이 해당 기능에 사람 수만 적어 넣으면 된다. 니치 리테일의 2년 차 책임 조직도를 보면, 영업/마케팅 밑에 있는 영업 담당이 4명으로 적힌 것이 보일 것이다.

기존 조직도

기존 조직도는 새로 만든 책임 조직도로 대체하라. 지금부터 이 책임 조직도가 회사의 조직 구조를 보여주는 도구가 되는 것이다. 책임 조직도는 보고 체계 및 각 기능의 역할과 책임을 명확하게 보여준다. 최대한 단순화하라.

다음 단계는 책임 조직도를 사내 전 직원과 공유하는 것이다. 직원들은 자신이 어디에 속하는지, 어떤 책임이 있는지 알게 되어 고마워할 것이다. 이 단계에서, 직원들이 핵심 가치를 공유하고 GWC가 있다는 가정하에, 직원들에게 그것을 실행하게 하라. 직원들의 재능이 결합하면 놀라운 결과를 얻을 수 있다.

해고

주의할 점이 있다. 지금까지의 결과를 토대로 어떤 사람이 회사에 적합하지 않은지 명확히 알게 되었을 것이다. 그렇다고 당장 적합하지 않은 사람을 모두 해고해서는 안 된다. 그러면 조직에 큰 구멍이 생겨 회사가 위험해진다. 인력을 교체하려면 체계적인 접근법이 필요하다. 경영진의 생각을 통일한 다음 하나씩 해결해야 한다. 이렇게 하면 실패할 여지가 없다.

회사를 성장시키려면 때때로 가지치기를 조금씩 해줘야 한다. 회사에 부적합한 사람이 나아질 것을 기대하며 세미나에 보내고 조언한다고 해서 문제가 해결되지 않는다. 꼭 필요한 가지치기를 하면 회사는 다시 활성화될 것이다.

36시간의 고통

내보낼 사람이 있는데, 해고하는 일이 고통스럽게 느껴져 질질 끌고 있다면, 다음 이야기가 도움이 될 것이다.

니치 리테일이 성장하는 동안, 타일러 스미스는 어떤 사람을 1년 가까이 내보내지 못하고 시간을 끌었다. 그 직원을 해고하는 결정을 내리기가 너무 힘들었기 때문이다. 더구나 사업 초기의 힘든 시기를 함께 겪은 직원이라 더 고통스러웠다. 하지만 이 직원의 능력으로는 감당할 수 없을 만큼 회사는 성장해버렸다. 이 직원도 그 사실을 알고 있어, 태도가 점점 비뚤어지기 시작했다. 결국 경영진은 직원 분석표를 작성했고, 판단해본 결과 퇴출 외에는 선택의 여지가 없었다. 그는 더 이상 회사에 적합한 사람이 아니었다. 오랜 고뇌와 번민 끝에 결국 타일러는 이 직원을 내보내는 힘든 결정을 내렸다. 그 일이 있고 나서 며칠 후 타일러는 나에게 전화를 걸어, 이제는 EOS의 용어가 된 말을 해주었다. 바로 36시간의 고통이었다.

해고 결정을 내리기까지의 시간은 고통스러웠지만, 그 순간이 지나니 회사 전체의 이익을 위해 정말로 잘한 결정이었다는 생각이 들었다고 했다. 왜 조금 더 일찍 그렇게 하지 못했을까 하는 생각도 들었다고 했다. 전체 근무 분위기도 훨씬 좋아졌다고 했다. 타일러는 안도하고 있었다.

다른 직원들도 타일러에게 힘든 결정을 내렸다며 고마워했다. 타일러는 1년 동안이나 고통을 겪었다. 그런데 지나고 보니 36시간의 고통만 겪어도 될 일이었다. 아마 그 직원도 그랬을 것이다. 현재 해고된 직원은 자신의 열정을 추구하며 잘 지내고 있다. 해고 결정이 모든 사람에게 최선이었던 셈이다.

직원 분석표를 보고 회사에 적합하지 않은 사람이 보이면, 결정을 내려야 한다. 물론 고통이 뒤따를 것이다. 하지만 36시간만 겪으면 된다.

다음 두 가지 중요한 점을 명심하라.

1. 소원을 빌 때는 신중해야 한다. 그렇게 이루어질지도 모르기 때문이다. 당신이 성장하고 싶다면, 모든 사람이 같은 자리를 계속 유지할 수는 없다는 사실을 이해해야 한다.

2. 단지 좋아한다는 이유만으로 사람을 계속 쓰는 것은 파괴적인 행위다. 회사와 회사에 있는 모든 사람과 당사자에게 피해를 주는 짓이다. 사람은 가치를 더할 수 있어야 한다. 이 말이 냉정하게 들릴 수도 있다. 하지만 사람이 적합한 자리에 있을수록 모두가 행복해진다. 특히 그 자리에 있는 사람이 행복해진다.

세 가지 질문

고객사가 책임 조직도 작성을 마치고 나면, 우리는 그 책임 조직도가 100% 완벽한지 확인하기 위해 세 가지 질문을 한다. 당신도 경영진과 함께 이 질문에 답해보라.

1. 이 구조가 우리를 다음 단계로 끌어올려 주기에 적합한가?
2. 전 직원이 적합한 직원이며, 모두 적합한 자리에 있는가?
3. 전 직원이 자기가 맡은 일을 충실히 할 만큼 시간이 있는가?

이 세 질문에 대한 답이 모두 '그렇다'가 나오면, 당신 회사는 이 중요한 요소에서 100% 완벽한 것이다.

　　이제 우리는 훌륭한 리더가 하는 말, 즉 주위에 뛰어난 사람들이 있었기 때문에 성공할 수 있었다는 말의 뜻이 무엇인지 알게 되었다. 적합한 사람(핵심 가치)을 적합한 자리(GWC와 독특한 능력)에 쓴다는 뜻이다.

　　회사의 비전이 명확하고 그것을 전 직원이 공유하고 있으며, 적합한 자리에 적합한 사람이 있다면, 이제 데이터를 이용해 사업을 진단할 차례다.

CHAPTER 5

데이터

: 숫자가 중요하다

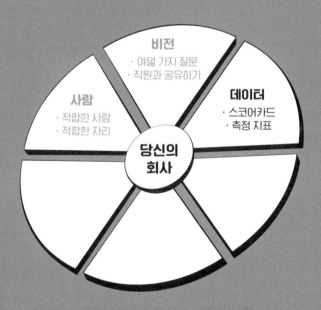

소형 여객기가 대서양을 가로질러 비행하고 있다. 대서양 중간쯤 가던 중 기장이 기내 방송을 한다.

"승객 여러분, 나쁜 소식과 좋은 소식이 있습니다. 나쁜 소식은 계기판이 고장 났다는 것입니다. 우리는 길을 잃었습니다. 비행 속도도 모르겠고, 어느 방향으로 날아가는지도 모르겠고, 연료가 얼마나 남았는지도 모르겠습니다. 좋은 소식은 지금 엄청나게 짜릿한 시간을 보내고 있다는 것입니다!"

어쩐지 익숙한 소리처럼 들리지 않는가? 기업가는 대부분 이런 식으로 경영하고 있다. 이들은 자신이 어디에 있는지, 어디로 가는지, 올바른 방향을 향하고 있는지를 보여주는 아무런 데이터도 없이 맹목적으로 비행기를 몰고 있다. 그러면서도 항상 낙관적이다.

의심은 당신을 갉아먹는다. 당신이 회사 오너라면, 왠지 불안한 느낌에 새벽에 깰 때가 있을 것이다. 순간 회사의 맥박을 정확하게 알지 못한다는 느낌이 엄습해서다. 그래서 다음 날 사무실을 돌아다니며 이 사람 저 사람과 이야기를 해본다. 그러면서 당신뿐만 아니라 다른 사람의 시간도 빼앗는다. 게다가 대화를 통해 당신에게 남는 것은 객관적인 데이터가 아니라 주관적인 의견일 뿐이다. 사실에 입각한 정보만이 생산적인 토론과 의사 결정의 기반이 된다.

이 장에서는 지속해서 회사의 맥박을 잴 수 있도록 데이터를 만들고 관리하는 법을 배울 것이다. 회사의 맥박을 알아야 효과적인 조치를 한다. 이 장을 읽고 나면, 더는 가정이나 주관적인 생각, 감정, 자존심 등에 의존해 회사를 관리하지 않게 된다.

당신은 소수의 선택된 숫자로 회사를 관리할 힘을 얻는다. 숫자를 보면 어떤 활동이 정상적으로 진행되고, 어떤 활동이 궤도를 벗어났는지 금방 알 수 있어, 회사를 일주일 단위로 추적 관찰할 수 있다. 한동안 그러다 보면 패턴과 추세를 보고 미래를 예측하는 능력이 생길 것이다.

이 장에서는 회사의 결과를 숫자로 나타내는 검증된 도구를 배울 것이다. 스코어카드라 불리는 이 도구의 사용 방법을 배우고 나면, 회사의 맥박을 정확하게 읽을 수 있다. 궁극적으로는 동아줄을 버리고도 그 어느 때보다 회사와 긴밀히 연결되어 있을 것이다. 거기에 더하여 전 직원이 숫자, 즉 의미 있으며 관리 가능한 측정 지표를 갖게 되는 단계에 도달할 것이다. 이렇게 되면 직원들은 명확한 목표를 갖게 되므로 생산성이 향상할 것이다.

스코어카드

측정하고 관찰할 수 있는 것이라면 무엇이든 개선할 수 있다는 오래된 비즈니스 격언이 있다. 대시보드, 영업 속보, 스코어보드 매트릭스, 측정 지표, 핵심 성과 지표, 스마트 넘버 등 여러 용어로 불렸지만, 스코어카드를 이용한 관리는 꽤 오랫동안 있어온 개념이다. 무엇으로 부르든, 이것은 회사가 어떻게 돌아가는지 한눈에 보여주는 몇 개의 숫자를 말한다.

유감스럽게도 대부분의 기업은 스코어카드를 이용하지 않는다. 정기적으로 검토할 수 있는 활동 기반의 숫자가 없는 것이다. 회사의 실태를 알기 위해 손익계산서에 의존할 수도 있다. 그러나 손익계산서는 후행 지표다. 손익계산서의 데이터는 사후에 나오는 것이라 잘못을 바로잡기에는 너무 늦다. 과거를 바꿀 수 없기 때문이다. 하지만 스코어카드를 이용하면 미래를 바꿀 수 있다.

여기서 모든 사람에게 스코어카드를 쓰게 하는 데 성공한 사람의 이야기를 살펴보도록 하자. 루돌프 줄리아니는《줄리아니의 리더십 Leadership》중 '누구에게나, 항상 책임이 있다'라는 장에서, 자신이 뉴욕 시장이 되었을 때 가장 먼저 한 일 중 하나는 콤프스탯 CompStat을 도입한 것이었다고 말한다. 콤프스탯은 뉴욕 경찰국 소속 경찰관에게 매일, 또는 주 단위로 특정 범죄 숫자를 보고하게 한 다단계 관리 도구다.

이 도구 덕분에 경찰서장은 관할 구역 내의 범죄 패턴과 추세를 알게 되어, 그에 대응해 필요한 장소에 경찰관을 배치할 수 있었다. 그 이전에는 체포된 사람 숫자와 911 신고 전화 대응 시간만 관리해왔다. 그러나 이것은 모두 후행 지표였다. 분기별이나 연도별로 이런 숫자가 보고될 때쯤이면 범죄 패턴은 이미 변한 다음이었다. 콤프스탯은 범죄 발생을 매일, 또는 주 단위로 추적했다. 이렇게 함으로써 뉴욕 경찰국은 범죄 발생의 맥박을 짚을 수 있었다. 그 결과 범죄 행위를 사후 보고하기보다는 예방하는 능력을 갖추게 되었다.

8년이 지난 후 살인 사건은 거의 70% 줄었고, 전체적인 범죄 숫자는 약 65% 줄었다. 콤프스탯은 1996년 하버드대 케네디 행정대학원으로부터 정부혁신상을 받았다. 현재는 여러 도시에서 이와 비슷한 유형의 도구를 이용하고 있다. 콤프스탯의 성공에 힘입은 줄리아니는 그 뒤를 이어 캡스탯 CapStat이라는 스코어카드를 발표했다. 뉴욕시 20개 부서의 업무 성과를 상세히 분석하는 도구다.

나의 경영 멘토였던 샘 컵은 스코어카드를 이용해 자신이 소유한 기업의 맥박을 재는 것을 보여주었다. 그가 소유한 기업의 매출액은 모두 합해 3억 달러가 넘는다. 샘은 우리 회사에도 같은 방식을 쓰게 했다.

　나는 14개의 숫자를 이용해 첫 번째 회사를 관리할 수 있었다. 얼마나 많은 숫자를 추적할 것인가는 사업의 유형에 따라 달라진다. 스코어카드는 회사마다 다르다. 400개가 넘는 EOS 고객사 중에 같은 것을 쓰는 곳은 한 군데도 없다. 당신의 스코어카드는 당신과 회사 고유의 것이다. 회사의 사업에 딱 들어맞는 스코어카드는 다음 단계에 따라 만든다.

1단계

　경영진과 한 시간가량 회의 일정을 잡아라. 참석자 모두 자신이 무인도에 있다고 상상해보라. 누구에게 말할 수도 없고 이메일에 접속할 수도 없으며 전화를 이용할 수도 없다. 가진 것이라고는 몇 개의 숫자가 적힌 종이 한 장뿐이다. 이 숫자만 가지고 당신 회사를 정확히 진단할 수 있어야 한다. 그렇다면 그 종이 위에 어떤 숫자가 있어야 할까?

　회사를 진단하기 위해 주 단위로 추적해야 할 항목을 모두 찾아 적어보라. 이 항목에 들어갈 것으로는 주간 매출액, 현금 잔고, 주간 판매 활동, 고객 만족도나 불만족 정도, 외상 매출금, 외상 매입금, 고객 프로젝트, 생산 현황 등이 있을 것이다.

스코어카드

담당자	측정 지표	목표	1월				2월				3월				
			5	12	19	26	2	9	16	23	2	9	16	23	30
	주간 매출액														
	현금 잔고														
	영업 상담														
	영업 회의														
	제안														
	계약 체결														
	급여														
	고객 불만														
	고객 평가														
	외상 매출금														
	외상 매입금														

경험상 5~15개의 숫자가 나올 것이다. 가능하면 5개에 가까울 수록 좋다. 지나치게 정보가 많은 것도 문제이므로 가급적 단순화 하라. 필요한 항목을 다 찾았으면, 스코어카드 양식에 기입하라. 위에 있는 것이 스프레드시트 형식으로 만든 견본 양식이다. 양식에서 보는 바와 같이 측정 지표 아래에 항목을 기재하면 된다.

2단계

왼쪽 세로줄에 해당 숫자를 책임진 사람의 이름을 기입하라. 각 숫자의 책임자는 한 사람이어야 한다. 보통은 그 주요 기능을 이끄는 사람으로, 이 사람이 주 단위로 회사에 숫자를 제공한다. 예컨대 영업 및 마케팅 책임자가 판매 활동 목표를 달성할 책임자가 되어야 한다. 그냥 스코어카드에 숫자를 적어 넣는 사람이 아니라는 뜻이다.

3단계

항목별로 주당 기대 목표치를 정해 양식에 기입하라. 이미 V/TO와 비전을 명확히 정했으므로, 스코어카드의 목표 숫자는 1년 계획과 연계되어야 한다.

4단계

날짜를 적는 가로줄에, 스코어카드에 숫자를 기입할 날짜를 주 단위로 적어 넣어라.

5단계

경영진이 볼 수 있도록 매주 숫자를 취합해 스코어카드에 기입할 사람을 선정하라.

6단계

스코어카드를 활용하라! 매주 스코어카드를 검토해, 회사가 비전 달성의 궤도에서 벗어나지 않았는지 확인해야 한다. 스코어카드의 마법은 주 단위로 실적을 관리하는 데만 있는 것이 아니다. 진짜 마법은 따로 있다. 스코어카드를 쓰고 얼마 지나지 않으면 13주 (3개월)의 실적이 한눈에 들어올 것이다. 그러면 패턴과 추세를 읽을 수 있을 것이다. 13주가 지나면 숫자가 새로 바뀌기 시작한다. 첫 주의 숫자가 떨어져 나가고 열넷째 주의 숫자가 더해진다는 뜻이다. 스코어카드에서 떨어져 나간 숫자도 나중에 참고하거나 역사적 자료로 쓸 수 있도록 잘 관리해야 한다.

스코어카드의 세 가지 경험 법칙

1. 스코어카드는 손익계산서가 아니라는 사실을 잊으면 안 된다. 스코어카드는 활동을 보여주는 숫자, 즉 회사가 탄탄한 손익계산서 달성의 궤도에서 벗어나지 않았는지 알려주는 숫자를 기반으로 한 것이다. 다른 말로 하면 손익계산서를 예측한 것이다.

무엇이 활동 기반의 숫자인가? 몇 가지 보기를 통해 정확하게 그 의미를 알아보도록 하자. 한 가지 항목은 새로운 매출액/영업이 될 것이다. 만약 매출액만 추적 감시한다면, 매출액 감소에 대한 대처가 너무 늦을 수 있다. 회사의 영업 과정을 들여다보고, 모든 단계를 가능한 한 멀리까지 역추적해보라. 일반적으로 매 단계를 숫자로 측정할 수 있다. 각 단계를 처음부터 순서대로 나열해보라. 그런 다음 기회 발굴과 고객 접촉, 고객과의 미팅 약속, 고객 미팅, 사업 제안, 계약 체결의 숫자를 각각 측정해보라. 첫 단계까지 모든 과정을 역추적할 수 있으니, 어느 단계를 측정할지는 당신이 결정하기에 달렸다.

기회 발굴 숫자를 선택해 스코어카드에 기입하기로 했다고 하자. 기회 발굴 숫자를 알면 이 중 몇 개가 고객 접촉으로 이어질지, 또 고객 접촉 숫자 중 몇 개가 미팅 약속으로 이어질지 등을 알 수 있다. 이 비율을 알게 되면 기회 발굴 숫자를 가지고 2개월, 3개월, 때에 따라서는 4개월 후에 계약 체결이 얼마나 이루어질지 예측할 수 있다. 결국 이 예측에 따라, 목표를 달성하려면 현재 기회를 얼마나 발굴해야 할지 알게 되는 것이다.

또 다른 활동 기반의 숫자의 예로 고객 만족도를 들 수 있다. 고객 불만이나 이탈 수를 추적한다면, 이 또한 너무 늦다. 그보다는 그런 일의 시작 단계로 들어가야 한다. 고객을 만족이나 불만족으로 이끄는 요인을 알아야 한다는 뜻이다. 선행적 설문 조사를 예로 들어보자. 계약을 체결하거나 상품을 배달할 때마다 고객에게 숫자로 답하는 세 가지 질문을 한다. 이렇게 하면 당신 회사의 업무 수행 실태를 추적하는 선행 지표를 얻을 수 있다. 이를테면, 어떤 서비스 지역의 평가 점수는 10점 만점에 평균 8.5점을 받는다. 그런데 갑자기 3주 연속 평균 7점으로 떨어졌다. 당신은 무언가 문제가 발생하고 있다는 사실을 깨닫고 고객을 잃기 전에 문제를 해결할 수 있다.

2. 스코어카드는 문제가 실제로 발생하기 전에 예측하도록 도와주는 선행적 도구이다. 하지만 그래도 매월 또는 매 분기 재무제표를 봐야 한다. 또, 월별이나 분기별로 예산도 살펴봐야 한다.

3. 스코어카드의 수치가 궤도를 벗어나면 경고 신호를 표시하는 것이 도움이 된다는 고객사가 많았다. 어떤 항목의 숫자가 목표를 달성하지 못하거나(긍정적인 목표의 경우) 목표를 초과했을 때(부정적인 목표의 경우) 경고 신호를 표시하는 것이다. 보통은 이 숫자에 빨간색 음영을 넣어 눈에 띄게 한다. 스프레드시트에서 자동으로 처리되게 프로그래밍하는 방법도 있지만, 손으로 직접 처리해도 된다. 이렇게 하면 의식적으로 이 숫자에 더 집중하게 돼 주례 회의에서 먼저 다루게 된다.

스코어카드는 앞으로 몇 달에 걸쳐 진화할 것이다. 처음에 잘 만들었다면, 제대로 기입한 항목이 85% 정도 될 것이다. 첫 단계로 그 정도면 충분하다. 계속 사용하다 보면 100% 적합한 항목으로 진화할 것이다. 당신이 좋아하는 도구가 되려면 평균 3개월은 지나야 한다.

스코어카드를 쓰다 보면 회사가 바뀔 것이다. 경영진은 문제 해결에 더 적극적으로 나설 것이다. 현재뿐 아니라 예상되는 미래의 문제까지 보여주는 객관적인 데이터가 있기 때문이다. 이런 문제를 해결함으로써 회사가 비전 달성을 향해 순항하고 있다는 사실을 확신할 수 있다. 문제를 해결하려면 스코어카드에 나오는 숫자의 출처를 알아야 한다. 그래야 문제의 근원으로 직접 가서 책임을 확실하게 알리고 명확하게 조치할 수 있다. 이 문제는 데이터 요소의 두 번째 부분에서 다룰 것이다.

측정 지표

측정을 해야 일이 이루어진다. 회사의 숫자를 쪼개, 전 직원이 자신의 업무 기준으로 삼는, 의미 있고 관리할 수 있는 하나의 숫자를 갖는 단계까지 가야 데이터 요소를 완전히 습득한 것이다. 이 숫자가 있어야 관리자가 부하 직원에게 명확한 업무를 부과하고 책임을 지울 수 있다. 스코어카드가 완성되고 이 숫자가 있으면, 당신은 높은 수준의 숫자*를 그 근원이 되는 개인 단위까지 추적해 들어갈 수 있다.

전 직원에게 숫자가 있다

미시간의 대형 주택 담보 대출 회사 설립자 겸 회장이 기업가 협회 미시간주 지부에서 강연한 적이 있다. 16년 전 내가 첫 회사를 경영하던 때였다. 그의 회사 직원은 모두 75명이었다. 그는 모든 것을 측정하려고 한 독특한 사람이었다. 강연 도중 그는 "전 직원에게 숫자가 있다."라는 말을 했다. 그런 다음 직원들이 어떤 숫

---

* 손익계산서에 나오는 숫자를 의미한다.

자를 관리하는지 설명했다. 심지어 리셉셔니스트도 숫자가 있었는데, 그 숫자는 2였다. '전화벨이 두 번 울리면 좋음이고, 세 번 이상 울리면 나쁨'이라는 뜻이었다.

그의 강연을 듣고 나는 정신이 번쩍 들었다. 사무실에 돌아온 나는 직원들이 관리할 숫자를 생각해낸 다음 전 직원에게 부여했다. 그 이후 지금까지 고객사에 이 방법을 가르쳐왔는데, 그것은 놀라운 결과를 만들어냈다.

데일 카네기가 쓴 《인간관계론 How to Win Friends & Influence People》에는 숫자가 사람에게서 끌어내는 힘을 보여주는 이야기가 실려 있다. 찰스 슈와브는 1900년대 초에 베들레헴 스틸이라는 철강 회사를 경영했다. 그런데 한 제철소의 생산량이 기준량에 미치지 못했다. 어느 날 슈와브가 제철소장에게 이렇게 물었다.

"당신처럼 유능한 소장이 기준량을 맞추지 못하다니, 이게 어떻게 된 일이요?"

소장은 할 말이 없었다. 모든 방법을 다 써봤기 때문이었다. 마침 야간 근무조의 일이 시작되기 전이었다. 슈와브는 제철소장에게 분필을 가져오게 한 뒤, 가까이 있는 직원에게 주간 근무조가 그날 몇 번의 히트(용광로에서 철광석을 녹여 제강하기까지의 과정)를 했는지 물었다. 이 직원이 여섯 번이라고 하자 슈와브는 제철소 바닥에 분필로 6이라고 크게 써놓고는 나가버렸다.

야간 근무를 하기 위해 출근한 직원들이 6이라는 숫자를 보고 그것이 무슨 뜻인지 물었다. 그러자 주간 근무조 직원이, 사장님이 와서 그날 히트를 몇 번 했냐고 묻더니 그 숫자를 바닥에 써놓은 것이라고 대답했다. 다음 날 아침 슈와브가 다시 제철소에 들러 바닥을 보니 자신이 써놓은 6이라는 숫자는 지워지고 대신 7이라는 숫자가 크게 적혀 있었다. 그날 아침 출근한 주간 근무조 직원도 바닥에 적힌 7이라는 숫자를 보고 야간 근무조에게 뭔가 보여줘야겠다는 생각을 하게 되었다. 주간 근무조는 열정적으로 일에 매달렸다. 그리고는 10이라는 큰 숫자를 남기고 퇴근했다. 얼마 지나지 않아 생산성이 낮았던 이 제철소는 다른 곳보다 훨씬 많은 철강을 생산하기 시작했다. 전 직원에게 숫자를 부여하는 일이 가진 힘을 보여주는 이야기다.

전 직원이 숫자를 갖게 되면 8가지 분명한 이점이 생긴다.

1. 숫자를 이용하면 관리자와 부하 직원 사이에 애매하고 주관적인 대화가 오가는 것을 막을 수 있다. 예컨대 영업과장과 직원이 지난주 영업 실적에 대해 대화를 나눌 때 "잘했어! 점점 좋아지고 있군."처럼 모호하던 것이, 숫자를 기반으로 하면 "세 건 했군."처럼 아주 분명해진다. 만약 세 건이 회사 입장에서 잘한 것이라면 지난주 실적

은 좋은 것이다. 만약 열 건을 해야 했다면 해결해야 할 문제가 생긴 셈이다. 2개월 뒤 손익계산서에 저조한 매출액이 뜰 때는 너무 늦다. 지금 해결하는 것이 좋다. 숫자는 누구 한 사람을 위한 것이 아니다. 숫자는 관리자와 부하 직원 사이의 의사소통 도구로서, 감정을 배제한 대화와 비교의 기반이 되며 궁극적으로는 결과를 만들어낸다.

2. 숫자는 책임감을 갖게 한다. 숫자를 부여하면 누구나 기대치가 무엇인지 안다. 책임감은 명확한 기대치에서 출발하는데, 숫자보다 더 명확한 것은 없다. 예컨대 회계 부서 직원에게 요구하는 것이 '수금'이라면, 이것은 명확한 기대치가 아니다. 명확한 기대치란 외상 매출금 회수 기간을 40일 이하로 유지해야 한다든가, 외상 매출금 잔액을 10만 달러 이하로 유지해야 한다든가, 장기 외상 매출금을 5만 달러 미만으로 유지해야 한다는 것이다. 이렇게 하면 직원들은 자신의 목표가 정확하게 무엇인지 알 수 있다.

3. 책임감이 있는 사람은 숫자를 좋아한다. 부적합한 자리에 있는 부적합한 사람은 보통 측정 기준을 싫어한다. 적합한 자리에 있는 적합한 사람은 분명한 것을 좋아한다. 이들에게 자신이 책임져야 할 숫자를 알려주면, 이들은 모든 사람이 책임감을 느끼는 기업 문

화에 속한다는 사실에 기뻐한다. 이렇게 되면 단결심이 생겨 모든 사람이 회사의 성공을 위해 노력한다. 적합한 사람은 이기고 싶어 하기 때문이다.

4. 숫자는 명료함과 헌신을 끌어낸다. 직원이 자신의 숫자를 명확히 알고 그것을 달성할 수 있다고 동의한다면, 그 직원의 헌신을 확보한 것이다. 여기에 애매한 부분은 없다. 좋은 예가 노드스트롬이 자사 영업 직원에게 부여하는 숫자다. 노드스트롬은 시간당 매출액을 목표로 부여한다. 자신이 달성한 매출액은 급여 명세서에 표시되며, 매출액에 따라 각종 특전이 주어진다. 따라서 노드스트롬 영업 직원은 자신에게 요구되는 판매 기대치를 시간 단위까지 정확하게 파악하고 있다.

5. 숫자는 경쟁을 유발한다. 찰스 슈와브는 양 근무조에 상대방이 달성한 숫자를 알려주어 경쟁을 유발했다. 물론 직원들은 어느 정도 심리적 압박감과 스트레스를 받았을 것이다. 하지만 조금의 압박감을 받는다고 무슨 문제가 생기는 것은 아니다.

6. 숫자는 결과를 낳는다. 루돌프 줄리아니가 뉴욕시를 탈바꿈시키는 데 기여한 것처럼 당신도 엄청난 결과를 만들어낼 수 있다. 만

약 고객 서비스 부서의 기대치가 미해결 고객 문제를 0으로 만드는 것이라면, 이 목표를 달성함으로써 고객 유지와 고객 만족이라는 궁극적인 결과를 얻을 수 있을 것이다. 만약 고객 서비스 직원이 부수적 매출의 책임을 지고 있고, 하루에 1,000달러의 부수적 매출을 올려야 전체 목표를 달성할 수 있다는 사실을 안다면, 이들은 아마 그 목표를 달성할 것이다. 그렇지 않다고 해도 최소한 숫자를 부여하지 않은 것보다는 더 나은 결과를 얻을 수 있을 것이다. 관찰할 수 있어야 개선되기 때문이다.

7. 숫자는 팀워크를 만들어낸다. 적합한 자리에 있는 적합한 사람들로 구성된 팀이 어떤 숫자의 목표 달성에 동의하고 나면, 이들은 '어떻게 목표를 달성하지?' 하고 자문하며 동료애와 함께 동료들의 압력을 느끼기 시작한다. 기술자로 구성된 팀이 네 시간 안에 서비스 제공을 마치라는 목표를 부여받는다면, 이들은 모두 힘을 합해 그 목표를 달성할 방법을 강구할 것이다. 최선을 다해 목표 달성에 노력하지 않는 팀원은 다른 팀원에게 비난을 받을 것이다.

8. 문제를 빨리 해결할 수 있다. 활동 기반의 숫자가 궤도를 벗어나면, 그 문제에 달려들어 선제적으로 해결할 수 있다. 바꾸기에는 너무 늦게 모습을 드러내는 결과 기반의 숫자와는 다르다. 게다가

객관적인 데이터를 이용하므로 주관적이고 감정이 섞인 의견을 피할 수 있다. 주관적이고 감정이 섞인 의견은 그 모호함으로 인해 짧은 시간에 올바른 결정을 끌어내지 못한다.

삭스 건설의 토드 삭스는 전 직원이 숫자를 갖는 일의 가치를 단번에 알아보았지만, 경영진에게 이 개념을 받아들이게 설득하는 데 어려움을 겪었다. 경영진의 고비를 넘고 나니 이번에는 직원들의 반발이 걱정되었다. 토드는 나에게 위에서 말한 이점을 직원들에게 설명해달라고 부탁했다. 결국 삭스 건설 직원들은 숫자를 갖는다는 생각을 받아들이게 되었다. 현재 감독관은 미결 사항을 15일 안에 처리하고, 회계 직원은 외상 매출금 회수 기간을 30일 안으로 유지해야 한다. 리셉셔니스트까지 숫자를 부여받았는데, 네 시간 안에 우편물을 개봉해 해당 직원에게 나누어 주어야 한다. 이듬해 삭스 건설은 50%의 성장률을 기록했다. 토드는 전 직원이 숫자를 갖게 된 것이 성장의 가장 큰 이유라고 말한다.

아직도 직원에게 어떻게 숫자를 부여해야 할지 막막하다면, 책임 조직도를 보는 것이 도움이 된다. 각 기능에 부여된 다섯 가지 역할을 하나하나 살펴보라. 그 역할 중 하나나 둘, 또는 세 개 정도는 숫자로 측정할 수 있다. 예를 들어 프로젝트 관리자의 다섯 가지 역할이 다음과 같다고 하자.

- 기한 내 프로젝트 완료
- 프로젝트별 이익 목표 달성
- 고객 만족
- 주간 보고 기한 엄수
- 품질 기준 준수

이 다섯 가지 중 기한과 관련된 것, 이익 목표, 고객 만족에 대해서는 측정할 수 있을 것이다. 잘하면 품질 기준도 측정할 수 있다.

데이터를 추출해 표를 만드는 방법을 배움으로써 당신은 추진력을 얻는 세 번째 중요한 요소를 마쳤다. 이제 비전을 명확히 설정했고, 적합한 사람이 적합한 자리에 있으며, 스코어카드를 통해 데이터를 관리할 수 있게 되었다. 당신은 지금 아무도 숨을 곳이 없는 투명한 회사를 만드는 중이다.

당신 회사는 솔직하고 개방적이다. 따라서 회사의 비전을 달성하는 길에 놓인 장애물은 드러나게 될 것이다. 당신이 할 일은 이 장애물을 제거하고, 회사의 발전을 가로막는 문제를 해결하는 것이다.

CHAPTER 6

문제

: 결정하라

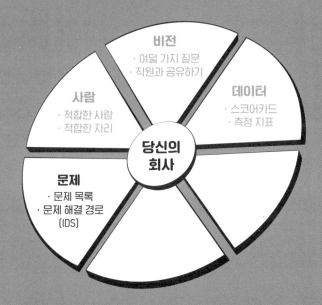

회사에 문제가 발생하면 그것을 직시하고 해결한다는 원칙을 가져야 한다. 비전이 명확하고, 적재적소에 인력이 배치되고, 데이터를 관리하고 있다면, 회사의 발전을 가로막는 장애물은 드러나게 되어 있다. 좋은 회사는 문제를 해결한다. 이런 회사는 문제를 몇 주, 몇 달, 심지어 몇 년까지 방치하지 않는다. 문제는 버섯과 같다. 음습하면 증식하고, 밝은 빛 아래서는 사라진다. 아무도 숨을 곳이 없는 회사에서는 문제가 쉽게 노출된다. EOS가 그 강한 빛을 만들어줄 것이다.

힘든 결정을 미루는 것은 인간의 본성이다. 선택의 여지가 있다면 대부분은 문제를 건드리지 않는 길을 택할 것이다. 그리고는 그것이 저절로 사라지기를 바란다. 이런 미적거림이 성장에 방해가 되고, 보는 사람에게 좌절감을 안긴다. 그래서 나폴레옹 보나파르트는 이런 말을 남겼다.

"결정을 내리는 일보다 어렵고 가치 있는 일은 없다."

성공은 문제를 해결하는 능력에 비례한다. 문제를 잘 해결할수록 성공할 가능성은 커진다. 이것은 새로운 이야기가 아니다. 나폴레온 힐은 고전이 된 그의 책《부의 비밀 Think & Grow Rich》에서 실패를 경험한 사람 2만 5,000명을 분석한 연구 결과를 소개한다. 이들이 실패한 주요인 중 하나는 결정을 내리지 않는 것, 다시 말해 미루는 버릇이었다. 이와 대조적으로 백만장자 수백 명을 분석한 결과, 이들은 하나같이 즉시 결정을 내리고, 그 결정을 잘 바꾸지 않는 것이 습관화되어 있었다.

대부분 회사의 경영진은 온갖 종류의 일을 논의하며 시간을 보내지만, 정작 문제는 거의 해결하지 않는다. 에너지가 고갈되는 것은 할 일이 많아서가 아니라 해결되지 않은 문제가 있기 때문이다. 이 장에서 당신은 문제의 근원을 재빨리 파악해, 해결책을 논의하고, 결정을 내리는 과정을 배운다. 이렇게 하면 당신의 발목을 잡던 방해물을 제거하고 앞으로 나아갈 수 있는 에너지를 얻게 된다. 이 장의 내용을 가장 잘 요약한 문장이 하나 있다. 오래전에 아버지가 나에게 가르쳐주신 격언이기도 하다.

'무슨 결정을 내리는가보다는 결정을 내리는 것 자체가 더 중요하다.'

잘못된 결정을 내리는 것보다 결정을 내리지 않아서 잃는 것이 더 많은 법이다.

대부분의 신규 고객사는 EOS 프로세스 초기에 주요 문제를 해결할 때가 되면 보통 이렇게 말한다.

"이 문제는 몇 년 된 것입니다."

"이 문제로 얼마나 오랫동안 속을 썩였는지 모릅니다."

해결되지 않은 문제는 당신 회사를 짓누르고 발목을 잡아당기는 미완성 프로젝트와 같다. 회사의 능력에는 한계가 있는데, 해결되지 않은 이런 문제가 회사의 시간과 에너지를 빼앗아간다. 결국에는 당신이나 회사가 그 부담을 이기지 못하고 무너질 것이다. 반대로 문제를 해결하면, 그만큼의 시간과 에너지를 다른 데로 돌릴 수 있다.

문제 요소를 다룬 이 장에서 당신은 회사의 발목을 잡는 장애물을 향해 휘두를 수 있는 EOS 도구 두 가지를 배울 것이다. 첫 번째 도구는 문제 목록이고, 두 번째 도구는 문제 해결 경로(IDS)다. 이 두 가지를 확립하고 나면 장애물을 모두 제거할 수 있을 것이다.

문제 목록

문제가 있는 것이 정상이다. 문제가 있다는 사실을 빨리 받아들일수록, 그리고 그것을 부정적으로 생각하거나 약점이라고 여기지 않을수록, 더 빨리 앞으로 나아갈 수 있다. 좋은 소식은, 지금까지 기업 경영에서 발생한 문제는 그 종류가 제한적이라는 것이다. 즉 비슷한 문제는 되풀이해서 발생한다. 바뀌는 것은 문제를 해결하는 당신의 능력이다. 여기에서의 핵심은 문제가 저절로 드러나는 환경을 조성하는 것이다.

첫 단계는 직원들이 회사의 비전 달성에 방해가 되는 문제를 편안한 마음으로 제기할 수 있는 일터를 만드는 것이다. 이것이 가장 중요하다. 이렇게 하려면 경영진이 이런 환경에 익숙해져야 한다. 내가 EOS 고객사에 기대하는 가장 중요한 것 중 하나가 솔직하고 개방된 문화다. 경영진이 솔직하고 개방적이어야 회사도 솔직하고 개방적이 된다. 회사는 경영진을 따라간다는 뜻이다. 경영진이 솔직하고 개방적이면 문제는 자유롭게 제기될 것이다.

문제를 드러냈다고 죽은 사람은 없다. 얻을 것은 있어도 잃을 것은 아무것도 없다. 경영진 회의에서부터 시작하라. 그러면 이 행태가 낙숫물처럼 회사 전체로 흘러내려, 전 직원이 편안한 마음으로 모든 일에 솔직하고 개방적이 되는 근무 환경이 조성될 것이다.

반면에 경영진이 건전하지 못하면 회사도 결코 건전해질 수 없다. 패트릭 렌시오니는 그의 책《탁월한 조직이 빠지기 쉬운 5가지 함정》에서, 높은 신뢰 수준이 조직을 건전하고 잘 돌아가게 만드는 기반이라고 하며 이 점을 지적한다. 켄 블랜차드와 마이클 오코너는 공저《가치 경영 Managing by Values》에서 '신분이 불안하지 않은 근무 환경을 만들면 소통은 자연스럽게 이루어진다.'라고 말했다. 신뢰는, 문제가 발생하면 전 직원이 편안한 마음으로 그것을 이야기하는 개방된 문화를 만들어낸다.

직원이 일자리를 잃게 되거나 그 밖에 다른 불이익을 당할까 봐 두려워하는 조직이라면 이런 개방된 문화를 만들어낼 수 없다. 신뢰는 당신으로부터 시작된다. 실수와 문제를 공개적으로 인정하고 그것을 해결하기 위해 함께 노력하는 분위기를 조성하라. 문제를 드러내도 괜찮다는 인식을 전 직원이 공유해야 한다. 문제가 있으면 바로잡으면 된다.

회사에 도움이 될 만한 문제를 올리지 않는다면 문제 목록은 아무런 의미도 없다. 목록에 의미 있는 문제를 올리게 하는 방법은 솔직하고 개방된 부서를 만드는 것이다. 책임 조직도가 완성되면 회사는 몇 개의 부서로 나뉠 것이다. 경영진을 필두로 모든 부서가 건전해야 한다. 모든 부서가 건전할수록 직원들은 문제를 자유롭게 제기할 것이고 신뢰 수준도 높아진다.

솔직하고 개방된 기업 문화가 조성되었다면, 문제 목록은 회사의 모든 문제를 밖으로 드러내 한곳에 정리하는 원칙을 만드는 도구가 된다. 회사에 필요한 문제 목록에는 세 가지 유형이 있다.

1. V/TO의 문제 목록

이 목록에는 90일 이상 보류해도 되는 문제를 기입한다. 향후 분기 회의에서 다룰 문제다. 이번 주나 분기에 다루어야 할 만큼 급한 문제가 아니라면, 잊어버리지 않을 만한 곳에 저장해두어야 한다. 이곳이 바로 V/TO 문제 목록이다. 이 목록에 들어갈 문제로는 신상품 아이디어, 중요한 직원 문제, 기술 수요, 사무실 이전, 자본금 수요, 인적 자원 정책 필요성 등이 있을 것이다. 이런 문제를 이번 분기에 해결할 필요가 없다면 V/TO 문제 목록에 기입해둔다. 이번 분기에는 더 급한 문제를 처리해야 하기 때문이다.

2. 주례 경영진 회의 문제 목록

이 목록에는 시간적 여유가 많지 않은 문제를 기입한다. 모두 이번 주와 분기에 최고위층에서 다루어야 할 문제다. 이런 문제는 주례 경영진 회의에서 처리한다. 여기서 부서 문제를 처리해서는 안된다. 경영진 회의에서 다룰 문제는 보통 어느 정도 전략적인 성격을 띠고 있다. 부서 수준에서 처리할 수 있는 문제라면 해당 부서로 넘겨라. 경영진 회의에서 다룰 문제로는 회사의 록이 궤도를 벗어난 문제, 스코어카드의 점수가 좋지 않은 문제, 중요한 직원 문제, 주요 고객 문제, 프로세스나 제도와 관련한 문제 등이 있을 것이다.

3. 부서별 문제 목록

여기에 기입되는 문제는 부서 수준의 문제다. 주례 부서 회의에서 그 주에 다루어야 할 문제가 모두 포함된다. 영업 부서 같으면 고객 방문 목표 달성, 프레젠테이션 문제, 계약 체결 문제, 마케팅 관련 문제, 프레젠테이션 자료 문제 등이 있을 것이고, 운영 부서 같으면 주문 처리 문제, 구매 문제, 고객 불만, 생산성 저하 문제 등이 있을 것이다.

고객사의 한 임원이 멋진 아이디어를 하나 가르쳐주었다. 부서 직원들이 솔직하고 개방적으로 문제를 제기하고 해결하기를 꺼려서 어려움을 겪을 때 썼다는 방식이다. 이 임원은 그다음 회의에 참석할 때는 모든 직원이 의무적으로 문제를 두 개씩 제시하게 했다고 한다. 문제를 두 개 발굴하지 못한 직원은 회의에 참석할 수 없게 했다. 그다음 회의는 그 부서가 생긴 이래 최고의 회의였다고 한다. 일단 봇물이 터지자 직원들은 그 어느 때보다도 솔직하고 개방적으로 변했다는 것이다.

솔직하고 개방된 기업 문화가 조성되고 세 가지 문제 목록이 명확해졌으면, 문제가 자연스럽게 제기되기 시작할 것이다. 이제, 제기되는 문제를 적절한 목록으로 분류한다. 그러면 회사의 모든 문제가 문제로 인식될 것이다. 이 말은 문제를 해결하려고 노력을 기울이기 시작해야 한다는 뜻이다. 가장 효과적인 방법은 문제 해결 경로(IDS)를 따르는 것이다.

문제 해결 경로(IDS)

경영진은 문제에 대처할 때 온갖 종류의 일을 논의하며 대부분의 시간을 보내지만, 정작 뭔가를 찾아내거나 해결하는 일은 별로 없다. 기업의 세계에서는 아주 흔한 현상이다.

문제를 해결하는 과정에 대부분의 부서는 서로 다른 어려움을 겪는다. 하지만 공통의 어려움도 있다. 갈등에 대한 두려움, 집중력 부족, 원칙 부재, 문제 해결에 전념하지 않는 것, 개인적 자존심 같은 것이다.

문제 해결 모델이나 접근법에는 수십 가지 종류가 있다. 하지만 대부분의 방법은 너무 복잡하고 시간을 많이 잡아먹는다. 그중 일부 갈등 해소 기법이나 문제 해결 기법은 준비하는 데만 몇 시간씩 걸릴 뿐만 아니라 산더미 같은 서류 작업이 필요하다.

하지만 그보다 뛰어나고 빠르면서도 더 효율적인 방법이 있다. 나는 위와 같은 현상을 수년간 관찰한 끝에 고객사가 문제를 쉽게 해결할 수 있도록 간단한 도구를 개발했다. 문제 해결 경로(IDS)라 불리는 방법이다.

문제 해결 경로는 다음 세 부분으로 구성된다.

1. 찾는다(Identify).

2. 논의한다(Discuss).

3. 해결한다(Solve).

우선 문제 목록을 검토한 뒤 해결해야 할 가장 중요한 문제 세 개를 정한다. 목록의 제일 위에 있는 문제부터 시작해 차례대로 해결해 내려가는 우를 범해서는 안 된다. 만약 가장 중요한 문제가 일곱 번째 줄에 있다면, 한 차례 회의로 그 문제까지 다루기는 쉽지 않을 것이다. 결국 가장 중요한 문제는 손도 대지 못한다는 뜻이다. 게다가 중요한 순서대로 문제를 해결하면 일부 문제는 목록에서 저절로 떨어져 나갈 수도 있다. 그 문제가 앞서 해결한 진짜 문제로 인해 겉으로 드러난 증상일 수도 있기 때문이다. 예를 들어 당신이 선정한 가장 중요한 문제가, 영업 부서에서 운영 부서로 업무가 이관되는 과정이 매끄럽지 못한 것이라고 하자. 이 문제를 해결하고 나면 문제 목록에 있는 첫 번째와 두 번째 문제(영업 부서의 불만과 프로젝트의 시작이 늦다는 문제)는 이 문제로 인해 겉으로 드러난 증상이었다는 사실을 깨닫게 된다. 그 결과 그 두 개의 문제는 목록에서 사라지게 된다.

중요한 문제 세 개를 정했으면, 이제 그중에서 가장 중요한 것을 가지고 문제 해결 경로를 따라가보자.

1단계: 찾는다(Identify)

진짜 문제가 정확하게 무엇인지 찾아야 한다. 문제 목록에 올라와 있는 문제는 진짜 문제가 아닐 때가 많다. 근본적인 문제는 언제나 몇 겹 아래에 숨어 있다. 대개 드러난 문제는 진짜 문제의 증상에 지나지 않으므로 그 뿌리를 찾아야 한다. 깊이 생각하다 보면 진짜 원인을 알게 될 것이다.

어느 정도 불편한 상황을 각오하라. 진짜 문제의 원인은 대부분 사람이다. 논의하다 보면 경영진이나 그 부하 직원 중 한 사람에게 책임이 있다는 사실이 밝혀질 것이다. 방 안의 코끼리*에 대해서 말할 수 있어야 한다. 그래서 신뢰가 중요하다. 약점을 드러내는 데에 익숙해져야 하고 진짜 문제를 솔직하게 말해야 한다. 회사 전체의 이익을 잊으면 안 된다.

진짜 문제를 찾는 데 걸리는 시간이 두 번째와 세 번째 단계를 합한 것보다 훨씬 길 수도 있다. 그래도 괜찮다. 근본 문제에는 여러 가지 증상이 있을 수 있으므로 발생하는 현상이다. 바꿔 말하면 문제를 찾는 데 대부분의 시간을 보낼 수도 있다. 그렇게 되면 논의

---

* 누구나 문제가 있다는 사실을 알지만, 먼저 말을 꺼냈다가 불이익을 당할까 봐 아무도 말을 하지 않는 큰 문제를 가리킨다.

단계와 해결 단계는 몇 분이면 끝날 것이다. 진짜 문제가 분명하게 드러났기 때문이다.

예를 들어보겠다. 문제 목록에 존의 고객이 지나치게 까다롭다는 문제가 올라와 있다. 존은 창고 책임자인데, 고객이 상품을 주문한 뒤 이틀 안에 받기를 바란다며, 기대가 지나치다고 불평한다는 것이다. 문제를 논의하는 중에 존의 고객이 너무 까다롭다는 처음의 당신 생각은, 혹시 회사가 고객과 소통을 충분히 하지 않았을지도 모르겠다는 생각으로 바뀐다. 그러다 문제를 더 파 들어가니 프로세스가 제대로 작동하지 않은 것 같아 보인다. 하지만 더 깊이 파 들어가 보니, 존이 제대로 일을 하지 않는다는 사실이 밝혀진다.

문제의 본질까지 내려가 보니 존이 부적합한 자리에 있다는 사실이 드러난 것이다. 이틀 안에 상품 수령을 바라는 고객의 요구는 매우 타당한 것이다. 만약 그렇게 하지 못하면 회사는 고객을 잃기 시작할 것이다. 존은 상품을 정리하고, 관리하고, 제때 발송하는 일을 제대로 하지 못했다. 그런 역량이 없는 것이다(GWC를 기억하라). 이제 진짜 문제(존이 부적합한 자리에 있다는 것)가 무엇인지 분명히 알았으니, 어떤 조치를 취할 것인가에 대해 논의하는 단계로 넘어가야 한다. 이 과정을 거치다 보면 마치 양파 껍질 까는 것 같다는 느낌이 들 때도 있다.

문제에는 세 가지 유형이 있다는 사실을 이해하면, 찾는 단계를 조금 더 수월하게 진행할 수 있다. 첫 번째 유형은 해결이 필요한 진짜 문제다. 두 번째는 회의 참석자들이 모두 알아야 하고 동의해야 하는 정보다. 마지막은 피드백이나 브레인스토밍, 통찰력, 참석자의 승인 등이 필요한 아이디어나 기회다. 그러므로 문제를 제기한 사람은 찾는 단계에서, 자신이 제기한 문제의 종류가 어떤 것이고, 필요한 것이 무엇인지를 명확히 밝힐 책임이 있다. 예컨대 만약 두 번째 유형의 문제라면, "제가 문제를 제기한 이유는, 여기 참석하신 모든 분에게 새로운 가격 정책을 명확히 이해시키고 동의를 받기 위해서입니다."라고 말을 꺼낸 뒤 문제 해결 경로(IDS)를 시작하는 것이다. 이렇게 하면 참석자가 그 목적을 알게 되어 훨씬 효과적으로 문제를 해결할 수 있다.

2단계: 논의한다(Discuss)

사람들은 대부분 이 단계에서 시간을 가장 많이 보낸다. 그리고 진짜 문제를 찾기도 전에 논의를 시작하기 때문에 해결하는 것이 거의 없다. 이들은 지겨울 정도로 모든 것을 논의하면서, 자신들이 뭔가 생산적인 일을 하고 있다고 생각한다.

진짜 문제를 찾고 나면 해당 문제에만 집중할 수 있어 옆길로 샐 일이 없다. 일단 문제가 명확히 밝혀지면 겁먹지 말고 해결책을 제시하라. 논의 단계에서 시간을 오래 끌 필요가 없다. 문제가 명확해 해결책이 분명히 보이기 때문이다.

앞에서 말한 존의 사례에서, 논의할 것이 무엇이 더 있는가? 여기서 해결책은 직원 분석표를 이용해 존을 분석한 뒤, 그와 면담을 통해 자신의 문제를 바로잡을 의향이 있는지 확인한 다음 삼진 아웃제를 적용하는 것이다.

먼저 해결책에 대한 말을 꺼내면 다른 사람들이 그에 반응을 보인다. 이렇게 되면 활발한 논의가 시작될 것이다.

논의 단계를 한마디로 말하면, 해당 문제에 대해 할 말이 있는 참석자가 그 말을 할 기회를 얻는 것이다. 아무것도 신성시하지 않는 열린 분위기에서 어떤 말이라도 할 수 있어야 한다.

누구든 자신이 믿는 바를 말할 수 있지만, 한 번만 말해야 한다. 두 번 이상 말하면 다른 사람에게 영향을 끼칠 수 있기 때문이다. 참석자들은 자기 자신이나 부서의 이익이 아니라 회사 전체의 이익을 위해 싸워야 한다. 문제의 진실이 드러나고 자신에게 불리한 해결 방안이 도출된다고 해도, 자신이나 자기 부서에 피해가 가지 않는 방향으로 그것을 끌고 가려 해서는 안 된다. 이것은 회사 전체의 이익을 위해 싸우는 것이 아니라 자신의 영역을 지키는 짓이다. 건강한 다툼을 통해, 자신에게 어느 정도 고통이 따르더라도 최선의 해결 방안을 도출해야 한다.

논의를 충분히 했다는 판단이 들면 3단계로 넘어간다. 그 전에 옆길에 대해 간단히 살펴보도록 하자.

옆길로 새지 맙시다!

리맥스 퍼스트는 어떤 고객사보다도 자주 옆길로 새는 문제가 있었다. 그런 일이 하도 잦아 나로서도 도와줄 방법이 다 떨어진 상태였다. 나는 최후의 수단으로 사전에서 이 말을 찾아 그 정의를 화이트보드에 큰 글자로 적어놓았다. 휴식 시간이 끝나 자리로 돌아온 경영진 눈앞에 보인 글은 다음과 같았다.

옆길 _ 원래의 목적이나 경로에서 벗어나는 것을 비유적으로 이르는 말.

이것이 효과가 있었다. 그날 이후 리맥스 퍼스트는 본질에 집중하는 회사로 변신해, 지금은 생산성이 훨씬 높아졌다. 우연일 수도 있겠지만 그해에 역대 최고 실적도 올렸다.

대부분 회사의 경영진이 논의 단계에서 시간을 가장 많이 소비하는 첫 번째 이유는 옆길로 새기 때문이다. 한 가지 문제를 논의하던 중에 열 번이나 옆길로 샐 때도 있었다. 나는 옆길로 샐 때마다 하나하나 적어놓았다가, 논의가 끝난 다음 경영진과 그 내용을 공유했다. 이렇게 하면 그들에게 경종을 울릴 수 있다. 이들은 처음에 매출 증대 방안에 관해 이야기하다가, 다섯 번 정도 옆길로 샜다가, 끝에 가서는 회사의 편지 양식 이야기를 한다.

예컨대 이런 식이다. 매출이 줄었으니 그것을 늘려야 한다. 그러면 누군가가 영업 직원 이야기를 꺼내고 그들이 무엇을 하는지 말한다. 그러다 영업 직원 중 한 사람인 잭 이야기가 나온다. 그 이야기는 잭과 회계 부서에 있는 수가 사이가 좋지 않다는 이야기로 이어진다. 그러다 "수가 대금 연체 고객에게 편지를 보냈나요?"란 질문이 나오고, 이 질문은 다시 "수가 새로 바뀐 회사 편지 양식을 썼나요?"로 이어진다.

그렇다고 무기력하게 앉아 있을 필요는 없다. 누군가가 주제에서 벗어난 이야기를 하기 시작하면 "옆길로 새지 맙시다!"라고 말하는 습관을 들이도록 하라. 이 습관은 회의를 궤도에서 벗어나지 않게 하는 데 도움이 되는 제동 기구다. 만약 옆길로 샌 주제가 진짜 문제이기는 하지만 지금 논의하고 있는 문제와 관련이 없다면, 문제 목록에 올려두었다가 우선순위에 따라 처리하도록 한다.

논의 단계가 끝나면 해당 문제와 관련한 모든 선택안, 데이터, 아이디어, 해결책, 우려 사항 등이 다 드러났을 것이다. 이제 문제를 완전히 사라지게 할 3단계로 이동할 차례다.

3단계: 해결한다(Solve)

해결 단계는 보통 누군가가 해야 할 조치 항목이 되는 것으로 끝난다. 이 조치 항목은 작업 목록에 올라가고, 그것이 처리되면 문제는 완전히 사라지는 것이다.

나는 어떤 만찬 행사에 참석했다가 1983년부터 1994년까지 미시간대학교 미식축구팀 스파르탄의 감독을 역임한 조지 펄스에게 이런 이야기를 들은 적이 있다. 조지가 피츠버그 스틸러스의 전성기였던 1970년대에 그 팀의 코치로 있을 때 이야기였다. 조지는 이렇게 말했다.

"우리는 모든 경기를 슈퍼볼에서 뛴다는 생각으로 임했어요. 모든 결정을 그 기준에서 내렸지요."

결국 피츠버그 스틸러스는 슈퍼볼에서 네 번이나 우승했다.

기업의 경영진도 그런 식으로 일해야 한다. 어떤 결정이든 당신만의 슈퍼볼에서 뛰고 있다는 생각으로 내려야 한다. 회사의 비전을 달성하는 중이라고 생각해야 한다는 뜻이다.

먼저 비전 요소를 확립하지 않은 채 바로 문제 해결 단계로 뛰어들 수 없다는 사실을 인식해야 한다. V/TO가 완성되지 않아 경영진의 생각이 제각각이라면 절대로 문제를 제대로 해결할 수 없다. 그것은 마치 목적지도 없이 차를 운전하며 아무 데서나 방향을 트는 것과 같다. 어디를 향해 가고 있는지 모른다면 어느 쪽으로 방향을 틀어야 할지 결정을 내릴 수 없다. 예전에는 결정하기 힘들었던 사안이라 해도 비전만 명확히 설정하면 결정을 내리기가 훨씬 쉬워진다.

문제 해결에는 시간이 걸린다. 지금 문제를 해결하면 그로 인해 앞으로 드러날, 문제처럼 보이는 여러 증상이 사전에 제거되므로 엄청난 시간을 절약할 수 있다. 앞으로 나가기에 바빠 문제를 옆으로 밀어내던 구태는 끝내야 한다. 적당한 선에서 테이프와 노끈으로 문제를 감아 놓는 미봉책은 과거의 일이 되어야 한다. 기름 친 기계처럼 회사를 잘 돌아가게 하려면, 회사의 비전에 맞춰 장기적인 안목에서 문제를 해결해야 한다.

문제 해결 단계에서는 세 가지 유형의 해결 방안이 나올 것이다.

첫 번째는 문제 해결에 어떤 조치가 필요한 경우다. 예를 들면 이런 것이다.

"존이 대금을 연체한 고객에게 보내는 편지에 새로운 문구를 추가해 내용을 조금 바꿀 것입니다."

이 경우에는 존이 조치 항목을 받아 처리하면 문제가 해결된다.

두 번째는 문제가 단순히 어떤 정보에 대한 인식일 뿐인 경우다. 이때는 참석자 모두 그 정보를 인식하고 동의하면 끝난다. 예를 들면 이런 식이다.

"자, 우리 모두 앞으로 회의가 정시에 시작되어야 한다는 데 동의했습니다."

세 번째는 문제 해결을 위해 추가 조사가 필요한 경우다. 이 경우에는 누군가에게 조사하라는 과제를 주고 그 결과를 다음 회의에서 보고하라고 하면 된다. 예를 들면 이런 식이다.

"빌이 지난 2년간의 고객 자료를 취합할 것입니다. 다음 주례 회의에서는 이 문제를 가장 먼저 다루겠습니다."

이 세 가지 문제 해결 경로에 익숙해져서 문제 해결을 잘하는 조직이 되려면, 다음 열 가지 문제 해결 요소를 내재화해야 한다.

문제 해결의 십계명

1. 합의로 결정을 내리지 말라

비전이 명확하고 전 직원이 같은 생각을 하는 건강한 조직이라면, 열에 여덟 번은 해결 방안에 모두 동의한다. 하지만 모두 동의하지 않을 때도 있다. 이럴 때는 누군가가 최종 결정을 내려야 한다. 합의로 회사를 경영하면 안 된다. 그렇게 하다가는 망하고 만다. 합의되지 않는 상황이라면 그것을 싫어하는 사람도 있다는 뜻이다. 하지만 참석자 전원이 그 이야기를 들었고 조직이 건강하다면, 보통은 이 상황을 모두 받아들이고 그 결정을 지지할 것이다.

여기서부터 모두가 공동 전선을 펴 앞으로 나아가야 한다.

나는 한 가족 기업에서 최악의 합의 경영 사례를 보았다. 이 회사의 성장은 정체되어 있었다. 수익성을 회복하려면 뭔가 힘든 결정을 내려야 했다. 처음 몇 번 이 회사의 회의에 참석해보니, 어려운 결정을 내려야 할 때면 누군가의 감정을 상하게 할까 봐 모두 뒤로 물러서거나, 누군가가 "투표로 결정합시다."라는 말을 꺼냈다. 몇 년 동안 계속되어온 상황이었다. 이들은 모두 좋은 사람들이었다. 하지만 회의에 참석할 때마다 똑같은 문제를 다시 제기하고, 그사이 아무것도 진행된 것이 없다며 불만을 토로했다. 나는 1년에 걸쳐 이들에게 조금 더 개방적이 되라고 강요했고, 일부 참석자에게는 매우 불편하게 느껴질 수 있는 회의도 몇 번 주재했다. 그 결과, 마침내 오너 중 한 사람이 통합조정자로 올라서 힘든 결정을 내리기 시작했다. 배가 방향을 바꾸기 시작한 것이다.

나는 지금까지 어려운 결정을 내리는 모습을 수없이 목격했다. 그런데 경영진의 의견이 갈릴 때 통합조정자가 다수의 의견을 따라서 잘못된 결정을 내릴 때가 많았다. 〈포춘 Fortune〉에 실린 의사 결정과 관련한 기사에서, 짐 콜린스는 여러 해 조사를 거친 후 다음과 같이 말했다.

"우리가 조사한 중요한 결정 중 만장일치로 내려진 결정은 하나도 없었다."

2. 나약하게 굴지 말라

해결책은 언제나 간단하다. 문제는 그 결정을 내리는 것이 언제나 쉬운 일은 아니라는 것이다. 강한 의지가 있어야 하고 굳은 결심을 해야 하며 힘든 결정이라도 내릴 준비가 돼 있어야 한다.

3. 결정을 내려라

《부의 비밀》에 나온 연구 결과를 기억하라. 실패자 2만 5,000명은 결정 능력이 부족해 결정을 뒤로 미루는 사람들이었다. 그에 반해 백만장자 수백 명은 즉시 결정을 내리고 그것을 잘 바꾸지 않는 사람들이었다. 무슨 결정을 내리는가보다 결정을 내리는 것 자체가 더 중요하다는 말을 기억하라. 그러니 결정을 내려라!

4. 전해 들은 정보에 의존하지 말라

당사자가 모두 참석하지 않은 상태에서 여러 사람이 관련된 문제를 처리하면 안 된다. 회의를 미뤄서 관련자가 모두 참석할 수 있도록 하라. 니치 리테일의 타일러 스미스는 이것을 '집회'라고 부른다. 누군가가 다른 사람이 관련된 문제를 제기하거나 전해 들은 정보를 기반으로 문제를 제기하면, 타일러는 "집회를 준비하시오."라고 말하고 관련자를 모두 참석시켜 문제를 해결한다.

5. 회사 전체의 이익을 위해 싸워라

당신의 자존심이나 직함, 감정, 여태까지의 믿음 등은 모두 내려놓아라. 회사의 비전에 초점을 맞춰라. 감언이설이나 인신공격, 사내 정치 등에 휘둘려서는 안 된다. 회사 전체의 이익에 초점을 맞추면 더 빨리, 더 좋은 결정을 내릴 수 있을 것이다.

6. 모든 문제를 한꺼번에 해결하려고 하지 말라

우선순위에 따라 한 번에 한 문제씩 처리하라. 중요한 것은 양이 아니라 질이다. 절대 모든 문제를 다 해결할 수는 없다. 이것을 빨리 깨달을수록 올바른 정신으로 일을 처리할 가능성이 커진다. 가장 중요한 문제를 먼저 해결하고, 그다음 중요한 문제로 넘어가면 된다.

7. 문제를 안고 가든지, 끝내든지, 변화시켜라

이것도 아버지에게 배운 중요한 교훈 중 하나다. 문제를 해결하는 데는 세 가지 방법이 있다. 하나는 문제를 계속 안고 가는 것이고, 또 하나는 문제를 끝내는 것이다. 마지막은 문제를 변화시키는 것이다. 그 밖에 다른 방법은 없다. 이 사실을 이해했으면 세 가지 중 어느 방법을 선택할 것인지 결정하면 된다. 더는 문제를 계속 안고 갈 수 없다면 남은 방법은 두 가지뿐이다. 문제를 변화시키든지 끝내는 것이다. 만약 그럴 수단이 없다면 문제를 안고 가는 것을 받아들이고 더는 불평하지 말라. 하지만 문제를 안고 가는 것은 최후의 수단이 되어야 한다.

8. 단기 고통을 선택하라

단기든 장기든 고통을 겪는 동안은 괴롭다. '36시간의 고통'이라는 법칙을 떠올려보라. 문제를 나중으로 미루지 말고 지금 해결하는 것이 좋다.

9. 위험을 무릅쓰라

가장 두려워하는 문제를 가장 먼저 논의하고 해결해야 한다.

10. 시도하라

시도하라는 말은 해결 방안을 제시하라는 뜻이다. 다른 사람이 문제를 해결하기를 바라면서 기다리지 말라. 당신이 틀리면 주위에서 틀렸다고 가르쳐줄 것이다. 해결책이 머리에 떠올라도 입 밖으로 꺼내기를 두려워해 회의가 한없이 길어질 때가 있다. 때에 따라서는 한 가지 문제를 가지고 지나칠 정도로 오래 논의할 때도 있다. 논의에 파묻혀 아무도 해결책을 내놓지 않기 때문이다. 물론 말

없이 가만히 앉아 있던 사람이 갑자기 입을 열며 해결책을 제시할 수도 있다. 누군가가 "그거 좋은 생각입니다."라고 말하면, 모두 거기에 찬성할 수도 있다. 그러니 두려워하지 말고 시도하라. 당신 생각이 좋은 생각일 수 있다.

문제의 해결책이 정해졌으면 그 자리에서 그것을 발표하는 것이 중요하다. 예를 들어 존이 부적합한 자리에 있는 문제의 경우 다음과 같은 해결책을 발표하는 것이다.

"바버라가 존과 면담해 창고 책임자 자리 문제를 논의하고, 그에게 부책임자 자리를 제안한 뒤 반응을 살펴보기 바랍니다. 만약 받아들이지 않는다면, 회사와 존은 각자의 길을 걷게 될 것입니다."

해결책을 발표하고 나면 문제가 해결되었다는 사실을 알게 된다. 회의장 내에서 잘되었다고 동의하는 소리가 들리기 때문이다. 그 이후 문제는 누군가의 책임으로 넘어가고(이 경우에는 바버라의 책임이다) 작업 목록에 등재되면 끝난다.

때에 따라 해결책을 발표한 후 누군가가 "잠깐만요, 발표 내용이 제가 이해한 것과는 다른 것 같습니다."라고 말하면 다시 논의가 시작될 수도 있다. 그래도 괜찮다. 모든 사실을 명확히 해 참석자 모두 같은 생각을 하도록 해야 한다. 인내심이 필요하다.

문제 해결 경로는 언제나 찾고(Identify), 논의하고(Discuss), 해결하는(Solve) 세 단계를 거친다. 이 세 단계의 약어가 IDS다. 여섯 가지 핵심 요소를 배우다 보면 일상적인 기업 경영에서 IDS가 중요한 역할을 한다는 사실을 알게 될 것이다. 지금부터는 문제에 부딪히면 "IDS 합시다."라고 말하면 된다.

IDS의 힘과 간결함을 잘 보여주는 사례가 있다. 주인공은 동업하는 두 사람의 EOS 고객이다. 두 사람은 몇 가지 어려운 문제에 직면하자 회의를 통해 해결하기로 했다. 두 사람이 회의실에 자리를 잡고 앉아 있던 중 한 사람이 앞으로 걸어가 화이트보드에 크게 I, D, S라고 적었다. 이 모습을 보고 다른 사람이 빙긋이 미소 지었다. 그리고 일사천리로 모든 문제를 해치웠다. 문제 해결 경로는 회사 내부뿐만 아니라 외부 문제를 해결하는 데도 도움이 된다. "IDS 합시다."라는 말은 두 사람 사이의 공용어가 되어, 문제를 빨리 해결하는 데 도움을 주고 있다.

개인 간의 문제 해결

건강한 부서를 만드는 일이 항상 순조롭게 진행되는 것은 아니다. 서로 마음이 맞지 않는 구성원이 있으면 부서가 잘 돌아가지 않을 수 있다. 어떤 두 사람이 심한 불화를 겪고 있으면 갈등을 해소해줘야 한다. 때에 따라서는 이러한 상황이 유일한 장애물일 수 있다. 성장하는 건강한 회사가 되려면 일 잘하고 단합된 부서가 필요하다.

이럴 때는 보통 개인 간의 문제 해결이라는 방법을 적용한다. 관련자 두 사람을 한자리로 불러 이견을 해소하고 좋지 않은 감정을 풀게 하는 것이다. 이때 제삼자가 개입해 조정자 역할을 하는 것이 좋다.

1. 두 사람에게 상대방의 장점 세 가지와 단점 세 가지를 써 오라고 한 뒤 그 내용을 상대방과 공유하게 하라.
2. 모든 문제를 적은 뒤 하나씩 해결하라.
3. 해결책을 보고 조치 항목을 도출하라.
4. 30일 후에 다시 만나 조치 항목이 처리되었는지 확인하라.

십중팔구 두 사람의 이견은 해소될 것이다. 아주 드문 일이지만 그렇지 않을 때도 있다. 그러면 부서 전체의 이익을 위해 한 사람을 내보내야 한다. 이런 결정이 삼키기에는 너무 쓴 약일 수도 있다. 하지만 개인 간의 문제 해결 절차를 다 마쳤고 다른 방법이 없는 상황이라면, 그것이 부서 전체의 이익을 위한 최선의 결정이다. 운이 좋으면 나가는 사람이 다른 부서에 재배치될 수도 있다.

하지만 아무리 건강한 회사라 해도 모든 직원이 친한 친구처럼 마음이 잘 맞을 수는 없다. 여기서 말하는 것은 회사 전체의 이익에 방해가 될 만큼 심각한 개인 간의 문제를 말하는 것이고, 생산적인 업무 관계 설정에 관한 것이다.

문제 요소를 명확히 이해했으면, 편안한 마음으로 문제를 제기하고, 문제 목록과 문제 해결 경로를 이용해 제기된 문제를 문서화한 뒤 해결하라. 그러면 솔직하고 개방된 조직을 만들 수 있다. 당신 회사는 잠재 능력을 최대한 발휘할 수 있는 상태에 점점 가까워지고 있다.

이제 여섯 가지 핵심 요소 중 가장 등한시되는 요소로 넘어갈 차례가 되었다. 성공적으로 잘 돌아가는 회사를 만드는 비밀 요소, 바로 프로세스다.

CHAPTER 7

프로세스

: 당신만의 방식을 찾아라

와이커트 부동산은 영업 직원만 1만 9,000명이 넘고, 사무소도 500군데가 넘는 세계에서 가장 큰 부동산 회사 중 하나다. 설립자 짐 와이커트에게 성공의 비결이 무엇이냐고 물었더니 그의 대답은 일관성이라는 단 한 마디였다. 일관성이 그만큼 중요하다는 뜻이다. 짐은 일관성 덕분에 사업을 키울 수 있었고, 그 결과 거의 40년을 견뎌온 탄탄한 회사가 만들어졌다.

일관성이 없으면 기업을 세밀하게 개선할 수 없다. 프로세스 요소를 강화하려면 먼저 고유의 비즈니스 모델을 구성하는 소수의 핵심 프로세스(평균 7개 정도다)를 이해해야 한다. 그런 다음 전 직원에게 그것을 이해시키고, 소중하게 여기게 하고, 따르게 해야 한다.

프로세스 요소는 가장 등한시되는 요소다. 기업가나 리더도 이 요소를 당연한 것으로 여기고 과소평가할 때가 많다. 하지만 성공한 기업가는 그 가치를 안다. 프로세스에 충분한 주의를 기울이지 않으면, 돈과 시간을 낭비할 뿐만 아니라 효율성과 통제력 저하라는 대가를 치르게 될 것이다.

높은 곳에서 회사를 내려다보고 있다는 상상을 해보자. 어떻게 보일 것 같은가? 회사를 돌아가게 하는 가동부는 어디인가? 당신은 가끔 한 번씩 이런 식으로 회사를 조감하고, 실태를 제대로 인식해야 한다. 당신은 때로 지금의 상태를 당연한 것으로 받아들이기도 할 것이다. 철학자이자 논리학자였던 쿠르트 괴델의 말을 조금 바꾸어서 표현하자면, 사람은 어떤 시스템 내에 존재하면서 동시에 그것을 이해하지 못하기도 한다. 다른 말로 하면 가끔 한 번씩 고개를 들어 시스템이 좋은지 나쁜지 돌아봐야 한다는 뜻이다. 우리는 눈코 뜰 새 없이 바쁘게 돌아가는 일상에 매몰되어 이런 시간을 전혀 갖지 못하고 있다. 하지만 만약 그렇게 한다면 그때마다 새로운 무언가를 보게 될 것이다.

보통의 회사는 소수의 핵심 프로세스를 기반으로 돌아간다. 이 프로세스를 어떻게 서로 맞물려 돌아가게 하느냐가 그 회사의 고유 시스템이다. 한계를 돌파하고, 기름을 친 기계처럼 잘 돌아가는 회사를 만들려면, 체계화하는 능력을 갖추어야 한다. 이 장에서 배울 내용이 그것이다. 당신이 구축한 것을 체계화하는 것이다. 여러 가지 방법으로 프로세스를 개선하고, 단순화하고, 그것에 기술을 적용하고, 전사적 일관성을 유지하게 하는 것이다.

《사업의 철학》을 쓴 마이클 거버는 이것을 독점적 원형이라고 부른다. 당신이 시스템을 명확히 갖추고 개선할수록 회사에 끌려가지 않고 회사를 잘 이끌 수 있다. 핵심 프로세스를 찾고 문서화해 전 직원이 따른다면 당신 회사만의 방식이 완성된 것이다. 방식이 분명하다면 회사의 가치는 높아지고, 당신의 통제력은 강화되며, 선택권은 늘어날 것이다. 그렇게 되면 회사를 더 키우거나, 혹은 다른 사람에게 경영을 맡기거나 매각할 수도 있다. 아니면 그냥 회사 일에 쓰는 시간을 줄일 수도 있다.

수많은 오너가 회사가 잘 통제되지 않는다거나 여유 시간이 부족하다고 불평하면서, 그 말이 채 끝나기도 전에 프로세스의 가치를 과소평가하는 말을 한다. 이런 말을 들으면 못 위에 앉아 있는 개 이야기가 생각난다.

어떤 사람이 농가를 지나다 보니까, 현관에 놓인 흔들의자에 노인이 앉아 있고 그 옆에 늙은 개 한 마리가 앉아 있었다. 개가 신음 소리를 내는 걸 보고 이 사람이 노인에게 그 이유를 물었다. "이놈이 못 위에 앉아 있어서 그렇다오."라고 노인이 대답했다.

"그런데 왜 옆으로 옮겨 앉지 않는 거죠?"

"옆으로 옮겨 앉을 정도로 아프지 않은 모양이오."

회사가 잘 통제되지 않는다거나 여유 시간이 부족하다고 불평하는 오너는 못을 빼고 회사를 체계화하는 작업을 해야 한다. 직원들이 자기 하고 싶은 대로 일하는 회사가 많다. 그 결과 시스템 내에 엄청난 비효율과 일관성 부족이 발생한다. 만약 이런 모든 변칙적 행태를 직접 본다면 오너는 대부분 큰 충격을 받을 것이다. 그래서 실제로 어떤 일이 일어나고 있는지 들추려 하지 않는 오너도 많다. 그러면서 속으로는 회사가 아무 일 없이 잘 버텨주기를 바란다.

프랭클린 커뮤니티는 프로세스 요소의 힘을 제대로 이해하고 있다. 이 회사는 조립식 주택 단지 여덟 군데를 소유, 관리하고 있다. 사업 모델은 매우 진부하지만 공동 오너인 론 블랭크와 앤디 블랭크는 고정관념을 깨부수었다. 두 사람은 회사를 다잡으며 효율적으로 경영한다. 두 사람은 모든 EOS 도구를 원칙대로 실행한다. 이들은 놀라울 정도로 집요한 성격을 가진 운영 책임자 셸리 테일러의 도움을 받아, 자사만의 방식을 만들고 그것에 따라 회사를 경영했다. 래리 로슨이 이끄는 막강한 영업 부서의 지원을 받는 여덟 명의 관리자는 자기가 책임진 주택 단지를 규칙대로 관리하고 있다. 그 결과는 경쟁사가 곤혹스러워할 정도로 낮은 공실률로 나타나고 있다. 업계 전체의 공실률이 높아지고 있는데도 프랭클린 커뮤니티의 공실률은 지난 4년 동안 계속 떨어졌다.

핵심 프로세스를 통해 회사를 체계화하려면 두 가지 중요한 단계를 밟아야 한다. 먼저 핵심 프로세스를 문서화한다. 다음에는 전 직원이 그 프로세스를 따르게 한다.

핵심 프로세스를 문서화한다

회사만의 방식을 문서화하기 위해서는 다음 세 단계를 거쳐야 한다. 먼저 회사의 핵심 프로세스를 찾는다. 다음에는 각 핵심 프로세스에서 일어나는 일을 하나하나 순서대로 기록한다. 마지막으로 전 직원이 볼 수 있게 이 정보를 하나로 묶는다.

핵심 프로세스 찾기

먼저 경영진이 모여 논의할 수 있도록 한 시간 정도 회의 일정을 잡아라. 핵심 프로세스 찾는 일은 누구 한 사람에게 맡겨도 되는 과제가 아니다. 첫 단계부터 함께 참여하는 이유는 핵심 프로세스를 같은 이름으로 불러야 하기 때문이다. 임원들은 자신이 이미 프로세스를 다 알고 있다고 주장하는 경향이 강하다. 그래서 이런 회의 소집의 필요성에 저항할 때가 많다. 이런 회의를 제안할 때면, "아, 그런 것은 5분이면 끝날 겁니다."라는 반응이 나온다. 하지만 아직까지 한 시간 안에 끝내는 경우를 본 적이 없다.

그 이유는 핵심 프로세스를 찾아야 하고, 그것을 부르는 이름에 합의해야 하기 때문이다. 일단 논의를 시작하면 프로세스를 부르는 이름도 다르고, 핵심 프로세스가 몇 개나 되는지에 대한 생각도 다르다는 사실을 알게 될 것이다.

일반적인 핵심 프로세스는 다음과 같다.

- **인적 자원 프로세스** 사람을 찾고, 채용하고, 회사에 적응시키고, 관리하고, 평가하고, 승진시키고, 유지하고, 해고하는 방식이다.
- **마케팅 프로세스** 회사의 메시지를 표적 고객에게 전달해, 상품이나 서비스에 대한 관심을 유발하고, 판매 가능성을 높이는 방식이다.
- **판매 프로세스** 잠재 고객을 고객으로 바꾸는 방식이다.
- **운영 프로세스** 상품을 만들거나 고객에게 서비스를 제공하는 방식이다. 운영에는 보통 1~3개의 핵심 프로세스가 있다(예, 프로젝트 관리, 물류, 창고, 배송, 서비스 기사, 고객 관리, 서비스 제공, 생산, 품질 관리, 고객 서비스 등).
- **회계 프로세스** 들어오고 나가는 모든 돈의 흐름을 관리하는 방식이다.
- **고객 유지 프로세스** 상품을 판매하거나 서비스를 제공한 후 선제적으로 고객을 관리하는 방식으로, 고객이 계속해서 다시 찾을 뿐만 아니라 다른 사람에게도 당신 회사를 소개할 수 있게 한다.

핵심 프로세스가 아무리 많다고 해도, 회사에서 일어나는 활동을 나타내는 프로세스라면 모두 찾아야 한다. 그런 다음 그 수와 이름, 내용에 관해 경영진의 생각을 100% 일치시켜야 한다.

이 단계가 얼마나 생산적인지 알게 되면 놀랄 것이다. 이것을 거치고 나면 경영진의 생각이 명확해지고, 문서화된다. 참석자들은 매 순간이 가치 있었다는 사실을 깨닫게 된다. 경영진이 투자한 시간에 대한 수익은 참석자 모두 말이 통한다는 결과로 나타난다.

이제 핵심 프로세스를 모두 찾았고 이름도 붙였으니, 오늘부터 각 프로세스의 이름을 똑같이 불러야 한다. 만약 고객을 관리하는 방식을 고객 관리 프로세스라고 부르기로 했다면 모든 사람이 그렇게 불러야 한다. 핵심 프로세스를 일관되게 같은 이름으로 부르면 복잡성이 줄어들고 효율성이 높아진다.

핵심 프로세스 기록하기

이 단계에서는 책임 조직도가 필요하다. 어떤 프로세스를 책임진 사람에게 그 프로세스의 기록 책임을 맡기면 된다. 영업 및 마케팅 책임자는 판매와 마케팅 프로세스를 맡고, 운영 책임자는 1~3개의 운영 프로세스를 맡는 식이다. 통합조정자는 전체 프로젝트를 책임지고 각 프로세스가 제대로 기록되고 있는지 확인한다.

시간 낭비를 피하려면 핵심 프로세스를 찾는 1단계부터 마쳐야 한다. 그러고 나서 기록하는 단계로 들어가는 것이 좋다. 다음 사례를 보면 그 이유를 알 것이다. 1단계를 건너뛰고 바로 회사의 모든 업무 절차를 기록한 고객사가 있었다. 작업을 마치고 보니 100개의 업무 절차가 인트라넷에 올라와 있었다. 고객사가 1단계로 되돌아가 작업한 결과, 모두 7개의 핵심 프로세스가 도출되었다.

그렇다고 100개의 업무 절차를 기록한 작업이 완전한 시간 낭비는 아니었다. 이 업무 절차가 7개의 핵심 프로세스 안으로 녹아들어갔기 때문이다. 이 업무 절차는 잘 정리되어 있어서 전 직원 120명에게 제대로 적용할 수 있었다. 물론 핵심 프로세스 찾는 작업을 먼저 했더라면 시간과 노력을 많이 줄였을 것이다.

프로세스를 기록할 때는 20/80 법칙을 적용해야 한다. 80%의 결과를 얻을 수 있는 20%의 내용만 기록하라는 뜻이다. 다른 말로 하면 중요한 내용만 기록하라는 뜻이다. 500쪽에 이르는 문서를 만들 필요는 없다. 20/80 법칙을 적용하면 투자한 시간 대비 최대의 효과를 거둘 수 있다. 많은 회사가 빠지기 쉬운 함정은 모든 것을 100% 기록하려고 아까운 시간을 낭비하는 것이다. 만약 하나의 핵심 프로세스를 100% 다 기록하면 30쪽은 나올 것이다. 그런데 가장 중요한 내용 20%만 기록하면 대략 6쪽이면 될 것이다.

저지르기 쉬운 또 다른 실수는, 사소한 내용까지 하나하나 매우 자세하게 기록하려 하는 것이다. 이것은 과잉 조치다. 프로세스 내에 있는 기본적인 단계만 기록하면 된다. 진짜 문제는 고의가 아니라 하더라도, 단계를 빼먹는 것이기 때문이다. 한번 곪은 문제는 시간이 지나면 점점 커진다. 사람들은 당면 문제를 처리하느라 바빠, 겉으로 드러난 증상에만 대처하지 근본 원인을 찾으려 하지 않는다. 실상은 누군가가 한 단계를 빼먹은 것이 근본 원인인데도 말이다. 프로세스의 단계를 기록할 때는 중요한 단계만 기록하고, 각 단계 아래에 업무 절차를 몇 개의 항목으로 나눠 적어 넣는다. 이런 식으로 하면 전 직원이 프로세스를 따르게 할 수 있다.

이렇게 기록한 프로세스는, 직원들이 업무를 일관성 있고 효율적으로 처리하도록 돕는 기본 지침이 된다. 핵심 프로세스 기록 방법을 아래에 예시했으니 참고하기 바란다.

인적 자원 프로세스

1단계: 찾기

- (어떤 자리의) 역할, 직무 기술서, 급여를 정한다.

- 구인 방법을 정한다.

- 찾기 시작한다.

· 스무 군데(또는 사람)에 이메일을 발송한다.

2단계: 면접

· 이력서 검토

· 1차 면접/정보 수집 도구

· 2차 면접

· 소개서 검토

· CEO 면접/핵심 가치 소개

3단계: 채용

· 8시간 시험 근무

· 채용 여부 결정

· 90일간 수습

4단계: 적응 훈련

· 인적 자원 정책과 직원 평가 매뉴얼

· 복리 후생 검토, 복리 후생 신청 양식

· 직무 훈련

· CEO 오리엔테이션(회사 역사, 기업 문화 등)

5단계: 분기별 평가

- 사전에 관리자가 직원 분석표 작성

- 평가 항목에 따라 직원 평가

- 직원 분석표 검토

- 평가 결과를 문서화한 뒤 관련자 서명

- 인적 자원 부서에 평가 결과 보관

6단계: 고용계약 종료

- 삼진 아웃제 적용과 문서화

- 스리 스트라이크와 고용 계약 종료

- 변호사 접촉

- 해당 직원 상담/인적 자원 부서 관련자 참석

- 퇴직자 면접

- 퇴직 서류 작성하여 관련자 서명

7단계: 복리후생 관리

- 퇴직 연금 관리

- 상여금 지급 계획

- 건강 보험

- 인사 기록부 관리

각각의 핵심 프로세스는 2~10쪽쯤 될 것이다. 보통 운영 프로세스가 가장 길다. 20/80 법칙에 얽매일 필요는 없다. 필요하다고 생각하는 것은 포함시켜라. 단순화한다는 원칙만 지키면 된다.

프로세스를 기록하기 시작하면 보이지 않던 가시가 드러날 것이다. 프로세스에 불필요한 단계가 있는 경우다. 그러면 도대체 어떻게 그런 단계가 들어가게 되었는지 의아한 생각이 들 것이다. 그래서 그 이유를 물어보면, "글쎄요, 지금까지 계속 그렇게 해왔는데요."와 같은 대답을 듣게 될 것이다.

처가에서 추수감사절을 보낸 남자가 있다. 요리하는 아내를 보니 오븐에 햄을 넣기 전에 햄 뒤쪽을 잘라내고 있었다. 궁금하게 여긴 남편이 왜 햄 뒤쪽을 잘라냈는지 물어보았다. 그러자 아내가 "전통이에요. 우리 집에서는 항상 이렇게 해왔어요."라고 대답했다. 이때 마침 장모가 나타났다. 남자가 장모에게 왜 햄 뒤쪽을 잘라내는지 물어보았다. 그러자 장모도 "전통일세. 우리 집에서는 항상 이렇게 해왔네."라고 대답했다. 마침 아내의 할머니도 추수감사절을 맞아 이 집에 와 있었다. 남자가 같은 질문을 했다. 그러자 아내의 할머니는 "예전에 우리 집 팬이 너무 작았네. 햄 뒤쪽을 잘라내야 간신히 팬에 넣을 수 있었지."라고 대답했다.

항상 그렇게 해왔다는 이유로 같은 방식으로 업무를 처리하는 것은 좋은 일이 아니다. 기름 친 기계처럼 잘 돌아가는 회사를 만들려면, 더 나은 방식이 있다는 사실을 직원들에게 보여주어야 한다.

프로세스를 단순화하다 보면, 핵심 프로세스가 너무 복잡했다는 사실을 알게 될 것이다. 프로세스를 기록하는 과정에 불필요한 단계를 줄이고, 혼란스러운 것이나 복잡한 것을 제거해 프로세스를 단순화할 기회가 생길 것이다. 목표는 효율성을 높이는 것이다.

불필요한 단계는 제거하고, 유사한 단계는 합치고, 가능하다면 체크리스트를 도입하라. 프로세스 중 일부 단계는 현장에서 쓸 수 있는 체크리스트로 쉽게 바꿀 수 있을 것이다. 당신 회사의 프로세스를 아무도 망가뜨릴 수 없도록 완벽하게 구축하라.

체크리스트는 일관성을 유지하고, 품질을 관리하고, 반복적으로 같은 결과를 얻을 수 있는 매우 효과적인 도구다. 핵심 프로세스를 기록할 때 체크리스트 도입을 심각하게 고려해보라. 조종사나 의료인이 체크리스트를 사용하는 이유가 있다. 그것을 사용할 때와 하지 않을 때의 차이가 상당히 크다는 사실을 보여주는 연구 결과는 수없이 많다. 제안, 행사, 프로젝트 관리, 고객 관리 등에 체크리스트를 사용해보라.

프로세스를 단순화하면 어니에 기술을 적용해야 될지 알 수 있을 것이다. 핵심 프로세스를 서로 연결하거나 개선하면, 효율성과 수익성이 높아진다. 핵심 프로세스를 연결하고 불필요한 단계를 줄여주는 뛰어난 소프트웨어가 이미 나와 있다. 하지만 시간과 돈을 투자한 만큼 이익을 얻어야 한다. 기술 도입을 위한 기술 도입이 되어서는 안 된다. 불필요한 골칫거리만 생길 뿐이다.

예전에 나는 4만 5,000달러짜리 실수를 저지른 적이 있다. 우리는 3장에서 다룬 바와 같이 표적 시장을 통해 만든 목록을 관리할 기술이 필요했다. 우리 고객과 잠재 고객에 관해 엄청난 양의 정보를 가지고 있었기 때문이다. 게다가 북아메리카에 있는 모든 강사를 한데 묶을 필요도 있었다.

나는 매우 뛰어난 최신 기술을 보유했다고 자랑하는 회사와 계약을 체결했다. 이 회사는 우리 회사에 맞는 이상적인 소프트웨어를 개발해주기로 했다. 이 소프트웨어는 영업, 마케팅, 운영을 연결해줄 예정이었다. 개발하는 데 몇 달의 시간이 걸리고 4만 5,000달러의 돈이 들어갔지만, 우리는 이 소프트웨어를 폐기했다. 그 대신 500달러짜리 간단한 기성품 소프트웨어를 사다 썼다. 거기에 우리 회사가 필요로 하는 모든 것이 있었다. 내가 저지른 실수는 우리 회사의 프로세스와 소프트웨어 시장을 자세히 살펴보지 않았기 때문에 생긴 것이었다. 그 소프트웨어 회사가 약속하는 장밋빛 환상에 사로잡혀 있었던 것이다.

기술은 당신 회사의 방식을 개선하는 데 도움이 되어야 한다. 시장 조사를 한 다음 광고가 아니라 효율성과 단순화를 기준으로 결정해야 한다는 뜻이다.

프로세스를 기록하고 단순화해야 하는 또 다른 이유는, 회사 업무가 사람이 아니라 시스템에 의해 돌아가야 하기 때문이다. 당신이 없어도 회사는 돌아가야 한다. 그래서 머릿속에 있는 핵심 프로세스를 끄집어내 종이 위에 옮기는 것이다. 당신이나 임직원 누군가에게 무슨 일이 일어나면 어떻게 할 것인가? 내일 누군가가 사라져버린다면, 다른 사람이 그 자리에 들어가 그 사람이 남긴 일을 바로 이어받을 수 있을까? 프로세스를 기록하는 이 단계를 마무리하면 그렇게 할 수 있을 것이다.

하나로 묶기

좋은 소식이 있다. 핵심 프로세스를 모두 기록했으므로 3단계는 매우 쉽다는 것이다. 3단계에서는 1단계와 2단계에서 한 작업을 모아 하나로 묶는다. 핵심 프로세스의 제목이 목차가 되고, 2단계에서 기록한 프로세스가 각 목차의 내용이 되는 것이다. 프로세스를 모두 모아 바인더에 철하든지, 회사 인트라넷에 올리면 된다. 표지에는 회사 이름을 쓰고 그 뒤에 '방식'이라는 말을 덧붙인다. 예컨대 회사 이름이 ABC사라면, 'ABC사 방식'이라고 쓰면 된다.

이제 회사의 방식을 참고용이나 훈련용으로 쓸 준비가 되었다. 마법 같은 일이 일어날 때가 된 것이다. 이제 전 직원에게 올바른 프로세스를 따르도록 훈련할 수 있다. 실제로 이런 일이 루스벨트라는, 술을 마시며 당구를 칠 수 있는 고급 식당에서 일어났다. 공동 오너 빌 기터는 사업이 틀을 갖추자 그 식당의 방식을 기록하고 단순화하는 작업에 들어갔다. 이 비즈니스 모델은 성공을 거두어 루스벨트는 다른 곳에서 또 하나의 매장을 운영하고 있다.

전 직원이 지킨다

전 직원이 프로세스를 따르면 관리자가 회사를 관리하기 쉽고, 또 문제를 찾아 해결하기도 쉽다. 그 결과 회사를 쉽게 성장시킬 수 있다. 프로세스 관리 체계가 분명하면 위임을 더 많이 해도 통제를 강화할 수 있다. 회사의 신축성도 늘어난다. 고객이나 거래, 매출액, 직원을 늘리면서도 복잡성을 줄일 수 있다는 뜻이다.

이 중요한 단계를 실행에 옮기려면 전 직원이 하나의 시스템을 따라야 한다. 이 사실은 경영진부터 확신해야 한다. 그런 다음 최선을 다해 직원들이 프로세스를 따르도록 만들어야 한다. 경영진이 최선을 다하면 성공할 것이고, 그렇지 않으면 실패할 것이다. "내가 하는 대로 하지 말고, 내가 말하는 대로 하라."고 하는 것은 효과적인 관리 방법이 아니다. 이 단계가 실패로 돌아가는 가장 큰 이유는 오너나 공동 오너가 프로세스를 따르려고 하지 않기 때문이다.

당신이 확신한다면 다음 단계는 직원들에게 확신을 심어주는 것이다. 직원들의 입장을 생각해봐야 한다. 당신이 프로세스를 따르는 것이 중요하다고 생각하지 않는데, 어떻게 직원들이 그렇게 생각할 수 있겠는가? 당신이 할 일은, 직원들이 업무를 더 쉽게 하고 회사를 발전시키는 데, 새로운 시스템이 효율적이라는 사실을 보여주는 것이다. 여러 프로세스가 묶여 하나의 완전한 시스템이 된다는 사실을 직원들에게 이해시켜야 한다.

직원들이 당신을 어깨 위에 태우고 환성을 지르며 문밖으로 나가기를 기대해서는 안 되고, 각자에게 주어진 프로세스를 따르기를 기대해야 한다. 전 직원 25% 급여 인상을 발표하는 것은 아니지만, 그런 정도의 열의로 프로세스를 알려야 한다. 만약 적합한 자리에 적합한 사람이 있는 회사라면 직원들은 그 가치를 알아보고 인정한다. 그리고 그 가치의 혜택을 누릴 것이다.

직원들을 설득하는 최고의 방법은 명확한 시각 자료를 만들어 회사의 방식을 보여주는 것이다. 업무 프로세스는 눈에 보이는 것이 아니므로 직원들이 이해하기 쉽지 않다. 무형의 업무 프로세스를 시각화한다면 이 목적은 쉽게 달성할 수 있다.

삭스 건설은 멋진 시각 자료를 생각해냈다. 오너 토드 삭스는 회사 내의 모든 프로세스가 어떻게 서로 맞물려 돌아가는지 보여주는 자료를 만들었다. 그런 다음 프로세스를 따르는 일의 중요성에 관해 프레젠테이션했다. 토드는 자신이 만든 자료를 통해, 어떤 직원이 프로세스 내에 있는 하나의 절차를 수행하면 그 일이 다른 사람에게 어떤 영향을 미치는지 보여주었다. 토드는 그것을 삶의 순환이라고 불렀다. 자연에서 모든 개체가 서로 의지해 번성하듯이 회사 내에서도 마찬가지다. 모든 사람이 자신의 프로세스를 따르면 모든 사람의 삶이 더 나아질 것이다. 그 반대도 마찬가지다. 누군가가 프로세스를 따르지 않으면 회사 내의 다른 사람에게 부정적인 영향을 미친다. 이런 가르침은 직원들에게 협력의 동기를 부여해 프로세스를 더 잘 수행하게 했다. 현재 삭스 건설 전 직원은 삭스 방식의 프로세스를 모두 이해하고, 수용하고, 따르고 있다.

'전 직원 준수' 실행 절차

1. 업무 프로세스에 대한 시각 자료를 만든다.
2. 전 직원을 모아 회사의 방식을 공유한다. 분기별 경영 상황 공유 회의를 활용해도 좋다.
3. 재교육한다.
4. 어떻게든 직원들이 프로세스를 따르도록 만든다.

업무가 체계화되면 문제가 발생했을 때 해결하기가 쉬워진다. 대부분의 문제는 프로세스와 관련한 것이기 때문이다. 예컨대 대금 청구서가 발송되지 않았다면, 고객 서비스 담당자가 주문 신청서 사본을 회계 부서에 전달하지 않았기 때문일 것이다. 문제가 발생하면 그 근원까지 추적해 해결하라. 어떤 단계에서 일이 제대로 진행되지 않았는지 확인하고, 그 단계를 바꾸거나 제거하면 된다. 때에 따라서는 새로운 단계를 더한다. 어느 경우가 되었건, 이 시점

삭스 건설의 프로세스(삶의 순환)

사업 개발

- 발주처에 제출할 제안서와 자격 증명서 준비
- 계약서 준비 및 협상
- 홍보와 영업 자료 준비
- 마케팅/웹사이트 개발

설계 용역

- 공간 계획 프로젝트 수주
- 공간 계획 작성
- 실시 설계 도면 준비
- 공사하는 동안 시공도 검토와 승인
- 공사 감독의 RFI 문의에 대한 대응

프로젝트 및 기업 회계

- 발주처에 제출할 공사 대금 청구 서류 준비와 하도급 업체에 건축과 설계 프로젝트 대가 지급
- 일반 관리비 처리
- 임직원 급여 지급
- 회사의 재무제표 작성
- 준공 시점에 맞춰 발주처에 제공할 유지 보수 매뉴얼 준비

총무 및 행정 지원

- 발주처, 하도급 업체, 공사 감독이 쓸 매뉴얼과 각종 서류 준비
- 사무실에서 쓸 각종 소모품 조달과 구매/사용 내역 기록
- 사무실과 현장에서 쓸 장비 구매나 리스 조정
- 해당 직원에게 수신 전화 연결/우편물 전달
- 직원 복리 후생 조정 및 처리

정보기술

- 하드웨어와 소프트웨어를 포함한 모든 컴퓨터 자원 관리
- 새로운 사용자에게 컴퓨터 설치와 교육

건설 용역

- 착공 시점부터 준공 시점까지 하도급 업체 일정 관리와 업무 조정
- 공정, RFI, 설계 변경 요청 검토를 위해 발주처 및 설계자와 협의
- 시공도, 준공도, 기타 건설 도면 검토와 승인
- 하자 보수 요청 대응과 보수 공사 감독
- 발주처와 공사 기록을 위해 준공에 필요한 서류 관리

견적 및 조달

- 발주 프로젝트의 도면과 시방서 검토
- 하도급 입찰 공고와 낙찰자 선정
- 발주 프로젝트의 가격 산출 명세서 준비
- 수주한 프로젝트의 공사 범위와 계약 금액 확정, 하도급 계약 체결

에서는 기존 프로세스를 유지 보수하는 것으로 볼 수 있다. 이제 당신은 전 직원이 회사의 방식을 따르도록 하는 데 필요한 모든 것을 갖추었다.

프로세스 요소를 강화하면 당신의 통제력이 늘어난다. 당신은 다양한 선택권을 갖게 될 것이다. 회사를 성장시킬 수도 있고, 경영 일선에서 한발 물러날 수도 있고, 회사를 매각할 수도 있다. 현상태를 유지할 수도 있고, 프랜차이즈 형태로 만들 수도 있고, 다른 도시에서 똑같은 회사를 다시 설립할 수도 있다. 당신이 어떤 선택을 하든 회사의 가치는 이미 높아진 상태다. 기업을 인수하려는 사람들은 이런 회사를 찾는다. 턴키 시스템이라 할 수 있다. 이미지 원이 이 경우에 해당한다. 이미지 원의 공동 오너는 같은 업종에 있는 매출액 10억 달러 규모의 상장 회사에서 제안을 받은 끝에 회사를 매각했다. 당시 GE의 잭 웰치 밑에서 일한 적도 있던, 인수 기업의 사업 부문 사장은 이미지 원이 자신이 본 기업 중 가장 잘 운영되고 있었다고 말했다.

프로세스 요소를 마쳤으므로 이제 마지막 조각만 맞추면 퍼즐이 완성된다. 바로 추진력이다.

CHAPTER 8

추진력

: 꿈만 꾸지 말고 행동하라

이 장에서 다루는 내용은 추진력이다. 추진력을 얻는다는 것은 회사의 비전을 실현한다는 뜻이다. 지금까지의 과정을 통해 회사의 비전은 명확히 설정되었고, 적합한 사람이 적합한 자리에 있다. 또 데이터를 관리하고 있고, 문제를 해결하고 있으며, 업무를 처리하는 방식을 정립해 전 직원이 그것을 따르고 있다. 이제 퍼즐의 마지막 조각인 회사의 추진력에 대해 배울 차례다. 추진력 요소를 다루기 전에 앞선 다섯 가지 요소부터 익히는 것이 필수적이다. 그것을 모른다면 추진력을 얻었다 할지라도 엉뚱한 방향으로 갈 수 있기 때문이다. 앞선 다섯 가지 요소가 강하다면 회사는 올바른 방향, 즉 비전을 향해 비상할 수 있다.

대부분의 기업에서 가장 약한 부분은 책임감과 원칙을 가지고 실행하는 능력이다. 임직원의 책임감을 평가하라고 한다면, 당신은 10점 만점에 몇 점을 주겠는가? 성공한 기업의 리더는 높은 점수를 준다. 추진력을 얻는 방법을 알기 때문이다. 하지만 새로운 고객사를 처음 만났을 때 이 질문을 하면, 그들은 평균적으로 자사 임직원의 책임감을 4점으로 평가한다.

참으로 부끄러운 일이다. 세상에는 여러 가지 뛰어난 비전이 넘쳐나는데 대부분 실현되지 못하고 있다. 추진력을 얻지 못하기 때문이다. 비전이 있는 사람은 땅에 머물지 않고 하늘로 올라가고 싶어 한다. 나는 실패한 회사를 20년 이상 살펴본 끝에, 비전과 실행 사이의 간극을 메우는 법을 깨달았다.

최근에 나는 이 핵심을 잘 표현한 단어를 알게 되었다. 이디시어(語)[*]에서 유래한 루프트멘시 ^{Luftmensch}라는 단어다. 이 단어는 공기를 뜻하는 'luft'와 사람을 뜻하는 'mensch'로 이루어졌다. 현실을 도외시하고 꿈만 꾸는 사람을 이르는 말이다. 이런 사람을 모욕할 의도는 없다. 꿈을 꾸어야 아이디어가 나온다. 비전이 있는 사람은 대부분 내 생각에 동의할 것이다. 그것이 그들의 재능이고 강점이고 가치다. 그런 사람이 없다면 아무것도 존재하지 않을 것이다. 하지만 일단 분명한 비전이 있다면, 꿈꾸는 사람에서 행동하는 사람으로 바뀌어야 한다.

대부분의 리더는, 원칙과 책임감을 요구하면 직원들이 불편해

---

* Yiddish. 중부와 동부 유럽에서 쓰이던 유대인 언어.

하리라는 사실을 안다. 하지만 추진력을 얻기 위해서는 이 부분이 꼭 필요하다.

일반적으로 리더는 이런 불편함을 초래하지 않으려 한다. 그래서 회사는 앞으로 나아가지 못한다. 뛰어난 회사를 만들려면 다른 방법이 없다. 직원들이 잠시 불편해하더라도 당신이 그것을 감수할 의향이 있다면, 그다음 할 일은 간단하다. 두 가지 원칙만 실행에 옮기면 된다.

지금까지의 모든 단계가 다 그러했지만, 여기서도 경영진의 적극적인 참여가 필요하다. 경영진은 뒤로 물러서고 싶은 유혹을 엄청나게 받을 것이다. 하지만 끝까지 버틸 수만 있다면 직원들은 몇 달 안에 책임감이 강화되었고, 소통이 향상되었으며, 결과가 충실해졌다는 사실을 인정할 것이다. 우려했던 직원들의 불편함도 생각만큼 나쁘지 않았다는 사실이 드러날 것이다. 솔직히 말하면 끝까지 불평하는 직원은 부적합한 사람이든지 부적합한 자리에 있는 것이다.

EOS 방법론의 비결 중 하나는 경영진에게 절대 과거로 회귀하지 말라고 하는 것이다. 경영진은 결국 우리에게 고마워하며, 지금까지 이런 높은 수준의 추진력과 책임감, 결실 없이 어떻게 지내왔는지 모르겠다고 말할 것이다.

그렇다면 추진력을 얻는 데 필요한 두 가지 원칙은 무엇일까?

하나는 전 직원이 각자 구체적이면서 눈에 보이는, 우선적으로 해야 할 일을 정하는 것이다. 또 하나는 회의 문화를 개선하는 것이다. 이 두 가지 원칙을 각각 록과 미팅 펄스라 부른다.

각 원칙에 대해 더 깊이 들어가기 전에, 이런 추진력 도구를 실제로 경영에 적용해본 고객사에게 받은, 적용 전후 직원의 반응을 먼저 보기로 하겠다. 당신도 공감하는 부분이 있을 것이다.

추진력 도구 적용 전

책임감 부재

· "사실 내가 무엇을 책임져야 하는지 잘 몰랐어요."

· "정기적으로 회의하기로 합의했지만 실제로는 잘 이루어지지 않았어요. 책임감도 없었고 그만큼 주의를 기울이지 않았던 거지요."

· "록을 만들기 전에는 무엇부터 해야 할지 분명치 않았어요."

원활하지 않은 소통

· "회사에서 무엇을 요구하는지 나 혼자 이해하지 못한다는 느낌이 들었어요. 사람들한테 오해도 받았고요."

· "여기서 20년 넘게 근무했지만, 록을 만들기 전에는 내가 중요한 일을 담당하고 있다고 생각해본 적이 없어요."

침체

- "우리 회사는 연간 목표 설정은 ㅠ준히 하는 편이었어요. 하지만 연말에 가서 보면 그것을 달성하지 못할 때가 많았어요. 1년 동안 목표에 집중하기가 쉽지 않았거든요."
- "우리 회사는 명확한 방향성이나 우선순위가 없었어요. 모든 일이 중요했죠. 그러다 보니 가장 효과적인 결과를 가져올 일에 노력을 집중하지 못했어요. 그냥 회사에 출근해 일하기 위해 일했던 셈이지요."
- "모든 일이 다 중요했어요."

혼란

- "매일 시급히 처리해야 할 일을 제치고, 가장 중요한 일에 집중하기가 어려웠어요."
- "우리 회사는 회의를 자주 하지 않았어요. 그래서 어떤 합의에 이르는 데 몇 주씩 걸릴 때도 있었지요. 또, 같은 정보를 몇 번이나 다시 제공해야 했어요."
- "해야 할 일을 놓칠 때가 있었어요."
- "목표가 체계적이지 않았고, 그것과 관련한 의견 교환도 없었어요. 문제는 해결되지 않고 계속 쌓였지요. 성과를 평가하는 방법도 없었어요."
- "우리 회사는 매주 또는 매월 일어나는 문제에 수동적으로 대응하느라 바빴어요."

- "업무 분담이 명확하지 않았어요. 그래서 내가 모든 일을 다 떠맡고 있다는 느낌이 들었어요. 또, 실제로 이 일 저 일 다 했고요."

추진력 도구 적용 후

책임감

- "록을 만들고 나니 전 직원이 책임감을 갖게 되었고, 언제 무슨 일을 해야 할지 명확하게 알게 되었어요. 자신의 책임이 무엇인지 명확하게 알게 된 셈이지요. 이제 전 직원의 생각이 같아졌습니다."
- "이제 우리는 뚜렷한 목적의식과 방향성을 가지고 응집력 있게 열심히 일하고 있어요. 우리는 문제를 종결하기 위해 노력하고 있지요. 회사는 우리가 가장 잘하는 일에 집중하는 조직이 되었어요."
- "록과 미팅 펄스를 도입하고 나서는, 나나 우리 부서 직원들이 중요한 일에 더 많이 집중하고 있다는 것을 느껴요. 같은 시간에 그 전보다 더 많은 일을 처리하고 있고, 정해진 기일 안에 일을 마치려고 신경을 많이 쓰고 있어요."

원활한 소통

- "회의 시간은 절대 90분을 넘기지 않죠. 물론 그래도 시간은 빼앗기지만 월례 회의보다 주례 회의가 더 낫다는 것을 알게 되었어요."
- "이제 록과 주례 회의 덕분에 적어도 무슨 일이 중요한지는 감을 잡고 있

지요. 게다가 회사가 어느 방향으로 가고 있는지도 알고 있어요."

· "미팅 펄스는 급격하게 변화하는 환경에서 메시지를 빨리 전달할 수 있는 뛰어난 의사소통 도구예요."

체계화

· "록 덕분에 부하 직원 관리가 쉬워졌고, 일관된 방식으로 더 나은 결과를 추구할 수 있게 되었어요."

· "록 도입으로 큰 도움을 받고 있어요! 전 직원이 같은 생각을 하게 되었어요. 모두 같은 목표를 향해 노력을 기울이고 있죠. 기대치나 방향성이 명확해졌어요. 누가 성과를 제대로 내지 못하고 있는지, 누가 회사에 맞지 않는 사람인지 분명히 알 수 있게 되었어요. 그 전과는 정말로 너무나 달라졌습니다!"

· "록은 모든 직원을 집중하게 하죠. 록 덕분에 연간 목표를 작은 크기로 나누어 처리할 수 있게 되었어요. 록은 우리 회사에서 측정 지표라는 뜻의 은어가 되었지요. 요즘은 직원들이 자부심과 의무감을 느끼며 자신의 록에 진지하게 접근하는 모습을 볼 수 있어요."

추진력

· "전 직원이 같은 방향으로 노를 젓게 되자, 이제 회사 발전에 가속도가 붙었다는 것을 느낍니다."

· "록 도입으로 목표를 달성하고, 직원들에게 책임을 지우고, 지속해서 긍정적인 방향으로 나아갈 방법을 찾았습니다."

· "이제 우리는 문제에 선제적으로 대응하고 있고, 예측도 하고 있으며, 체계적으로 업무를 처리하고 있어요. 지나간 문제를 처리하느라 보내는 시간은 별로 없고, 앞으로 나아가기 위한 일에 시간 대부분을 쓰죠."

록, 우선 해결 과제에 집중하기

장기 비전이 정해졌으면, 그것을 달성하기 위해 단기적으로 집중해야 할 일의 우선순위를 정해야 한다. 우리는 회사가 우선 처리해야 할 가장 중요한 일을 3~7개 범위 안에서 정할 것이다. 향후 90일 이내에 처리해야 할 이 일을 록이라고 부른다.

회사의 비전을 달성해야 한다는 엄청난 과제에 겁먹지 않게 비전을 록이라 불리는 작은 크기로 나누는 것이다. 회사 전체의 록이 있어야 하고, 경영진 각자의 록이 있어야 하며, 직원들도 모두 자신만의 록이 있어야 한다. 록을 3~7개로 한정하는 이유는(적을수록 좋다) 한꺼번에 모든 일에 집중하려는 버릇을 깨기 위해서이다. 그냥 해서는 쉽게 되지 않는다. 우선순위에 따라 해야 할 일을 한정해야, 가장 중요한 일에 집중할 수 있다. 한정된 수의 록에 집중할수록 더 많은 것을 성취하게 될 것이다. '모든 것이 중요하다는 말은 중요한 것이 아무것도 없다는 뜻'이라는 옛말을 기억하라. 이제 회사는 한 번에 90일 단위로 전진하는 것이다.

록을 만들면, 알 리스가《포커스 경영》에서 말한 것과 유사한 단기간의 집중력이 생긴다. 전 직원이 한 방향으로 힘을 집중하면 레이저 광선과 같은 에너지를 얻게 될 것이다. 이 에너지가 목표를 향한 추진력이 된다.

비전이 명확하면 쉽게 록을 설정할 수 있어 업무 우선순위를 정하는 일이 간단해진다. 일단 회사의 록을 설정하고 나서 경영진의 록을 설정한다. 그다음에는 소통을 거쳐 전 직원의 록을 설정한다. 이런 프로세스를 거치면 회사의 업무가 효율적으로 정리된다. 이 장에서는 회사의 록을 설정하고, 이 과정을 전 직원으로 확산하는 정확한 방법에 대해서 다룰 것이다.

조금 다른 이야기이지만, 업무의 우선순위를 꼭 록이라고 부를 필요는 없다. 물론 대부분의 기업은 록으로 부르고 있다. 나는 이 말을 《록펠러식 경영 습관 마스터하기 Mastering the Rockefeller Habits》의 저자 번 하니시에게서 배웠다. 번은 스티븐 코비가 쓴 《소중한 것을 먼저 하라 First Things First》를 읽고 유추한 말이라고 한다. 둥그런 유리통이 탁자 위에 있다고 상상해보자. 통 옆에는 돌덩이(록^{rock}), 자갈, 모래, 물 한 통이 차례대로 놓여 있다. 둥그런 유리통을 당신이 하루에 쓸 수 있는 시간이라고 상상해보자. 돌덩이는 가장 중요한 일이고, 자갈은 매일 해야 할 일상적인 일이다. 모래는 업무를 방해하는 문제이며, 물은 온종일 부딪히는 그 밖의 모든 잡다한 일이다. 대부분이 그러하듯이, 유리통 안에 물을 먼저 붓고, 그다음에 모래를 넣고, 자갈을 넣고, 마지막에 돌덩이를 넣으면 무슨 일이 일어날

까? 통 안에 넣은 것들이 제대로 자리를 잡지 못하는 현상이 발생할 것이다. 이것이 일빈적인 사람들의 하루다.

만약 이 순서를 거꾸로 하면 어떻게 될까? 먼저 가장 중요한 일인 돌덩이를 집어넣는다. 그다음에는 매일 해야 할 일상적인 일, 즉 자갈을 넣는다. 그다음에는 업무를 방해하는 문제인 모래를 넣는다. 끝으로 물을 붓는다. 이렇게 하면 모든 것이 통 안에 완벽하게 자리를 잡을 수 있다. 하루의 시간을 알차게 쓸 수 있다는 뜻이다. 결론은 가장 중요한 일부터 먼저 하라는 것이다. 그러면 나머지 일은 쉽게 처리할 수 있을 것이다.

우선적으로 처리해야 할 일은 많은 것보다 적은 것이 낫다. 적은 수의 일을 통해 많이 성취하라. 대부분의 기업이 엄청나게 많은 일을 성취하겠다며 한 해를 시작하지만, 별로 이룬 것도 없이 연말을 맞이한다. 분기마다 록을 설정하는 것은 90일간의 세계를 창조하는 일이다.

록을 설정하는 프로세스는 다음과 같다. 90일마다 경영진이 모여 하루 일정의 회의를 한다. 이 자리에서 한 번 더 비전을 검토한 후, 그것을 실현하기 위해 향후 90일 동안 회사의 록을 어떻게 가져가야 할지 결정한다.

록 설정하기

1단계

V/TO를 재검토해 경영진 모두 의견 일치를 이룬 다음, 향후 90일 이내에 해야 할 모든 일을 화이트보드에 적는다. 평균 10~20개가 나올 것이다. 어떤 고객사는 75개를 도출하기도 했다.

2단계

이렇게 해서 나온 10~20개를 놓고, 토론과 논쟁을 거쳐 회사가 향후 90일 동안 해야 할 가장 중요한 일을 결정한다. 항목 하나하나를 대상으로, 그대로 둘 것인지 뺄 것인지, 아니면 다른 것과 합할 것인지 결정하면 된다. 이런 식으로 3~7개가 남을 때까지 과정을 되풀이한다. 이렇게 하다 보면 중요한 항목이 부상할 것이다.

3단계

항목을 줄인 다음에는 록을 언제까지 달성할지 그 기한을 정한다. 일반적으로는 분기 말이다(즉, 3월 31일, 6월 30일, 9월 30일, 12월 31일). 그런 다음 항목별로 분명한 목표를 설정한다. 이 과정이 매우 중요하다.

록은 구체적이고, 측정할 수 있어야 한다. 또, 그것을 달성할 수 있어야 한다. 예컨대 '핵심 고객과의 계약 3건 체결하기'나 '새로운 회계 담당자 영입하기' 같은 것이 되어야 한다. 록은 언제든 바뀔 수 있거나 모호한 작업 목록이 아니다. '고객 서비스 절차 마련에 착수하기'와 같은 것은 구체적이지도 않고, 가시적이지도 않으며, 달성할 수도 없으므로 좋은 록이 될 수 없다.

록은 분기 말에 가서 달성 여부를 판단할 수 있을 만큼 분명해야 한다. 명확히 설정된 어떤 회사의 록 네 개를 예로 들어보겠다.

3월 31일까지 달성해야 할 회사 록

1. 신규 사업 분야에서 100만 달러 계약 체결하기

2. 계약 이행 절차를 문서화하고 전 직원 교육하기

3. CFO 후보자를 두 명으로 압축하기

4. 새로운 정보 시스템 소프트웨어 도입하기

4단계

각 록의 책임자를 지정한다. 이 단계는 책임을 명확히 하기 위해 꼭 필요하다. 3~7개에 이르는 각각의 회사 록을 경영진에게 할당하되, 하나의 록은 반드시 한 사람에게 할당해야 한다. 하나의 록을 두 사람 이상이 책임지게 하는 것은 아무도 책임지지 말라는 뜻과 같다. 책임자는 일정을 잡고, 회의를 소집하고, 직원을 독려해 분기 내에 록을 달성할 책임이 있다. 분기 말이 되면 모든 사람은 이 사람에게서 록을 달성했다는 확언을 들으려 할 것이다.

5단계

회사의 록이 정해지고 나면 경영진도 각자 자신의 록을 정한다. 가장 먼저 자신이 책임진 회사 록이 있으면 그것을 자신의 록 목록에 올린 다음, 가장 중요한 일 3~7개를 찾는다. 2단계에서 회사 록으로 선정되지 못하고 배제된 항목이 경영진의 개인 록이 될 수도 있다. 개인 록도 3~7개를 넘지 말아야 한다. 이번 분기의 록으로 선정되지 못하고 남은 항목은 V/TO 문제 목록에 올렸다가 다음 분기의 록으로 선정할 수도 있다.

6단계

모든 작업이 끝나면 한 장의 종이에 모든 록을 적은 일람표를 작성한다. 제일 위에 회사의 록을 적은 다음, 그 아래에 경영진 개개인의 록을 기재한다. 록 일람표는 주례 회의할 때 록 달성 현황을 검토하는 데 사용된다. 록 일람표를 보면 책임 소재를 명확히 알 수 있을 뿐만 아니라 어떤 일에 가장 먼저 집중해야 하는지도 알 수 있다.

록 일람표가 만들어지면 벽이 세워져, 그 안으로는 아무것도 던져 넣을 수 없다. 그것이 천재적 수준의 새로운 아이디어가 되었건 수류탄이 되었건 마찬가지다. 일단 이번 분기의 업무 우선순위가 정해지면, 아무리 중요한 일이라도 새로운 일을 추가할 수 없다는 뜻이다! 누가 무언가를 벽 안으로 던져 넣으면 다시 밖으로 던져버려야 한다. 현재의 록이 이번 분기의 가장 중요한 일이라고 모두 합의했기 때문이다. 분기 중 누군가가 새로운 아이디어를 제안하면, V/TO 문제 목록에 올려놓았다가 다음 분기에 록 선정 여부를 검토하면 된다. 이런 식의 접근법을 적용하면 레이저 광선처럼 당면 과제에 집중할 수 있다. 다음 페이지에 효과적인 록 일람표를 보기로 예시했다.

20××년 3월 31일까지 달성해야 할 록

회사 록	담당자
1. 신규 사업 분야에서 100만 달러 계약 체결하기	빌
2. 계약 이행 절차를 문서화하고 전 직원 교육하기	에이미
3. CFO 후보자를 두 명으로 압축하기	존
4. 새로운 정보 시스템 소프트웨어 도입하기	샘

빌의 록

1. 신규 사업 분야에서 100만 달러 계약 체결하기

2. 새로운 잠재 고객사 10개 발굴하기

3. 신입 영업 사원 한 명 채용하기

에이미의 록

1. 계약 이행 절차를 문서화하고 전 직원 교육하기

2. 고객 피드백 시스템 구축하기

3. 데이터베이스 업데이트하기

4. 상위 10개 고객사 선제적 접촉하기

5. 책임 조직도 수정 및 직원에게 전달하기

존의 록

1. CFO 후보자를 두 명으로 압축하기

2. 신입 사원 오리엔테이션 방법 확정 및 시행하기

3. 크레디트 라인을 100만 달러로 상향 조정하기

샘의 록

1. 새로운 정보 시스템 소프트웨어 도입하기

2. 새로운 웹사이트 오픈하기

3. 외상 매출금과 외상 매입금 정책 전 직원 재교육하기

4. 신규 고객 계약 마무리하기

7단계

회사 록을 전 직원과 공유한다. 비전 요소에서 배운 것처럼, 비전도 전 직원과 공유해야 한다. 매 분기 전 직원을 모아 회사 현황을 공유한다. 이 회의는 45분을 넘지 않도록 한다. 이 자리에서는 성공한 사업, 진척 상황, V/TO, 다음 분기 회사 록 등을 발표한다. 사람들은 때에 따라 일곱 번은 들어야 그 말을 제대로 받아들인다는 사실을 기억하라. 비전도 이렇게 해야 직원들과 공유할 수 있다.

8단계

부서별로 자기 부서의 록을 정한다. 그런 다음 회사 록을 기준으로 경영진 개인의 록을 정한 방법에 따라 부서원 개인의 록을 정한다. 이런 식으로 하면 결국 전 직원이 자신만의 분기 록을 갖게 될 것이다. 주의할 점은, 회사와 경영진의 록은 3~7개 이내로 정하지만, 나머지 직원들의 록은 1~3개만 정하면 된다는 것이다.

록의 함정

록을 설정하거나 실행할 때 피해야 할 문제는 다음과 같다.

· **쓰레기를 넣으면 쓰레기가 나온다.** EOS의 모든 도구가 다 그런 것처럼, 록도 심은 대로 거둘 것이다. 만약 록을 잘못 설정하면,

엉뚱한 방향을 향해 나아가느라 한 분기를 낭비할 것이다. 그러니 충분한 시간을 들여서 올바른 록을 정하도록 하라. 너무 서두르면 안 된다.

·록을 숙달하는 데는 두 분기가 걸린다. 록은 한 번에 숙달할 수 있는 것이 아니다. 인내심을 가져야 한다. 경험이 필요하기 때문이다. 록을 전 직원에게 알리기 전에 두 분기 동안 경영진만 록을 설정해 실행해보면서 그 과정을 익혀야 한다. 실수가 나오겠지만, 그것을 통해 배우는 것이 중요하다. 그래야 직원들을 잘 가르칠 수 있다.

·용두사미를 경계하라. 전 직원에게 록을 알리려면 당신부터 매 분기 록에 열성적으로 매달려야 한다. 거창하게 시작했지만, 그다음 분기부터 록에 큰 열의를 보이지 않는 고객사도 있다. 그 결과 록은 흐지부지되고, 직원들은 새로 유행하는 또 하나의 경영 기법을 시도해본 것이구나, 하고 느끼는 것으로 끝나고 만다.

·록이 너무 많으면 안 된다. 경영진 외의 직원에게 3개 이상의 록을 부여하지 말라. 대부분의 직원이 감당하기에는 너무 버거운

책임이다. 3개 이상의 록은, '적을수록 좋다'는 법칙을 위배하는 것이나.

이미지 원의 롭 두베는 록의 누적 효과를 다음과 같이 설명한다. "한 해는 연례회의 도중에 회의실을 돌아다니며, 전 직원에게 그해에 성취한 록을 몇 개씩만 이야기해보라고 한 적이 있었어요. 직원들이 이야기하면 나는 그것을 화이트보드에 적었어요. 계속 진행하다 보니 화이트보드가 꽉 차, 플립 차트에 적기 시작했는데 그것도 몇 장이나 채웠지요! 우리처럼 직원이 35명 있는 회사에서는, 한 사람당 한 분기에 두 개의 록을 달성한다고 하면 그 수가 70입니다. 1년은 4분기니까 거기에 4를 곱하면 280이 됩니다! 이것이 숫자의 마법입니다. 지난 12개월 사이에 올바른 방향으로 280걸음이나 나아간 셈이지요. 놀랍지 않습니까!"

미팅 펄스, 획기적인 회의 시스템

앞으로 우리는 회의는 다 나쁘고 시간 낭비이며, 지금 있는 회의 만도 너무 많다는 생각을 떨쳐버려야 한다. 사실, 회의가 잘 진행되면 책임 소재도 명확하게 할 수 있다. 추진력을 얻기 위해서는 지금보다 더 자주 회의를 해야 할 수도 있다.

《회의가 살아야 회사가 산다 Death by Meeting》의 저자 패트릭 렌시오니는 다음과 같은 재미있는 이야기로 책을 시작한다. 많은 리더가 렌시오니에게 회의에 대한 불만을 이야기하며, "회의에 참석하지 않는다면 이 일이 훨씬 더 마음에 들 것 같습니다."라고 말한다고 한다. 렌시오니는 독자에게, 외과 의사가 수술을 시작하기 전 간호사에게 이렇게 말하는 것을 상상해보라고 한다.

"수술을 안 해도 된다면 이 직업이 훨씬 더 마음에 들 것 같은데…."

그런 다음 렌시오니는 회사 경영진에게 회의는 그 사람의 직무와 다름없다고 말한다.

매우 생산적인 회의를 한다면 시간을 절약할 수 있다. 이 장에서는 90일간의 세계와 10점짜리 회의라는 강력한 도구를 결합하는 법을 배울 것이다. 이 둘을 함께 적용하면 소통, 책임감, 조직의 건전성, 성과를 증진할 뛰어난 회의를 할 수 있다. 더 많은 회의를 하되 미팅 펄스를 따르면 참석자들은 더 많은 것을 마무리할 수 있을 것이다. 회의에 소모되는 시간은 앞으로 나아가는 시간을 단축시키는 효과로 되돌아올 것이다.

미팅 펄스는 회사의 심장 박동과 같다. 회의를 두서없이 길게 하기보다, 전 부서가 구체적인 안건을 가지고 회의에 미팅 펄스를 적용하면 회사가 건강해질 것이다. 미팅 펄스는 심전 곡선의 돌출부를 보여주는 심전도와 같은 작용을 한다. 회의에서 발표하기 위해 어떤 일을 마무리해야 하는 사람은 보통 그 전에 일을 끝마친다. 이것이 심전 곡선의 돌출부다. 회의를 자주 할수록 이런 돌출부가 더 많이 생긴다. 더 많은 일을 마무리한다는 뜻이다. 처음에는 정례 회의에 거부감이 들 것이다. 하지만 되풀이하다 보면 받아들이게 된다. 이제까지 왜 이런 식으로 하지 않았는지 모르겠다는 생각도 할 것이다. 지금까지 내가 본 모든 고객사가 그랬다. 진짜 마법은 여기에서 일어난다.

미팅 펄스는 두 종류의 회의로 이루어진다. 하나는 분기 회의이고, 다른 하나는 주례 회의다.

90일간의 세계

우리는 회사 비전의 일환으로 3년 그림을 설정했다. 이 3년 그림을 바탕으로 1년 계획이 나오고, 1년 계획에서 90일간의 세계가 도출된다. 그 과정은 아래에 그림으로 나타냈다. 90일이라는 생각은 자연 현상에서 나온 것이다. 인간은 대략 90일마다 흔들리거나 궤도를 이탈하거나 집중력을 잃는다고 한다. 이런 인간의 본성에 대처하려면 회사는 정기적으로 90일간의 세계를 창조하는 일을 해야 한다.

이 방법이 효과가 있다는 사실을 내가 처음으로 깨달은 것은 우리 회사에서였다. 맨 처음 경영진이 모여 종일 회의를 하고 나오니, 회사가 어디로 가고 있고 우리가 무엇을 해야 할지, 모두 레이저 광선처럼 집중한 상태였다. 각자의 역할과 책임에 대해서도 합의했다. 우리는 모두 의견이 일치했고, 전의가 불타올랐다. 하지만 90일이 지나고 나니 무슨 까닭인지 모두 궤도를 이탈하기 시작했다. 이유를 알 수 없었다. 그래서 우리는 다시 종일 회의를 하고 마음을 다잡았다. 회의는 열정적이었고 진지했으며 생산적이었다. 우리는 다시 정상 궤도에 올라설 수 있었다. 하지만 90일이 지나자 또 회의를 소집해야 했다. 나는 '90일 전에는 그렇게 격렬하게 회의하던 사람들한테 무슨 일이 일어난 것일까?'라는 생각이 들었다. 더는 생각이 갈려서는 안 되었다. 이번에도 회의가 끝나자 우리는 모두 전의가 불타올랐고, 다시 같은 생각을 하게 되었다.

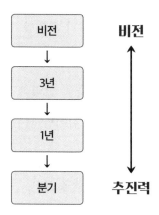

나는 이것이 정상적인 순환 과정이라는 사실을 깨달았다. 내가 운영하는 EOS 프로세스도, 내 친구들과 우리 가족도 모두 90일 주기의 영향을 받고 있었다. 이것은 인간의 본성이라는 생각이 들었다. 지금까지 내가 진행한 1,300회의 종일 세션 중 적어도 900회는 분기마다 하는 세션이었다. 그런데 지난 분기 세션에서 초점이 명확했던 사람이 다음 분기 세션에서는 초점이 흐려져 있었다. 또, 지난 분기 세션에서 핵심 문제에 관해 의견이 일치했던 사람들이 다음 분기 세션에서는 의견이 제각각이었다. 하지만 세션이 끝나면 모든 사람이 다시 정상 궤도로 복귀했다. 어떤 때는 지난번 세션에서 자기들이 합의했다는 사실조차 기억하지 못할 때도 있었다.

이런 주기가 정상이라는 사실을 깨닫자 나는 태도를 바꾸었다. 첫째, 더 이상 실망하지 않고 그 사실을 받아들이기로 했다. 둘째, 분기 회의를 할 때마다 알찬 회의가 되도록 의사일정을 잘 짜기로 했다. 현재 모든 EOS 고객사가 분기 회의를 할 때 이 의사일정을 따른다.

만약 분기마다 계속해서 직원들을 관리하지 않으면 회사는 정상 궤도에서 멀리 벗어날 것이다. 뛰어난 직원들이 회사를 떠나기 시작할 것이며, 비전은 보이지도 않을 것이다. 결국 회사는 처음 시작한 지점, 즉 혼돈 상태로 되돌아갈 것이다.

다시 말하지만 90일은 인간이 집중력을 유지할 수 있는 최대한의 기간이다. 그것이 인간의 본성이다. 그러니 인간 본성에 맞설 생각을 버리고, 분기 미팅 펄스를 따라 문제를 해결하라. 그것이 당신 회사를 위한 90일간의 세계를 창조하는 길이다.

거기에 더하여 내가 강력히 권하고 싶은 것은, 회사를 벗어난 곳에서 분기 회의를 하라는 것이다. 사내에서 회의하면, 예상하지 못한 여러 가지 일로 회의에 집중하기 어렵다. 회사를 벗어나야 안건에 제대로 집중할 기회를 얻게 된다.

EOS 분기 미팅 펄스

참석자: 경영진

장소: 사외

소요 시간: 8시간

주기: 90일

사전 작업: V/TO 마무리(참석자는 회의에서 다루고 싶은 문제와 다

음 분기 업무 우선순위를 준비할 것)

분기 회의 의사일정

· 모두발언

· 지난 분기 실적 검토

· V/TO 재검토

· 다음 분기 록 설정

· 중요 문제 처리

· 조치할 사항

· 회의 종료

모두발언

참석자 모두 다음 세 가지에 관해 발언한다.

1. 지난 90일 사이에 거두었던 최고 성과와 자신의 신상에 관한 이야기.

2. 사내에서 잘 돌아가는 것과 잘 돌아가지 않는 것.

3. 회의를 통해 기대하는 것.

모두발언은 참석자를 회의에 몰입하게 할 뿐 아니라, 분기 회의의 분위기를 조성하는 역할을 한다. 예컨대 이런 식이다.

"지난 분기의 최고 성과는 ABC사가 우리 고객이 되었다는 것입니다. 제가 느끼기에는 새로 도입한 CRM(고객 관계 관리) 소프트웨어가 원활하게 잘 돌아가는 것 같습니다. 그런데 우리 회사의 배송 시간과 재고 관리 시스템은 문제가 있는 것 같습니다. 고객 서비스 부서도 원활하게 돌아가지 않는다는 느낌입니다. 제가 오늘 회의에서 기대하는 것은 이 세 가지를 확실하게 해결하는 것입니다. 덧붙여 이 회의를 통해 우리 경영진이 더 강해지길 바랍니다."

경영진 모두 이런 식의 모두발언을 하면 그날의 회의 분위기가 정해질 것이다.

지난 분기 실적 검토

지난 분기의 모든 숫자(매출액, 영업이익, 순이익, 그 밖의 핵심 숫자)와 록(록 일람표에 있는 회사 록과 경영진 개인 록)을 검토해 달성 여부를 확인한다. 각 항목에 대해 '달성'이나 '실패'로만 판단하는 것이 좋다. 그러면 회사 성과를 명백하게 나타낼 수 있다. 분기마다 록을 100% 달성힐 수 있나는 믿음에 사로잡히면 안 된다. 이는 완벽주의자의 생각일 뿐이다. 언제나 80% 이상을 달성하려고 노력하라. 그 정도면 충분히 뛰어난 회사가 될 수 있다.

80%를 달성하지 못했다면 그 이유를 파악해 논의하고, 거기서 교훈을 얻어야 한다. 록을 달성하지 못하는 가장 일반적인 이유 두 가지는 다음과 같다.

· 목표 설정이 과다했다. 예측을 잘못하여 생긴 일이다. 이럴 때는 조금 더 현실적인 록을 설정하기 위해 노력해야 한다. 대부분의 회사는 처음에 목표를 너무 높게 잡는 경향이 있다.
· 누군가가 일을 망쳤다. 다른 말로 하면 록은 달성할 수 있었는데, 그것을 책임진 사람이 최선을 다하지 않았다. 이것은 책임의 문제이므로, 문제 목록에 올린 다음 해결해야 한다. 그러면 경영진 모두 자신이 책임진 록에 언제나 최대한의 노력을 기울이게 된다.

달성하지 못한 록에 대해서는 세 가지 선택안이 있다.

1. 록을 다음 분기로 이월한다.
2. 95% 달성됐다면, 나머지 5% 달성을 작업 목록에 조치 항목으로 올린다.

3. 록을 다른 사람에게 할당한다.

V/TO 재검토

분기마다 V/TO를 다시 검토하는 이유는 단 하나다. 비전에 대한 기억을 되살려 경영진 모두 같은 생각을 하게 하는 것이다. 그런 틀 안에서 다음 분기 록을 설정해야 좋은 록이 정해진다. 경영진의 의견이 일치하지 않으면 토의와 논쟁을 거쳐 일치시켜야 한다.

충분한 시간을 들여 V/TO를 재검토하고 경영진의 의견을 일치시키면, 문제 해결 과정이 원활해진다. 참석자 모두 회사 전체의 이익에 대한 생각이 명확해지기 때문이다.

경영진은 V/TO의 어떤 항목에 대해서라도 이해를 못 하거나, 의견이 다르거나, 우려할 만한 사항이 있으면, 솔직하고 개방된 분위기에서 자신의 의견을 개진해야 한다. 애매한 부분이 있으면, 그 자리에서 문제를 해결해 모든 사람이 같은 뜻으로 받아들이게 해야 한다. 논의가 얼마나 필요한지에 따라 V/TO 재검토에 걸리는 시간은 30분에서 2시간가량 된다. V/TO 재검토를 마무리하기 전에 반드시 여덟 번째 항목인 문제 목록을 업데이트하도록 한다. 이미 해결된 문제를 빼고 새로운 문제를 더하라. 이렇게 하면 당일 회의에서 검토할 문제 목록이 만들어질 것이다.

다음 분기 록 설정

모두발언을 통해 회의 분위기를 조성하고, 지난 분기의 록을 검토해 실적을 확인했다. V/TO 재검토를 통해 비전에 대한 기억을 되살렸고, 문제 목록까지 업데이트했다면, 이제 이 장 앞부분에서 다룬 절차에 따라 록을 설정한다. 이번 분기에 해야 할 모든 일을 화이트보드에 적는다. 그중에서 뺄 것은 빼고 합할 것은 합해 항목을 3~7개로 줄인다. 이렇게 도출된 회사 록을 경영진에게 할당한다. 경영진은 이것을 기반으로 각자의 록을 정한다. 회사 록과 경영진의 개인 록을 취합해 록 일람표를 만들면 끝난다.

중요 문제 처리

록 설정을 마쳤으면 V/TO 재검토와 록 설정에 시간을 얼마나 썼느냐에 따라, 회의 시간이 1~4시간 정도 남았을 것이다. 이제 이번 분기의 관련 문제를 처리할 시간이다. 내실 있는 회의는 문제 해결에 달렸다. 먼저 모든 문제가 다 제기되었는지부터 확인해야 한다. 경영진에게 V/TO를 재검토할 때 미처 공유하지 못한 문제가 있으면 내놓으라고 하라.

지금부터 문제 목록을 살펴본다. 이 문제 목록에는 회의 전반부에 제기된 문제와 지난 분기에 V/TO 문제 목록에 올라와 있다가 이월된 문제가 들어 있다. 새로운 록을 설정함으로써 해결된 문제는 모두 문제 목록에서 제거하라.

이제 문제 해결 경로(IDS)를 따라 남은 문제를 처리한다. 먼저 가장 중요한 문제 세 개를 정한 다음, 중요도 순에 따라 차례대로 문제 목록에 있는 문제를 해결한다. 각 문제에 대해 진짜 문제가 무엇인지 찾은 다음, 문제의 모든 측면을 솔직하게 논의한 뒤 각자의 의견을 제시하라고 한다. 이때 옆길로 새면 안 된다. 그 상태에서 문제를 해결하는 조치를 취해 그것을 완전히 없애버린다. 이런 식으로 하면, 남은 회의 시간과 문제의 크기에 따라 1~15개의 문제를 해결할 수 있을 것이다.

해결하지 못한 문제는 중요도에 따라 주례 경영진 회의 문제 목록이나 V/TO 문제 목록으로 넘긴다. 목록에 있는 문제를 다 해결하는 경우는 드물다. 그러므로 중요도에 따라 문제를 해결하는 것이 중요하다.

조치할 사항

앞으로 조치할 사항에 대해 논의하는 단계다. 예컨대 누가 무엇을 할 것인가, 또는 회의에서 결정된 내용 중 전 직원에게 공지할 사항이 있는가 등과 같은 것이다. 이것을 논의하는 데 시간은 그리 오래 걸리지 않는다.

만약 모두발언에서 언급된 고객 서비스 부서의 문제가 해결되었다고 하자. 그러면 조치할 사항은 운영 담당 책임자가 고객 서비스 직원들과 만나, 이번 분기에 세계적 수준의 고객 서비스 부서로 다시 태어날 계획을 수립해 시행하게 하는 것이다.

회의 종료

회의를 끝마칠 때는 참석자 전원이 회의에 대한 소감, 기대치 충족 여부, 10점 만점으로 회의에 관한 평가를 발표한다. 평균 8점 이상의 평가를 받는 것이 좋다.

분기 미팅 펄스의 힘은 강력하다. 경영진은 노를 저을 방향에 집중하고, 참석자들은 다음 분기를 맞이할 마음의 준비를 하고 열의를 불태우며 회의장을 나설 것이다.

하지만 90일이 지나면 시계처럼 정확하게 다시 궤도를 벗어나기 시작할 것이다. 어떤 분기에는 회의할 필요가 없다는 생각이 들 때도 있을 것이다. 나와 동업하던 파트너도 "회의를 또 해야 해? 모든 일이 잘 돌아가고 있잖아."라는 말을 해서, 몇 번이나 설득해야 했다. 이런 유혹에 넘어가서는 안 된다. 잠시라도 심리적 압박감에서 벗어나 편히 지내고 싶은 인간의 본성과 싸워야 한다. 가끔 분기 회의를 앞두고 나에게 회의할 필요가 없을 것 같다며 전화하는 고객사를 설득해야 할 때가 있다. 그러나 대부분은 분기 회의가 끝나면, "깜짝 놀랐습니다. 이번 분기에는 논의할 게 하나도 없을 줄 알았어요!"라는 말을 하며 회의하기를 잘했다고 한다.

당신은 분기 미팅 펄스를 앞으로도 계속해서 반복해야 한다. 회의는 할수록 질이 좋아질 것이다. 분기 회의가 정례화되면, 연말에 연간 계획을 수립할 때, 분기 회의와 겹치기 때문에 하루를 절감할 수 있다. 연간 계획 수립 회의는 팀 빌딩을 하고, 비전을 재정립하고, 다음 해의 계획을 수립하는 기회다.

EOS 연례 미팅 펄스

참석자: 경영진

장소: 사외

소요 시간: 2일

주기: 1년

사전 작업: 마무리된 V/TO와 내년도 예산안 지참(내년도 목표에 대해 깊이 생각해보고 참석할 것)

연간 계획 수립 회의 의사일정: 1일 차

· 모두발언

· 전년도 실적 검토

· 팀 빌딩

· SWOT/문제 목록

· V/TO(1년 계획 중심)

모두발언

경영진이 차례대로 다음 세 가지에 관해 발언한다.

1. 지난해 회사가 거둔 가장 큰 성과 세 가지.

2. 지난해 자신이 거둔 가장 큰 개인적인 성과 한 가지.

3. 회의를 통해 자신이 기대하는 것.

모두발언은 회의 분위기를 조성하고, 회사 업무 처리 모드에서 회사 업무 논의 모드로 넘어가게 하는 역할을 할 뿐만 아니라 참석자들에게 잠시 여유를 가지고 지난해 회사가 성공한 일과 진전을 보인 일에 관해 생각해보게 한다. 모두발언이 끝난 후 이런 말을 하는 참석자가 있었다.

"사실 저는 지난해 우리 회사 실적이 형편없었다고 생각했어요. 그런데 경영진의 업무 성과 발표를 듣고 보니 꽤 괜찮은 한 해였다는 생각이 드는군요."

이것이 모두발언이 끝난 후의 일반적인 마음가짐이다. 이 마음가짐이 앞으로의 회의 분위기를 이끄는 것이다.

전년도 실적 검토

전년도 목표, 전년도의 숫자(매출액, 영업이익, 순이익, 그 밖의 핵심 숫자)와 지난 분기의 록을 검토하라. 목표를 80% 이상 달성해야 뛰어난 회사라고 할 수 있다. 장래에 일어날 일을 잘 예측하는 방법 중 하나는, 실적을 검토한 후 목표 달성 여부를 분석하는 것이다.

연간 목표를 검토할 때도 록을 검토할 때의 방법대로 '달성'이나 '실패'로만 판단하라. 목표가 매우 구체적이어야 하는 이유 중 하나다. 만약 연간 목표가 '영업에 전념하는 조직 구축'이라면, 이 목표의 달성 여부를 어떻게 판단할 수 있겠는가? 만약 판매 목표가 '영업팀 신규 매출 200만 달러, 어카운트 매니저 신규 매출 30만 달러'라면, 목표 달성 여부를 쉽게 판단할 수 있을 것이다.

목표가 1년 전에 수립되었다는 사실을 염두에 두어야 한다. 대부분은 그 정도 오래된 일의 의도까지 기억할 만큼 기억력이 좋지 않다. 구체적이며 측정할 수 있는 목표를 설정했다면 의도를 기억할 필요는 없다.

목표가 구체적이어야 하는 또 다른 이유가 있다. 평가의 목적은 목표 달성 여부를 정확히 판단해 다음번에는 더 잘하기 위해서이다. 실적이 모호하고 논란의 여지가 있다면, 목표 달성 여부를 정확히 판단하기 어렵다. 그렇게 되면 자신을 합리화해 실제보다 더 나은 한 해를 보냈다고 믿게 될 수도 있다. 만약 무엇을 개선해야 할지 정확하게 집어낼 실질적인 방법이 없다면, 앞으로도 더 나아지기 어려울 것이다. 그러므로 목표를 설정하는 첫 번째 시도가 과녁을 벗어났더라도(어떤 때는 한참 벗어날 수도 있다) 계속 시도해야 한다. 자꾸 하다 보면 구체적이고 측정할 수 있으며 달성 가능한 목표 설정 방법을 알게 될 것이다. 그러면 당신은 앞날을 잘 예측하게 되고, 회사는 계속해서 견실하게 잘 돌아갈 것이다.

팀 빌딩

뛰어난 팀 빌딩 프로그램은 많다. 당신 회사도 그중 한 가지를 이용하고 있을지 모르겠다. 만약 이용하고 있는 팀 빌딩 프로그램이 없다면 내가 적극적으로 추천하고 싶은 것이 하나 있다. 경영진이 모두 서로에게 장점과 단점을 각각 한 가지씩 말하는 것이다. 모든 경영진이 참석한 가운데 공개적으로 해야 한다. 나는 수많은 회사를 대상으로 이것을 실행해보았는데, 그때마다 뛰어난 장기적 결과를 거두었다. 이 프로그램을 4년 연속 연간 계획 수립 회의에서 실행한 회사도 있다. 결과는 해마다 향상하고 있다.

참석자는 동료의 평을 다 들은 후 그 내용 중에서 그다음 해에 자신이 개선할 것 하나를 선택해야 한다. 이 방법은 시간도 오래 걸리지 않고 간단할 뿐만 아니라 매우 강력하고 효과적이다. 게다가 솔직하고 개방된 분위기 조성에도 도움이 된다. 팀 빌딩은 두 시간을 넘지 말아야 한다.

> 개선하기로 약속한 내용을 확실하게 이행하도록, 나는 고객사가 분기 회의할 때 짧게 확인하는 원칙을 세웠다. 한 사람이 자신이 약속한 내용을 말하면, 나머지 참석자가 한마디 평을 한다. '나아졌다', '못해졌다', '똑같다' 중 하나를 선택해서 말하면 된다. 이런 자극은 초심을 잃지 않는 계기가 된다.

SWOT/문제 목록

참석자 전원이 자신이 생각하는 회사의 강점, 약점, 기회, 위협 요인을 발표하는 기회를 갖는다. 고전적인 SWOT 분석 기법으로, 조직이 스스로를 자세히 살펴보고 현 상태를 명확히 진단하는 관리 도구다. SWOT 분석을 통해 얻는 생산적인 결과는 문제 목록이다. 회사의 강점, 약점, 기회, 위협 요인에 대한 참석자의 의견을 모두 취합한 후, 그중에서 다음 해에 문제가 될 만한 것을 뽑아 연간 계획 수립 회의 문제 목록에 올린다. 이 문제와 회의 도중 도출되는 다른 문제는 다음 날 문제 해결 시간에 함께 처리하면 된다.

V/TO(1년 계획 중심)

이 시점에서 V/TO를 하나하나 섬토해보라. 핵심 가치와 핵심 역량, 10년 목표에 대한 생각은 모두 그대로인가? 마케팅 전략은 여전히 독특하고, 고객에게 가치를 부여하는가? 만약 의견이 일치하지 않는다면, 토론과 논쟁을 거쳐 모두 같은 생각을 하게 해야 한다.

참석자가 모두 동의하는 것을 전제로, 기존의 3년 그림을 폐기하고 새로운 3년 그림을 작성한다. 3년 후의 회사 모습에 경영진 모두 동의해야 한다. 모두의 마음에 그 모습이 그려진다면, 목표를 달성할 가능성은 훨씬 커진다.

새로운 3년 그림이 확정되면 다음 해의 계획으로 넘어간다. 다음 해의 매출액과 이익, 기타 숫자를 정한 다음, 3~7개 범위에서 중요 목표를 설정한다. 적을수록 좋다는 사실을 기억하고 신중하게 정하라. 1년 계획 수립에 두 시간 이상 걸리는 경우는 드물다. 너무 오래 생각할 필요는 없다. 비전이 명확하면 숫자와 목표는 바로 나온다. 그것을 종이 위에 적은 뒤 동의 여부를 결정하면 된다. 주의할 점은 계획을 뒷받침할 예산이 있는지 확인하는 것이다. 경영진이 다음 해 자신의 역할과 책임을 명확히 인식하고 있는지도 확인해야 한다. 책임 조직도가 지침이 될 것이다.

기존의 3년 그림을 폐기하고 새로운 3년 그림을 작성한다는 접근법을 받아들이기 어려워하는 고객사도 있다. 이 접근법이 중요한 이유는 두 가지다. 첫 번째 이유는 1년이 지나면 상황이 바뀌므로, 그동안 얻은 모든 지식과 경험을 새로운 그림에 반영하는 것이 중요하기 때문이다. 두 번째 이유는 경영진이 1년 전보다 더 똑똑해졌고 나아졌으며 일을 훨씬 더 빠르게 잘할 것이기 때문이다.

만약 당신이 기존의 3년 그림에 집착하는 사람이라면, 그것을 잘라 내 문서에 붙여놓고 개인적으로 그 방식을 따르다가 나중에 실제 성과와 비교해보라. 하지만 나는 위에서 말한 접근법을 추천하며, 실제로 그것이 가장 효과적이다.

연간 계획 수립 회의 의사일정: 2일 차

· 다음 분기 록 설정

· 중요 문제 처리

· 조치할 사항

· 회의 종료

위 의사일정 항목의 자세한 내용은 분기 회의 의사일정을 참조하라.

연간 계획 수립 회의 진행 요령

· <u>V/TO의 1년 계획 수립 안건이 2일 차로 넘어가도 그대로 진행하라.</u> 절차
를 재촉해서는 안 된다. 2일 차에 의사일정을 마무리 지을 시간이 충분히
있을 것이다.

· <u>첫째 날 회의를 마친 뒤 저녁 식사를 함께 하라.</u> 팀 빌딩에 도움이 될 뿐
만 아니라 심각한 논의를 마친 뒤 분위기를 전환하는 기회가 된다.

· <u>회사를 벗어난 곳에 회의 장소를 잡아라.</u> 그렇다고 꼭 멀리 갈 필요는 없
다. 회사에서 한두 시간 떨어진 호텔에서만 해도 더 생산적인 회의가 될
것이다. 회사를 벗어나면 꼬박 이틀 동안은 현실 세계를 잊고 회의에 몰
입할 수 있을 것이다.

분위기 고조

분기와 연례 미팅 펄스를 정례화하면, 회사에 엄청난 이득을 가
져다주는 90일간의 세계가 만들어진다. 거기에다 우리 고객사에도
이야기하지 않았던 숨겨진 이득이 있다.

분기 미팅 펄스가 매우 효과적인 이유 중 하나는, 내가 분위기
고조라 부르는 효과 때문이다. 경영진이 한자리에 모여 종일 회의
하는 일정이 잡히면, 참석자는 자신도 모르게 회의 준비를 단단히
하게 된다. 회의 날짜가 다가올수록 에너지, 두려움, 흥분이 고조

되기 시작한다. 그에 맞추어 참석자들은 생각을 다듬고, 문제와 아이디어 등을 수합하게 된다. 그 결과 매우 효과적인 회의를 할 수 있다.

물론 반대의 경우에는 반대의 결과가 나타난다. 즉, 분기 회의를 개최한다는 사실을 아무에게도 알리지 않고 있다가 갑자기 온종일 걸리는 회의를 소집하면, 그 성과가 만족스럽지 않을 것이다. 분위기가 고조되는 과정을 거치지 않았기 때문이다. 그러므로 분기 회의는 항상 사전에 일정을 잡아야 한다.

분기 회의에서는 일상적인 업무 수행 과정에서 쉽게 제기되지 않는 문제가 제기될 때가 많다. 오래 묵은 민감한 문제가 분기 회의에서 제기되면, "왜 이제야 이 문제를 제기합니까?"라고 말하는 사람이 많다. 이들은 그 이유를 모르는 사람들이다. 이것은 분위기 고조 효과 때문이다. 분위기가 고조되어 생각이 틀에 박힌 일상을 넘어서면 사람들은 집중력을 높여 적극적으로 회의 준비를 한다.

주례 미팅 펄스

이제 분기에서 주간으로 좁혀 들어가야 한다. 이 단계까지 거치면 정말로 추진력을 얻을 것이고, 그 결과는 비전 실현으로 이어진다. 분기에 해야 할 중요한 일의 우선순위가 정해지면 집중력을 유지하여 문제를 해결하고, 원활한 소통을 유지하기 위해 주 단위 회의를 해야 한다. 다음에 제시하는 모델에서 알 수 있듯이, 주례 미팅 펄스는 회사를 궤도에서 벗어나지 않게 해준다. 회사가 매주 궤도를 벗어나지 않으면 해당 분기에 정상 궤도에 있는 것이고, 매 분기 궤도를 벗어나지 않으면 그해에 정상 궤도에 있는 것이다. 해마다 궤도를 벗어나지 않으면 계속해서 정상 궤도에 있는 것이다. 미팅 펄스는 혈액을 끊임없이 흐르게 하는 심장 박동처럼 회사의 건강을 지킨다. 바꿔 말하면, 회사의 스텝이 헝클어지지 않도록 박자를 맞춰주는 역할을 하는 것이다.

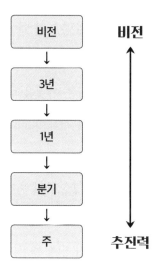

10점짜리 회의

당신의 회의 수준은 10점 만점에서 몇 점인가? 대부분 4점에서

5점 사이라고 답할 것이다. 이 정도 점수로는 충분하지 않다. 대부분 회사의 업무 회의는 그다지 생산적이지 않다. 당신 회사도 마찬가지일 것이다. 10점짜리 회의를 구성하는 요소를 적용하면, 당신 회사도 평가 점수를 10점으로 끌어올릴 수 있다.

10점짜리 회의 의사일정은 경영진이 주 단위로 가장 중요한 일에 집중할 수 있게 구성되었다. 회사의 숫자와 록이 궤도를 벗어나지 않게 하고, 고객과 직원을 행복하게 하는 것보다 더 중요한 일은 없다. 10점짜리 회의는 그것을 위한 가장 효과적이며 효율적인 방법이다.

10점짜리 주례 회의는 경영진을 중요한 일에 집중하게 하고, 문제가 발생하면 초기에 발견해 해결하게 한다. 내실 있는 회의는 문제 해결에 달렸다. 패트릭 렌시오니는 이것을 다음과 같이 말한다.

'회의는 열정적이고 진지하고 철저해야 하고, 절대 지루해서는 안 된다.'

10점짜리 회의는 회의의 질을 향상하기 위해 여러 고객사가 참여해 개발한 것이다. 기본 원칙은 인간의 본성을 기반으로 하였다. 의사일정은 실제 회의에 여러 가지 방법을 적용해 발생한 시행착오와 각종 시험을 거쳐 개발되었다. 현재 모든 EOS 고객사가 이 의사일정을 따르고 있다.

EOS 주례 미팅 펄스

참석자: 경영진

장소: 사내 회의실

소요 시간: 90분

주기: 1주일

사전 작업: 록 일람표 지참, 스코어카드 작성, 문제 해결 경로 이해

10점짜리 주례 회의 의사일정

· 모두발언	5분
· 스코어카드	5분
· 록 검토	5분
· 고객과 직원 관련 중요한 소식	5분
· 작업 목록	5분
· IDS	60분
· 회의 종료	5분

10점짜리 회의에서는 중요한 역할을 하는 두 사람이 있다. 한 사람은 회의를 진행하는 사람이다. 진행자는 회의가 옆길로 새지 않고 의사일정에 따라 진행되도록 이끌어야 한다. 또 한 사람은 안

건을 관리하는 사람이다. 이 사람은 안건, 스코어카드, 록 일람표를 업데이트해 참석자에게 배부해야 한다. 이 두 사람은 매주 작업 목록과 문제 목록을 업데이트해야 한다.

모두발언

회의는 정시에 시작한다. 미식축구 감독 빈스 롬바디는 "일찍 와야 시간을 지킨 것이고, 정각에 오면 늦은 것이다."라는 말을 주문처럼 되풀이하기로 유명했다. 몇 분 일찍 도착해 회의에 몰입할 준비를 해야 한다. 10점짜리 주례 회의에 불참할 수 있는 이유는 두 가지뿐이다. 휴가 가거나 죽었을 때다. 불참자가 생기더라도 회의는 계속되어야 한다. 일정을 다시 잡거나 회의를 취소하면 안 된다.

안건은 참석자 앞에 한 부씩 놓여 있어야 한다. 안건에는 작업 목록과 IDS 문제 목록이 포함되어야 한다. 관리하기 편하게 종이 한 장에 다 집어넣도록 하라. 회의록을 작성할 필요는 없다. 그것은 과거의 유산일 뿐이다. 회의에서 무슨 일을 다루었는지 알고 싶다면, 그 주의 안건을 확인하면 된다.

좋은 소식을 공유하는 모두발언을 시작으로 회의에 들어간다. 참석자들은 모두발언을 통해 회사 업무 처리 모드에서 회사 업무 논의 모드로 넘어간다. 이때 외부 세계와 접촉을 단절하기 위해 전

자기기를 모두 *끄*는 것이 중요하다. 그런 다음 숨을 깊이 들이마시고, 정신 자세를 가다듬은 후 회의에 몰입하는 것이다. 그 밖에도 모두발언은 참석자들에게 자신이 뭔가 대단한 일을 성취하려는 사람이라는 생각이 들게 한다. 모두발언은 모두 합해 5분을 넘기지 않도록 한다.

스코어카드

경영진은 스코어카드를 검토하면서 5~15개에 이르는 회사의 중요 숫자를 살펴보고, 그것을 통해 회사가 목표를 향한 정상 궤도에서 벗어나지 않았는지 확인할 수 있다. 궤도를 벗어난 숫자는 바로 문제 목록에 올려 IDS 시간에 다루도록 하고, 이 시간에는 논의하지 않는다. 대부분의 회사가 빠지기 쉬운 함정은 이 자리에서 바로 논의에 들어가 문제를 해결하려는 것이다. 이런 충동을 자제해야 한다. 그래야 회의가 원활하게 진행된다. 문제는 IDS 시간에 충분히 논의하고 해결할 수 있으므로 한꺼번에 다루는 것이 훨씬 효율적이다. 스코어카드 검토도 5분을 넘기지 않도록 한다.

록 검토

다음에는 록을 살펴보고, 그것이 정상 궤도를 벗어나지 않았는지 확인한다. 한 번에 하나씩 모든 록을 검토하도록 한다. 먼저 회사 록을 검토하고, 다음에는 경영진 개개인의 록을 검토한다. 참석자가 자신의 록이 '정상'인지 '비정상'인지 발표하는 방식이다. 논의할 필요는 없다. 뒤에 논의할 시간이 있을 것이다. 록이 '비정상'이라면 IDS 시간에 다루도록 문제 목록에 올린다. '정상'이라는 말은 록 책임자가 분기 말까지 그것을 달성할 수 있다고 생각한다는 뜻일 뿐이다. 그러므로 록이 '정상'이라 하더라도 누군가가 거기에 우려를 나타내면 IDS 시간에 그 문제를 다루어야 한다. 록 검토 시간도 5분을 넘기지 않도록 한다.

고객과 직원 관련 중요한 소식

고객이나 직원과 관련된 그 주의 중요한 소식과 문제를 짧게 공유하는 시간이다. 좋은 것이든 나쁜 것이든 상관없다. 예컨대 "우량 고객 마이클이 지난주 우리 회사가 한 작업에 만족해합니다."라든지 "새로 결정된 복리후생 정책 때문에 크리스가 토라져 있습니다."라는 식으로 하면 된다. 좋은 소식을 들으면 스스로 격려가 될 것이다. 문제나 나쁜 소식이 있으면 IDS 시간에 다루도록 따로 정리해둔다. 공식적으로 고객이나 직원의 소리를 듣는 회사도 있다. 당신 회사에도 그런 제도가 있다면 그 내용을 여기에 포함한다. 이 시간도 5분을 넘기지 않도록 한다.

작업 목록

지난주 회의에서 작업 목록에 올렸던 모든 항목을 검토한다. 작업 목록에 올라가는 내용은 7일 이내에 처리해야 할 조치 항목이다. 매주 작업 목록을 검토하면 책임감이 생긴다. 따라서 회사는 더 많은 일을 성취할 수 있다. 작업 목록은 록과 다르다. 록은 90일 이내에 해야 할 중요한 일이고, 작업 목록은 7일 이내에 처리해야 할 조치 항목이다. 작업 목록에는 그것이 없으면 서면으로는 잘 관리되지 않는, 참석자가 일주일 내에 하기로 약속한 내용이 올라간다. 예컨대 "내일 제가 인쇄소에 전화하겠습니다.", "그 상품은 오늘 밤에 발송하겠습니다.", "금요일까지 모든 잠재 고객과 접촉하게 하겠습니다."와 같은 것이다.

작업 목록에 있는 모든 항목을 '완료'나 '미완료'라는 기준으로 재빨리 검토한다. 조치 항목이 완료되었으면 작업 목록에서 삭제하고, 완료되지 않았으면 그대로 둔다. 조치 항목이 2주 이상 작업 목록에 남아 있으면 안 된다. 또, 매주 조치 항목의 90%가 작업 목록에서 삭제되어야 한다.

작업 목록을 통해 경영진은 그 전주에 한 약속에 책임감을 느끼게 된다. 인간은 모두 천성적으로 일을 미루는 버릇이 있다. 전 직원이 자신이 약속한 일을 모두 한다면 회사가 완전히 달라지지 않겠는가? 작업 목록에는 묘한 힘이 있다. 고객사의 주례 회의를 진행하면서 나는 경영진이 그 전주에 한 약속을 이행하지 않는 경우를 여러 차례 목격했다. 사람들은 전화하겠다든가, 상품을 발송하겠다든가, 보고서를 작성하겠다는 등의 약속을 했다. 그런데 일주일이 지나고 나서 보면 이행된 것이 별로 없었다. 그래서 의사일정에 작업 목록을 집어넣기로 했다. 이렇게 하자 그다음 주에 결과를 보고해야 한다는 부담감 때문에, 열 개 중 몇 개밖에 되지 않던 약속 이행 숫자가 아홉 개까지 늘어났다. 자신의 약속에 책임감을 느끼게 되니 생산성이 향상한 것이다.

그 주에 하기로 약속한 내용을 작업 목록에 기재한 후 그다음 주에 이행 여부를 검토하면 추진력과 책임감이 생긴다. 아무도 이행 여부를 확인하지 않는다는 사실을 알고 약속을 하던 시절은 지나갔다. 작업 목록 검토도 5분 안에 끝내도록 한다.

IDS

이제 문제 목록을 처리해야 한다. 문제를 잘 해결해야 내실 있는 회의가 된다. 문제 해결에 배정된 시간은 60분이다. 회의 시간의 대부분을 여기에 써야 한다.

지난주 회의에서 이월된 문제는 보통 3~5개 정도 될 것이다. 거기에 이번 주 회의를 진행하면서 새로운 문제가 5~10개 정도 추가되었을 것이다. 이렇게 해서 문제 목록에는 보통 5~15개의 문제가 올라와 있다. 참석자들 앞에 문제 목록을 적은 종이가 놓여 있겠지만, 여러 사람이 함께 볼 수 있도록 화이트보드나 플립 차트에도 문제 목록을 적는 것이 효과적이다. 이렇게 하는 것이 각자 자기 앞에 놓인 인쇄물을 들여다보는 것보다 참여도를 더 높일 수 있다고 말하는 고객사가 많다.

가장 중요한 문제를 순서대로 3개 고른 다음 이것부터 처리하기 시작한다. 문제를 몇 개나 해결할 수 있을지 모르기 때문에, 우선순위에 따라 문제를 처리해야 한다. 다시 말하지만, 목록의 꼭대기에 있는 문제부터 시작해 차례대로 해결해 내려가는 우를 범해서는 안 된다. 가장 중요한 문제가 목록의 아랫부분에 있을 수도 있기 때문이다. 게다가 문제 목록에 있는 문제 중 일부는 가장 중요한 문제의 증상일 수도 있으므로, 중요 문제를 해결하면 그것들은 자연스럽게 해결된다.

문제 해결 경로를 따라 1번 문제에 달라붙어 그것이 해결될 때까지 집중한다. 어떤 주에는 한 문제밖에 해결하지 못하고, 어떤 주에는 열 문제나 해결할 수 있을 것이다. 몇 문제나 해결할지는 알 수 없다. 그러나 우선순위에 따라 문제를 처리하고 있다면, 지금 회사의 가장 큰 장애물을 제거하고 있는 것이다.

문제를 찾고 논의하고 해결하면, 보통 해결책이 작업 목록에 조치 항목으로 올라가는 것으로 끝난다. 하나의 해결책이 1~2개, 또는 3개의 조치 항목으로 이어질 수도 있다. 다음 주 회의에서 조치 항목이 다 처리된 것을 확인하면 그 문제는 완전히 해결된 것이다. 더는 예전처럼 문제가 해결되지 않은 채 남아 있는 일은 없다.

문제 해결 경로를 따르면 중요한 일에 집중할 수 있다. 또, 중요해 보이지만 사실은 중요하지 않은 일에 더는 시간 낭비를 하지 않는다. 전체 회의 중 가장 중요한 이 시간은 열정적이고 진지하고 철저해야 한다. 절대 지루해서는 안 된다. 사내 정치가 개입해서도 안 된다. 논의는 솔직하고 개방된 분위기에서 이루어져야 한다. 참석자들은 비전을 공유한 상태에서 회사 전체의 이익을 위해 싸워야 한다. 핵심 문제를 모두 해결하고 나면, 참석자들은 큰 자신감과 성취감을 느끼게 될 것이다.

회의 종료

5분을 남겨두고 회의 종료 절차에 들어간다. 회의를 전체적으로 깔끔하게 마무리할 기회다. 논의가 이루어진 모든 것을 미진한 부분 없이 정리하는 시간이다.

이 시간에 할 일은 크게 두 가지다. 하나는 새로 만든 작업 목록을 발표하는 것이다. 참석자들이 자기가 할 일을 제대로 적어놓았는지 확인할 수 있게, 목록에 있는 조치 항목을 빠르게 읽어나가면 된다. 이 절차를 통해 책임감을 강화한다. 또 하나는 회의에서 결정된 사항 중 직원들에게 알려줄 내용이 있는지, 있다면 어떤 수단을 이용해 어떻게 알려줄 것인지 논의하는 것이다. 이런 조치를 취하면 과거처럼 직원들이 자신도 모르게 일어난 변화를 보고 놀라는 일이 크게 줄어든다.

> 처음 한두 달 동안은 회의를 마칠 때 회의의 질에 관해 평가하라. 회의 말미에 참석자들에게 10점 만점으로 회의를 평가하게 하면 된다. 8점 이상 받는 것을 목표로 한다.

회의가 끝나면 결론이 났다는 느낌이 들어야 한다. 회의는 정시에 끝마치도록 한다. 그래야 회의가 늦게 끝나 다른 약속이 뒤로 밀리고, 사람들의 일정이 다 망가지는 도미노 효과를 피할 수 있다. 이상이 10점짜리 주례 회의 의사일정을 간결하게 요약한 것이다.

주례 미팅 펄스의 다섯 가지 핵심

성공적인 미팅 펄스는 다음 다섯 가지 기준을 충족해야 한다.

1. 매주 같은 날 개최되어야 한다.

2. 매주 같은 시간에 개최되어야 한다.

3. 인쇄된 안건의 형식이 같아야 한다.

4. 정시에 시작해야 한다.

5. 정시에 끝나야 한다.

10점짜리 주례 회의 의사일정

모두발언	5분
스코어카드	5분
록 검토	5분
고객과 직원 관련 중요한 소식	5분
작업 목록	5분

   - 존이 ABC사에 연락한다

   - 빌이 사라와 면담한다

   - 수가 공급 회사에 연락한다

   - 잭이 핵심 가치 발표문을 수정한다

문제 목록(IDS)	60분

   - 겨울철 판매가 감소하였다

   - ABC사에 발송 날짜를 어겼다

   - 외상 매출금 수금이 60일을 넘겼다

   - 찰스가 프로세스를 따르지 않는다

회의 종료	5분

* 의사일정에 작업 목록과 문제 목록(IDS)이 어떻게 들어갔는지 눈여겨보라.

매주 같은 날 같은 시간에 회의를 개최하면 그것이 규칙이 된다. 같은 형식의 안건 용지를 사용하면 쓸데없이 시간을 낭비할 필요가 없다. 그러니 사용하기 편한 형식을 만들고 그것을 고수하라. 회의의 일관성을 유지하는 데도 도움이 된다. 회의를 정시에 시작해야 하는 이유는, 시작이 늦어지면 언제나 문제 해결 시간이 피해를 보기 때문이다. 알맹이를 잘라내는 것이나 마찬가지다. 또, 회의를 정시에 끝내야 후속 일정이 뒤로 밀리지 않는다.

인내심을 가지고 주례 미팅 펄스를 지속해야 한다. 처음 이런 방식으로 회의하면 어색할 것이다. 하지만 지속해서 하다 보면 익숙해진다. 그에 따라 팀 빌딩, 소통, 성과 등의 수준이 지속해서 향상할 것이다.

주례 회의 확산

일단 경영진이 주례 미팅 펄스에 익숙해지고 나면, 이것을 전 부서로 확산하는 것이 다음 단계다. EOS 고객사의 사례를 보면 주례 미팅 펄스를 전사에 확산하는 데 보통 3개월가량 걸린다. 경영진이 먼저 익숙해져야 하기 때문이다. 부서의 주례 회의 시간은 일반적으로 30~60분 정도다. 10점짜리 주례 회의 의사일정을 기준으로 부서 회의 의사일정을 만들면 된다. 여기서 중요한 것은 적어도 회의 시간의 50%를 문제 해결에 할당하는 것이다.

미팅 펄스 행동 지침

1. 분기 회의 일정은 가급적 분기 말 즈음에 잡고, 그다음부터는 매 분기 같은 날에 회의를 개최하라. 분기 회의에서는 의사일정과 록 설정 절차를 준수하라. 경영진의 록이 정해지면 각 부서에서도 자체 록을 정한다.

2. 경영진이 모두 모일 수 있는 날로 주례 미팅 펄스를 정하라. 매주 모두 모일 수 있는 가장 좋은 요일과 시간을 정하면 된다. 여기에 일반적인 규칙은 없다. 회사마다 사정이 다르기 때문이다.

3. 한 달 동안은 책에서 말한 그대로 10점짜리 회의 방식을 따르라. 한 달이 지난 뒤 이 장을 다시 읽어보라. 그런 다음 회사 실정에 맞게 미세한 조정을 한 뒤 그다음 한 달 동안 적용하라. 그 뒤에도 회의가 궤도를 벗어난 것 같다는 판단이 들면, 그때마다 이 장을 다시 읽어보고 궤도를 유지하도록 하라.

4. 회의 진행자를 정하라. 한 사람이 계속 진행해야 한다. 사람을 잘 이끌 뿐만 아니라 회의가 옆길로 새면 의사일정을 따르도록 밀어붙이는 데 능한 사람이 진행자가 되어야 한다.

5. 안건을 관리할 사람을 정하라. 이 사람은 회의가 진행되는 도중 작업 목록과 문제 목록을 계속 업데이트하고, 매주 회의 시작 전에 안건, 록 일람표, 스코어카드를 준비해 참석자 테이블에 놓아두어야 한다.

록을 설정하고, 미팅 펄스를 적용해 90일간의 세계를 창조하고 7일 동안 집중할 일을 정하면, 비전을 달성하는 데 엄청난 추진력을 얻게 된다.

이제 당신은 성공한 회사가 하는 방식을 따르고 있다. 과거에 느꼈던 좌절감은 사라지고, 한계를 돌파하는 길을 향해 나아가고 있다. 당신 회사는 혼돈 상태를 벗어나 매끄럽게 기름 친 기계로 진화하고 있다. 당신의 여정은 이제 끝났다. 아니, 지금부터 시작이다.

CHAPTER 9

하나로 묶기

: 장대한 여정

이제 모든 내용을 명확히 알게 되었으니 여섯 가지 핵심 요소에 익숙해지는 일만 남았다. 익숙해진다는 말은 경영진이 모든 도구를 이해하고 제대로 사용한다는 뜻이다.

회의, 계획 수립, 문제 해결, 사람 관리, 우선순위 정하기 등의 주제에 관해서는 시중에 수많은 책이 나와 있다. 기업 운영 체제(EOS)가 이들과 다른 점은 그 모든 요소를 하나로 묶어 기업을 경영하는 완전한 시스템으로 만들었다는 것이다. 따라서 각각의 도구보다는 전체 시스템이 더 중요하다. 완전한 추진력을 얻으려면, 기업 운영 체제를 구성하는 여섯 개의 요소와 EOS 모델을 이해하고 거기에 익숙해져야 한다.

진짜 마법은 비전, 사람, 데이터, 문제, 프로세스, 추진력 등 여섯 개의 요소를 강화함으로써 시작된다. 성공한 기업가는 의식적으로든 무의식적으로든 회사의 여섯 가지 요소를 강화하는 습관이 있다. 이 책은 당신도 여섯 가지 요소를 강화할수록 뛰어난 회사를 만들 수 있다는 것을 전제하고 출발했다. 여섯 가지 요소를 강화하면, 시간과 사업의 통제와 관련해 당신이 느끼는 좌절감은 사라질 것이다. 직원과 관련한 좌절감도 사라질 것이다. 당신 주변에 있는 직원은 모두 적합한 자리에 있는 적합한 사람이기 때문이다. 그 결과 지금까지 부딪혔던 한계를 돌파하고, 일상적인 업무 수행 방식을 완전히 바꿀 수 있다. 그리하여 궁극적으로는 회사의 비전을 실현하게 된다. 이 시점에서 당신이, 내가 앞에서 말한 전제가 맞는다고 생각했으면 좋겠다.

이들 도구를 사용하기 시작한 경영진은 처음에는 달라진 점이 보이지 않아 당황할 것이다. 그 결과가 손익계산서에 바로 나타나지 않기 때문이다. 초기에는 다소 버겁게 느껴지는 문제도 많이 발생할 것이다. 베스트셀러 《자신감 Confidence》의 저자 로자베스 모스 캔터 교수는 캔터의 법칙으로 알려진 다음과 같은 말을 했다.

'모든 것이 중간에는 실패로 보일 수 있다.'

당신도 종종 여정 중에 EOS 도구가 작동하지 않는다고 느낄 것이다. 이런 일이 일어나도 가던 길로 계속 가라. 익숙해지려면 완전히 몰입해야 하고, 추진력을 얻으려면 완벽한 운영 체제를 갖추어야 한다.

회사가 혼돈 상태에서 여섯 가지 핵심 요소를 강화하는 상태로 이동한 것이 지금까지의 여정이었다. 이제 압박을 조금 늦출 때가 되었다. 100%를 달성하는 것은 현실 세계에 존재하지 않기 때문이다. 사실 80%만 달성해도 뛰어난 회사다. 회사를 경영하는 일은 절대 완벽해질 수도 없고 자동화될 수도 없다. 어떤 일이 되었든 그것을 건강하게 유지하려면 보살핌과 육성과 규칙적인 활동이 필요하듯이, EOS 회사의 경영도 마찬가지다.

뛰어난 회사를 경영하고 구축하는 일과 관련해 지금부터 배우는 모든 것은 EOS 모델에 부합한다. 당신이 할 일은 어떤 부분이 회사 전체의 이익과 부합하고, 또 그렇지 않은지 판단하는 것이다. 판단 기준은 언제나 회사의 핵심 가치, 핵심 역량, 10년 목표다.

회사가 얼마나 나아지고 있는지 확인하기 위해 적어도 1년에 두 차례 경영진이 모여 조직평가표를 작성해보아야 한다. 조직평가표는 당신 회사가 여정의 어느 지점에 와 있는지 0~100점 범위에서 보여줄 것이다. 목표는 계속해서 나아지는 것이다.

그러나 진짜 목표는 80점 이상을 받는 것이다. 이 수준을 넘어선다면, 회사는 필요한 추진력을 얻어 기름 친 기계처럼 잘 돌아갈 것이다. 지금까지 가장 높은 점수는 베니피츠사가 받은 88점이었다. 전 직원이 10명인 이 회사는 현재까지 내가 본 최고의 중소기업다. 진정한 비저너리라 할 수 있는 오너 롭 탬블린은 복리 후생 컨설팅 분야에서 최고의 회사가 되겠다는 비전이 있었다. 베니피츠사는 EOS 프로세스를 시작한 후 지난 5년 동안 연평균 30%의 성장률을 기록했다. 이 회사를 두고 추진력을 얻었다고 표현하는 것은 절제된 표현일 따름이다.

해마다 적어도 두 번씩 조직평가표를 작성해보면, 회사가 얼마나 나아지고 있는지 알 수 있다. 그리고 그 결과 회사의 현재와 목표 지점까지의 간격을 확인할 수 있다. 이 간격은 문제 목록에 올라가는 문제가 된다. 그다음에는 이 문제가 다루어야 할 만큼 우선순위가 높은지 아닌지 결정하는 절차로 넘어간다. 만약 다루어야 할 문제라면 그 해결책은 다음 해의 목표가 되거나, 다음 분기의 록이 되거나, 작업 목록의 조치 항목이 된다.

예컨대 다섯 번째 문항인 '우리 회사는 분명한 표적 시장이 있고, 영업 부서와 마케팅 부서는 이 표적 시장에 노력을 기울이고 있다.'에서 5점 만점에 3점을 받았다고 하자. 그러면 영업부장이 표적 시장을 재정립하고, 판매 경로를 정비한 후, 전체 영업 직원에게 그 문제를 교육하는 것을 이번 분기 록으로 정할 수 있다.

또 다른 예로 '우리 회사는 문서화된 명확한 비전이 있고, 전 임직원에게 이것을 공유하고 있다.'라는 첫 번째 문항에서 5점 만점에 4점을 받았다고 하자. 이 결과를 통해, 전 직원이 비전을 공유하지 않고 있으며, 그들에게 비전에 대하여 자주 이야기하지 않았다는 사실을 깨닫게 되었다. 당신은 직접 비전을 공유하지 않는 몇몇 직원과 면담을 한 뒤 그 직원들을 어떻게 조치할 것인지 결정을 내리는 것을 분기 록으로 정한다. 또, 경영진 중 한 사람이 전 직원을 모아 비전을 다시 설명해주고, 분기별 전사 회의를 정상화하는 것을 작업 목록의 조치 항목으로 정한다.

또 다른 예로 '우리 회사의 제도와 프로세스는 문서화되어 있고, 단순하며, 전 임직원이 따르고 있다.'라는 열여섯 번째 문항에서 5점 만점에 2점을 받았다고 하자. 이것을 본 경영진은 회사의 핵심 프로세스를 문서화하는 것을 올해 목표로 삼아야겠다는 결정에 모두 전적으로 동의할 것이다.

해마다 적어도 두 번씩 조직평가표를 작성하면, 모든 간격이 명확히 드러날 것이다. 물론 드러난 문제는 해결할 것이기 때문에, 회사는 계속해서 100점을 향해 나아갈 수 있다. 목표는 나아지는 것이지 완벽해지는 것이 아니다. 베니피츠사처럼 88점을 받지 못했다고 좌절감을 느낄지도 모른다. 하지만 성공은 지금 있는 위치가 아니라 지금까지 이동한 거리를 기준으로 판단해야 한다. 만약 당신 회사가 작년에 55점이었는데 올해 63점을 받았다면, 그것이 성공이다. 그런 식으로 내년에는 72점, 내후년에는 80점이 될 수 있다. 원칙을 따르면 한계는 돌파할 수 있다.

조직평가표

아래 각 문항을 읽고 해당한다고 생각하는 칸에 표시하라. 1이 가장 나쁜 상태이고, 5가 가장 좋은 상태이다.

1. 우리 회사는 문서화된 명확한 비전이 있고, 전 임 직원에게 이것을 공유하고 있다.

2. 우리 회사는 분명한 핵심 가치가 있고, 그것을 기 준으로 직원을 채용하고, 평가하고, 보상하고, 해 고한다.

3. 우리 회사는 명확한 주력 사업이 있고, 회사의 제 도와 프로세스는 그것을 반영하고 있다.

4. 우리 회사는 명확한 10년 목표가 있고, 전 임직원 은 이 목표를 알고 있다.

5. 우리 회사는 분명한 표적 시장이 있고, 영업 부서 와 마케팅 부서는 이 표적 시장에 노력을 기울이고 있다.

6. 우리 회사는 명확한 차별화 요소가 있고, 영업 부 서와 마케팅 부서 직원은 모두 그것을 알고 있다.

7. 우리 회사는 고객과 거래하는 입증된 프로세스가 있다. 우리 회사는 이 프로세스에 이름을 붙였고, 그림으로 시각화하였으며, 전 직원이 따르고 있다.

8. 우리 회사의 전 임직원은 적합한 사람이다.

9. 우리 회사의 책임 조직도(역할과 책임을 나타낸 조직도)는 명확하고, 철저하며, 계속 수정된다.

10. 우리 회사의 전 임직원은 적합한 자리에 앉아 있다.

11. 우리 회사의 경영진은 개방적이고 솔직하며, 높은 신뢰를 받고 있다.

12. 전 임직원이 록(분기당 해야 할 3~7개의 중요한 일)을 가지고 있고, 거기에 노력을 기울인다.

13. 전 임직원이 주례 회의에 참석한다.

14. 주례 회의는 매주 같은 요일, 같은 시간에 개최되고, 인쇄된 안건의 서류 형식도 똑같다. 회의는 정시에 시작되고 정시에 끝난다.

15. 전 부서가 회사 전체의 이익과 장기적 발전을 염두에 두고 핵심 문제를 찾고, 논의하고, 해결한다.

16. 우리 회사의 제도와 프로세스는 문서화되어 있고, 단순하며, 전 임직원이 따르고 있다.

☐☐☐☐☐

17. 우리 회사는 주기적으로 고객과 직원의 의견을 듣는 제도가 있어, 고객과 직원의 만족도를 알고 있다.

☐☐☐☐☐

18. 우리 회사는 일주일 단위로 측정 지표를 적어 넣는 스코어카드를 쓰고 있다.

☐☐☐☐☐

19. 우리 회사의 모든 임직원은 자신이 관리해야 할 숫자가 있다.

☐☐☐☐☐

20. 우리 회사는 예산을 편성한 뒤 주기적으로 관리하고 있다(예, 매월 혹은 매 분기).

☐☐☐☐☐

각 세로줄의 칸에 표시한 수

☐☐☐☐☐

위에서 나온 수에 다음 가중치를 곱하라.

×1 ×2 ×3 ×4 ×5
☐☐☐☐☐

다섯 개의 칸에 있는 수를 모두 더하면, 그것이 당신 회사의 현 상태를 보여주는 점수다. ☐ %

여정 중에 만나는 것들

EOS의 확산

일단 경영진이 EOS 프로세스의 모든 도구에 익숙해졌다면, 이제 그것을 회사 전체에 확산시켜야 할 시간이다. 한 번에 한 직급씩 하는 것이 좋다. 처음에는 경영진 바로 밑에서 일하는 직원까지만 도입한다. 만약 전 직원이 10명인 회사라면 모든 사람이 해당할 것이다. 하지만 전 직원이 250명이라면, 몇 단계를 거쳐야 전체로 퍼질 것이다. 도구를 퍼뜨릴 때는 먼저 기본 도구로 알려진 것부터 확산하는 것이 좋다. 기본 도구는 다음과 같다.

- V/TO
- 책임 조직도
- 록
- 미팅 펄스
- 스코어카드

다른 도구는 회사의 현재 상태와 문제를 바탕으로 경영진이 설정한 우선순위에 따라 차례대로 도입하면 된다.

회사마다 자기만의 속도가 있다

EOS 도입에는 인내심이 필요하다. 처음에 나는 EOS를 모든 회사에 같은 속도로 도입할 수 있을 것으로 믿었다.

예컨대 이런 식이다. 첫 달에는 책임 조직도를 완성한다. 두 번째 달에는 완벽한 경영진을 구성한다. 세 번째 달에는 모든 경영진이 록에 익숙해지고, 견고한 미팅 펄스를 만든다. 여섯 번째 달에는 모든 프로세스를 문서화한다.

그러나 몇 년이 지나고 나서 이 목표가 비현실적이라는 사실을 깨닫게 되었다. 모든 회사는 자기만의 속도로 전진한다. 이 속도를 억지로 끌어올리려고 하면 문제가 생길 수 있다.

양극단에 있는 EOS 고객사 두 곳이 이 사실을 잘 보여주고 있다. 이름은 밝히지 않겠지만, 첫 번째 고객사는 과정을 시작한 지 3개월 만에 주요 임원 두 사람을 경질했다. 참으로 전광석화 같은 처리였다. 두 번째 고객사는 처음으로 경영진을 변화시키는 데 2년 반이 걸렸다. 4년이 지났지만 아직도 두 번째 임원 경질은 없다. 비판하려는 뜻은 전혀 없다. 내가 속도를 높이라고 밀어붙인다면 분명히 회사에 해가 될 것이다. 오너가 결정을 내릴 준비가 되었다고 느껴야 한다. 그래도 그사이에 회사는 연간 약 8%의 성장률을 기록했다.

회사가 움직이는 속도를 결정하는 또 다른 요인은 회사의 현재 상태와 직원 숫자다. 큰 배가 작은 배보다 방향을 바꾸는 데 시간이 더 걸린다. 직원이 200명 있는 회사가 15명 있는 회사보다 변화에 더 많은 시간이 필요하다. 만약 직원 50%를 물갈이해야 한다면, 10%를 물갈이해야 하는 상황보다 시간이 더 오래 걸릴 것이다.

매킨리는 EOS 전사 확산의 교과서적인 본보기라 할 수 있다. 매킨리는 직원이 700명이나 되는, 미국에서 가장 큰 부동산 투자 및 관리 회사 중 하나다. 매킨리 경영진은 EOS 프로세스의 처음 몇 세션을 끝마치자, 기본 도구(V/TO, 책임 조직도, 록, 미팅 펄스, 스코어카드)를 한 번에 한 직급씩 회사 전체에 확산하는 작업에 들어갔다. 1년이 지나지 않아 전 직원이 이 도구를 이해하고 사용하게 되었다. 2년째에는 핵심 프로세스(매킨리에서는 이것을 공통 플랫폼이라고 부른다)를 문서화하고 단순화한 뒤 전 직원에게 가르쳤다. 3년째에는 전 직원에게 측정 지표를 부여하고, 직원 개개인이 회사의 재무적 성과에 어떻게 기여하고 있는지 교육한 후, 급여를 재무 성과와 연동시켰다. CEO 앨버트 베리즈는 해마다 회사가 중점을 두어야 할 사항을 정한 뒤 자신이 일관되게 솔선수범했다. 3년이 긴 시간으로 보일지도 모르지만, 매킨리는 큰 배다. 3년이라는 짧은 기간에 매킨리가 이동한 거리를 보면 놀라울 정도다. 만약 당신 배가 매킨리보다 작다면, 매킨리보다 더 빨리 변화할 것이다.

프로페셔널 그라운즈 서비스는 EOS 도구를 회사 전체에 가장 빨리 확산시킨 회사 중 하나다. 직원 100명 규모의 조경 및 제설 서비스 회사인 프로페셔널 그라운즈 서비스는 대형 사무실과 산업 시설을 대상으로 프로젝트를 수행한다. 이 회사는 1년도 안 되는 짧은 기간에 기본 도구를 직원 모두에게 알렸다. 이 기간에 회사는 전 직원과 V/TO를 공유했고, 회사의 구조를 다시 세웠다. 또 임원 한 사람을 경영진에서 퇴출시켰고, 전 직원에게 숫자를 부여했으며, 회사의 프로세스를 문서화한 뒤 모두 따르게 했다. 현재 프로페셔널 그라운즈 서비스는 어디에도 뒤지지 않을 정도로 문제를 잘 해결하고 있다. 이 회사는 효율적으로 EOS 도구를 실행한 모범 사례다.

EOS가 통하는 이유

EOS가 어떤 회사에서도 통하는 이유는 인간의 본성을 바탕으로 했기 때문이다. EOS 시스템은 인간이 실제로 어떻게 행동하는가를 중심으로 구축되었다.

· **90일간의 세계**는 인간이 집중력을 유지하는 기간이 그 정도밖

에 되지 않는다는 사실에서 비롯되었다.

· 주례 회의의 **작업 목록**은 책임감을 부여하기 위해 고안된 것이다. 사람들은 자신이 약속한 일의 이행 여부를 다른 사람이 확인하리라는 사실을 알면, 그 일을 하게 되어 있다.

· V/TO는 여덟 가지 질문에 답하는 단순화된 접근법으로, 당신 머릿속의 비전을 다른 사람들의 머릿속에 집어넣기 위해 고안된 것이다. 이것을 통해 사람들은 비전을 쉽게 볼 수 있다. 볼 수 있으면 믿게 되고, 믿으면 실현 가능성이 커진다.

· **데이터**는 성취 여부를 측정하는 숫자를 직원에게 부여하게 한다. 사람들은 숫자에 공감한다. 측정이 인간의 타고난 성향이기 때문이다. 숫자는 기준점이 된다. 만약 일주일에 두 번 잠재 고객과 약속을 잡는 문화를 영업 부서 내에 만들면, 직원들은 그 목표 숫자를 달성하기 위해 노력할 것이다. 측정할 수 있는 목표를 설정함으로써 행동을 끌어내는 것이다.

· **핵심 가치**는 인간 본성의 핵심과 관련이 있다. 끼리끼리 모이는 법이다. 생각이 비슷한 사람이 모여야 회사가 잘 돌아간다.

가치가 다른 사람하고는 어울리기 힘들지만, 가치가 같은 사람을 만나면 바로 죽이 맞는다.

· **미팅 펄스**는 나의 경영 멘토였던 샘 컵이 자주 말했던, '구성원을 계속 연결시키는' 역할을 한다. 모든 임직원은 계속 연결되어 있어야 한다. '눈에서 멀어지면 마음마저 멀어진다.'라는 속담은 회사에서도 통한다. 임직원이 연결되지 않으면 옆길로 벗어나 각자 서로 다른 목표를 향하기 시작할 것이다.

· **문제 해결 경로**는 문제가 저절로 해결되기만을 바라며 갈등을 피하려고 하는 인간의 타고난 성향에 대처하기 위한 것이다. 문제는 저절로 해결되지 않는다. 직원들에게 따라야 할 경로, 즉 IDS를 제시하면 문제를 해결할 것이다. 그리고 자신들이 문제를 해결했다는 사실에 기뻐할 것이다.

· **단일 시스템**은 직원들의 재능과 에너지를 한 방향으로 이끈다. EOS라는 하나의 시스템을 쓰기 때문에 전 직원이 같은 말을 하고, 같은 규칙에 따라 일한다. 따라서 앞으로 나가는 속도가 빨라지고, 결국 모두 승리한다.

'깨달음'의 순간

EOS를 도입한 뒤 어느 시점이 되면 경영진이 모두 크게 깨닫는 순간이 온다. 모든 것이 아귀가 맞아 돌아간다. 그리고 갑자기 퍼즐이 모두 맞춰져 왜 EOS가 완전한 시스템인지, 그것이 작동하는 이유가 무엇인지 명확히 깨닫게 된다. EOS 프로세스를 시작하고 정확히 1년 후에 이런 '깨달음'의 순간을 맞은 고객사가 있다. 이 회사는 제너럴 모터스, NBC 유니버설, 마스터 록, 스탠리 등과 같은 회사를 고객으로 둔 최고 수준의 마케팅 및 홍보 회사다. '깨달음'은 분기 회의의 모두발언 중에 일어났다.

경영진이 모여 사내에서 잘 돌아가는 것에 관한 이야기를 공유하던 중 다음과 같은 발언이 이어졌다.

- "여러 문제가 담당 부서로 전달되어 잘 처리되고 있습니다."
- "우리는 핵심 역량을 염두에 두고 결정을 내리고 있습니다."
- "전 직원이 회사 목표에 맞춰진 록에 집중하고 있습니다."
- "전 직원이 프로세스를 확실하게 알고 따르자 소통이 원활해지고 실수는 줄었으며, 고객이 만족하는 이유를 알게 되었습니다."

바로 이럴 때 나는 삶의 보람을 느낀다. 이런 순간은 6개월에서

36개월 사이의 어느 시점에 올 것이다. 언제가 될지는 확실하게 알수 없다. 하지만 이런 순간이 오면 회사는 한 단계 도약할 것이다.

일해야 한다

이 책을 읽거나 EOS 세션에 참가한다고 해서 회사가 나아질 것으로 생각하면 안 된다. 그래도 일은 해야 한다. 직원을 관리해야하고, 고객과 상담해야 한다. 또 힘든 결정을 내려야 하고, 매일매일 발생하는 일상적인 일을 처리해야 한다.

ASI의 댄 이즈리얼은 EOS 프로세스를 시작하고 1년이 지나갈무렵, 자신을 포함한 경영진이 업무를 등한시한다는 사실을 깨닫고 이런 취지의 이야기를 했다.

"지금 우리가 하는 짓은, 병원에는 가지만 병원에만 가면 치료가 될 거라 생각해 약을 먹지 않는 것과 같습니다."

댄이 이 말을 한 후 경영진은 즉각 제대로 된 진짜 업무를 하기시작했다. 현재 ASI는 EOS 프로세스를 처음 시작했을 때보다 세배의 수익을 내고 있다. 나 때문이 아니다. 그들이 열심히 일한 덕분이다.

90일간의 세계를 지속하라

회사가 정상 궤도에 오르고 나면, 종종 경영진 중 일부가 분기 회의의 필요성에 의문을 제기한다. 그러나 일이 잘 돌아가든 그렇지 않든 분기 회의는 필요하다. 경영진이 모두 같은 생각을 하게 해야 할 뿐만 아니라, 지난 분기에 한 일을 되돌아보고 다음 분기의 록을 설정함으로써 궤도를 벗어나는 사람이 없도록 해야 하기 때문이다.

회의하지 않고 몇 분기가 지나면 회사는 처음 시작했던 자리로 되돌아갈 것이다. 마치 자동차의 가속 페달에서 발을 떼는 것과 마찬가지다. 급정거하지는 않겠지만, 차는 달리던 관성으로 움직이다가 결국에는 멈추고 말 것이다.

회의를 피하려고 자주 하는 또 다른 변명은 너무 바쁘다거나 회사가 너무 혼란스럽다는 것이다. 하지만 이럴 때일수록 오히려 회의를 해야 한다. 지난 분기에 달성하지 못한 일 때문에 걱정할 필요는 없다. 다 함께 모여 회사의 현주소를 평가하고, 다시 준비해서 다음 분기를 향해 나가야 한다.

다시 한계에 부딪힐 것이다

회사의 숫자가 좋아지기 시작하면 이전과 달라졌다는 것을 느낄 것이다. 회사는 추진력을 얻어 비전을 향해 나아가기 시작한다. 하지만 어느 순간 또 다른 한계에 부딪힐 때가 온다. 이런 일이 일어나면, 지속해서 다음 다섯 가지 리더십 역량을 발휘해야 한다.

1. EOS 도구를 사용해 단순화한다. 적을수록 좋다는 사실을 기억하라. 모든 것이 중요하다는 말은 중요한 것이 아무것도 없다는 뜻이다.

2. 당신을 포함한 경영진의 업무 부하가 한계에 다다랐다는 사실을 인식하면, 위임하고 올라선다.

3. V/TO, 스코어카드, 록을 만들고, 문제 해결 경로를 따름으로써 장기와 단기 예측을 잘한다.

4. 지속적인 핵심 프로세스 관리를 통해 체계화한다.

5. 책임 조직도를 이용해 회사를 올바른 방향으로 구조화한다. 회사가 성장하면 책임 조직도도 그에 맞춰 발전시킨다.

다섯 가지 리더십 역량을 지속해서 연마하면, 한계에 부딪힐 때마다 그것을 돌파할 수 있다.

니치 리테일이 좋은 예다. 4년 전 EOS 프로세스를 시작했을 때 이 회사는 매출액 400만 달러 근처에서 처음으로 한계에 부딪혔다. 작년에 니치 리테일은 매출액 1,200만 달러에서 다시 한계에 부딪혔다. 회사는 조직과 직원들에게 몇 가지 변화를 가해야 했다. 고객 서비스 부서를 미니애폴리스에서 미시간으로 이전시켰고, 재무 부서를 완전히 재정비했으며, 전사적으로 새로운 IT 시스템을 도입했다. 그 결과, 다시 한계를 돌파해 올해는 매출액 1,800만 달러를 향해 순항하고 있다.

니치 리테일과 마찬가지로 당신 회사도 성장하다 보면 또 다른 한계에 부딪힐 것이다. 하지만 원칙을 준수하고 지속해서 여섯 가지 핵심 요소에 집중하면, 새로운 한계도 돌파할 수 있다.

크다고 항상 좋은 것은 아니다

앞에서도 말했듯이 성장을 위한 성장은 바람직하지 않다. 매출액 1억 달러의 회사라고 해서 좋기만 한 것은 아니다. 《좋은 기업을 넘어 위대한 기업으로》에서 짐 콜린스는 미국에서 가장 좋은 기업이 어디인지는 절대 알 수 없을 것이라 했다. 그러면서 알려지기를 원하지 않는, 중부 지방에 있는 매출액 1,000만 달러의 회사일 수도 있다고 말한다. 20%의 이익이 나는 매출액 1,000만 달러의 회사가 좋은지, 2%의 이익이 나는 매출액 1억 달러의 회사가 좋은지 자문해보라. 이익 규모는 똑같지만, 한쪽은 일이 훨씬 많으면서 복잡할 것이다. 깊이 생각해볼 필요 없이 답은 금방 나온다.

내 말을 오해하지 않았으면 좋겠다. 1억 달러의 매출을 올리는 좋은 기업도 있고, 1,000억 달러의 매출을 올리는 훨씬 더 좋은 기업도 있다. 하지만 항상 그런 것은 아니다. 만약 매출액 1억 달러짜리 기업을 만들어야 할 특별한 이유가 없다면, 매출액 1,000만 달러짜리 알짜 기업을 만드는 것은 어떤가?

니치 리테일이 직원 70명에 매출액 1,900만 달러 근처에서 또 한 번 한계에 부딪히자, 타일러 스미스와 그의 동업자는 회사의 문을 닫기로 해 주위 사람들(나를 포함해)을 놀라게 했다.

나는 타일러와 솔직한 대화를 나누었다. 그가 그런 결정을 내린 가장 큰 이유는 더는 자신이 독특한 능력에 따라 살고 있지 않다고 느꼈기 때문이었다. 타일러는 자신과 동업자가 원하는 것보다 회사가 훨씬 커졌다고 느꼈다. 두 사람은 지난 9년 동안 자부심, 과시, 흥분의 파도를 타며 지내왔는데, 그것은 참으로 짜릿했다고 한다.

"우리는 마치 무대에 올라간 록스타 같았어요. 그 느낌은 마약과 같아서, 우리는 돈과 규모에 중독되었지요."

두 사람은 니치 리테일을 라이프 스타일 기업*으로 만들려고 했는데, 회사가 너무 빨리 성장하는 바람에 그 이상을 실현하지 못했다.

타일러는 기술, 컴퓨터, 인터넷을 좋아한다. 그런데 정신을 차리고 보니 자신이 직원 70명 규모 회사의 키를 잡고 있었다. 자신이 좋아하지 않는 업종이었고, 역할이었다.

"더는 통합조정자가 되고 싶지 않았어요."

---

* Lifestyle Business. 창업자가 자신의 생활양식을 유지하는 데 필요한 정도의 이익만을 추구하기 위해 설립하고 운영하는 회사.

타일러는 성취감을 느끼지 못했고, 일이 싫증 났다.

"거기다 우리 업계는 월마트나 아마존뿐만 아니라 자금이 풍부한 신설 회사의 공격을 받았어요. 설상가상으로 불황까지 닥쳤습니다. 삼중고를 겪은 셈이지요. 여기까지 오는 중에 EOS 도구가 없었다면 어떻게 되었을지 모릅니다. EOS 도구가 모든 것을 이끌었죠."

1년이 지난 현재, 타일러와 그의 동업자는 새 회사를 설립해 운영하고 있다. 타일러는 이 회사가 두 사람의 독특한 능력을 100% 발휘하는 곳이라고 느낀다. 니치 넥스트라는 이 회사는 웹 판매를 최적화하는 회사와 파트너 관계를 맺고 있다.

"이제 더는 직원을 관리하고 싶지 않습니다. 지금이 더 행복하고 에너지도 넘쳐요. 돈도 더 많이 벌 겁니다."

여기에서의 교훈은 모든 사람이 큰 회사를 만들려 하지는 않는다는 것이다. 또, 통합조정자가 되고 싶어 하지도 않는다는 것이다. 당신도 당신이 진짜 원하는 것이 무엇인지 알아야 한다.

보 벌링엄은 자신이 쓴 책《작은 거인이 온다 Small Giants》에서 작은 기업을 유지하는 일의 장점을 설명한다. 보는 책에서 작은 개인 기업으로 남는 길을 선택한 수많은 기업의 이야기를 들려준다. 이들 기업은 자신이 구축한 것을 지키고 유지하기 위해 기업 공개를 포기하거나 성장에 필요한 엄청난 금액의 투자를 받지 않았다. 이들은 제품에 대한 열정과 직원이나 고객, 지역 사회에 대한 기여를 통해, 즉 기업의 목적을 명확히 하고 거기에 충실함으로써 기업의 가치를 보여준다.

구분이 이루어진다

EOS를 실행하면 모든 일이 자리를 잡는다. 90일 이상의 기간이 필요한 문제나 중요한 일, 조치 항목, 아이디어는 모두 V/TO 문제 목록에 올라간다. 올해 안에 성취해야 할 일은 연간 목표가 된다. 만약 그 목표가 이번 분기 내에 달성해야 하고, 달성하는 데 몇 주나 몇 개월이 걸리는 일이라면 그 목표는 록이 된다. 분기 중에 발생했고 당장 해결해야 하는 문제가 있다면, 그 문제는 10점짜리 주례 회의의 IDS에 올라간다. 성격상 부서에서 해결해야 할 문제라면 적절한 부서의 문제 목록으로 넘긴다. 또, 1주나 2주 안에 처리해야 할 조치 항목은 10점짜리 주례 회의의 작업 목록에 올라간다. 이와 같은 식으로 모든 목표, 록, 문제, 조치 항목을 관리하는 간단한 시스템이 만들어진다.

의견 조율 회의

만약 두 사람 이상이 동업하는 회사라면, 회사 전체의 이익이나 기업 문화, 직원들을 위해 동업자의 의견이 100% 일치해야 한다. 비록 동업자가 아니라 해도 모든 비저너리와 통합조정자 관계에는 이 원칙이 적용된다. 동업자의 의견이 일치하지 않는다면 직원들이 그 사실을 알게 될 것이다. 부모의 사이가 좋지 않으면 아무리 숨기려고 해도 아이들은 그 사실을 안다. 회사의 동업자도 그와 마찬가지다. 이때 내가 내리는 처방은 의견 조율 회의다. 매월, 동업자가 몇 시간 동안 회의를 하며 의견을 다시 조율하는 것이다. 문제가 있으면 해결하고, 마음에 들지 않는 점이 있으면 이야기하고, 우려스러운 점이 있으면 표현해야 한다. 회의 분위기가 항상 좋지만은 않을 것이다. 하지만 막힌 것은 뚫고, 문제는 풀어야 한다. 회의의 목적은 당신 생각을 이야기하고, 상대방이 염려하는 점을 들은 뒤, 문제가 회사 내부로 확산하기 전에 해결하는 것이다. 동업자는 모든 임직원 앞에서 공동 전선을 유지해야 한다.

토드 삭스와 동업자 리치 브로더의 예를 들어보자. 두 사람이 EOS 프로세스를 시작하던 초기에 나는 의견 조율 회의를 권했다. 두 사람은 좋은 생각이라며 이 의견을 받아들였고, 거의 4년이 지난 지금까지 매월 의견 조율 회의를 하고 있다. 그사이 회사는 폭발적인 성장세를 보였다.

만약 의견 일치를 보지 못한다면 카운슬링이나 코칭을 고려해

볼 수도 있다. 카운슬링이나 코칭이 드문 일은 아니다. 제삼자의 조정이 매우 효과적일 수도 있기 때문이다. 모든 방법을 다 써봐도 희망이 보이지 않는다면, 갈라설 때가 되었다고 봐야 한다. 물론 이런 경우는 매우 드물다. 일반적으로 카운슬링을 받으면 대부분 다시 의견의 일치를 볼 수 있다. 그러면 두 사람의 관계는 전보다 훨씬 좋아질 것이다.

나는 명확한 비전과 책임, 원칙을 세운 뒤 동업 관계를 청산하는 고객사를 여럿 보았다. 어떤 동업자는 튼튼한 회사를 만드는 데 필요한 일을 감당하지 못했다. 한 사람은 다음 단계로 올라설 마음을 단단히 먹고 있는데, 다른 사람은 거기에 맞게 변화할 준비가 되어 있지 않은 것이다. 새 고객사에 이런 일이 생겨 세 번째 세션을 끝마치기 전에 각자의 길을 가기로 한 경우가 있었다. 첫 번째 세션에서 동업 관계가 더는 유지되지 못하리라는 사실이 명백히 드러났다. 동업자 두 사람(한 사람은 짐, 다른 사람은 팀이라고 하자)이 완전히 다른 환경을 원했던 것이다. 짐은 현상을 유지하기를 원했고, 팀은 혼돈 상태를 벗어나 탄탄한 회사를 만들기를 원했다. 두 번째 세션에서는 팀 혼자 비전을 설정했다. 짐이 관여하지 않으려 했기 때문이다. 세 번째 세션에서는 짐이 아예 나타나지도 않았다. 두 번째 세션을 마친 뒤 두 사람이 갈라서기로 합의했기 때문이다.

또 다른 회사의 동업자는 첫 번째 세션에서 서로의 관점이 다르다는 사실을 인식하고, 두 번째 세션을 힘겹게 넘긴 후 세 번째 세션을 취소했다. 두 사람은 재무 부서 직원과 상의해 자산을 나눈 다음 회사를 분리했다. 현재 두 사람은 단독 소유자로서 각자의 회사를 경영하고 있다.

이보다 훨씬 기막힌 잠재 고객사도 있었다. 이 회사의 동업자는 형제간이었다. 첫 회의를 하러 회의장에 들어갔더니 그곳에 한 사람밖에 보이지 않았다. 이 사람은 나에게 자기와 회의를 마친 다음 복도 끝에 있는 다른 회의실로 가서 동생에게도 똑같은 프레젠테이션을 해달라고 부탁했다. 두 사람이 같은 회의실에 앉으려고도 하지 않는 것이었다. 그래서 나는 같은 프레젠테이션을 두 번 했다. 독자 여러분도 예상할 수 있겠지만 더는 진도가 나가지 않았고, 두 사람은 어떤 충고에도 귀를 기울이려 하지 않았다.

다행히 이런 힘든 상황이 발생하는 경우는 5% 정도밖에 되지 않는다. 만약 당신이 그런 상황이라면 의견 조율 회의 절차를 밟아라. 그래도 희망이 보이지 않는다면 답은 명확하다. 장기적 관점에서 생각하라. 그러면 각자의 길을 가는 것이 결국에는 더 나으리라는 결론에 도달할 수 있을 것이다.

머리 비울 시간을 가져라

맑은 머리, 강한 자신감, 높은 집중력은 추진력을 유지하는 데 필수적이다. 대부분의 리더는 거의 모든 시간을 일상적으로 반복되는 업무에 파묻혀 허우적대며 보내느라 멀리 내다보지 못한다. 그 결과 자기 능력만큼 문제를 해결하거나 직원을 이끌지 못하고, 모범을 보이지도 못한다.

뛰어난 리더는 조용히 생각하는 시간을 가지는 버릇이 있다. 규칙적으로 한 시간가량 사무실을 벗어난다는 뜻이다. 모든 것을 내려놓고 본연의 모습으로 되돌아가는 시간을 가지면, 좌절감이나 무력감에서 벗어나 맑은 정신과 자신감을 되찾게 될 것이다. 그리하여 다시 업무로 복귀하면 레이저 광선 같은 집중력과 리더다운 마음가짐이 되살아날 것이다.

장소는 당신에게 가장 알맞은 곳을 선택하라. 단, 사무실은 안 된다. 생각을 방해하지 않는 곳으로 가야 한다. 주기도 매일, 매주, 매월 등 당신에게 가장 알맞은 것으로 선택하면 된다. 아침 출근길에 자신이 가장 좋아하는 곳에 들러 사색하다 오는 고객도 있다. 샘 컵은 매일 아침 서재에 30분가량 머물다 출근했다. 나는 매주 한 번 커피숍에 가서 두 시간 동안 생각에 잠긴다. 한 달에 한 번 도서관에서 반나절을 보내는 사람도 있다. 그 사람에게는 이 방식이 가장 효과적이기 때문이다.

자유롭게 생각할 수 있는 이런 시간은 매우 중요하다. 헨리 포드는 "생각은 가장 어려운 일이다. 그래서 생각하는 사람이 그렇게 드문 것이다."라는 말을 했다. 이 시간에 V/TO도 검토하고, 계획도 다시 생각해보고, 책도 읽고, 전략적인 생각도 하고, EOS 모델도 보고, 조직평가표도 작성해보라. 무엇을 해야 할지 잘 모르는 고객을 위해 내가 권하는 방법은 빈 종이와 펜을 들고 그냥 앉아 있으라는 것이다. 장담컨대 이런 간단한 행위만으로도 머릿속에 여러 가지 좋은 생각이 떠오를 것이다. 여기서 중요한 것은 무엇이 되었든 바쁜 일을 해서는 안 된다는 것이다. 밀린 일을 만회하기 위한 시간이 아니기 때문이다.

그런 후에 업무에 복귀하면 머리도 맑아지고 집중력도 높아진다. 자신감이 생겨 어떤 일에도 대처할 준비가 되어 있을 것이다. 문제 해결을 더 잘하고, 직원을 잘 이끌며, 모범을 보일 수 있을 것이다. 당신이 만약 문제 해결에 어려움을 겪고 있다면, 시간을 내서 사무실을 벗어나라. 그런 다음 충분한 시간을 투자해 문제를 깊이 생각해보라.

우선 다음 주 중으로 한 시간을 통째로 비워 바로 실행해보라. 적절한 시간이 날 때까지 마냥 기다리다가는 절대 못 한다. 이 시간은 자신과 잡은 약속이 되어야 한다. 일단 한 번만이라도 시도해보라. 지금까지 나한테 시간 낭비였다고 말한 사람은 한 명도 없었다. 어떻게 한 시간이나 낼 수 있냐고 생각하는 사람도 있을 것이다. 하지만 역설적으로 그로 인해 생긴 명료함 덕분에, 나중에는 당신이 투자한 시간보다 더 많은 시간을 절감하게 될 것이다. 결국, 훨씬 효율적이고 효과적인 결과로 이어진다는 뜻이다.

눈길을 끄는 것

사업이 궤도에 올라 활발하게 잘 돌아가면, 당신은 눈길을 끄는 것에 한눈을 팔기 시작할 수 있다. 이런 일은 주로 비저너리에게 일어난다.

집중력을 잃지 않고 사업에 계속 몰입하게 하는 두 가지 전략적 원칙을 소개하겠다.

첫째, 현재 하는 사업 안에서 도전 과제를 찾아보라. 당신의 '다이아몬드 밭'에 초점을 맞추라는 뜻이다. 기존의 비전을 계속 이어갈 무언가에 에너지를 쏟아라. 핵심 가치를 창달하고 직원들의 사기를 북돋울 문화적 프로젝트에 뛰어들어라. 회사의 핵심 가치에 부합하는 새로운 제품과 서비스를 개발하는 실험을 해보라. 우수 고객을 찾아가 대화하면서 회사의 제품이나 서비스 중 어떤 점이 마음에 들고 어떤 점이 마음에 들지 않는지 확인해보라. 직원과 함께 식사를 하며 같은 질문을 해보라. 회사의 제품이나 서비스가 아직도 유용한지 직접 시험해보라. 이런 모든 행위를 하다 보면 당신은 계속 자극받아, 회사의 비전이 달성될 가능성은 더욱 커진다.

둘째, 회사가 당신 없어도 잘 돌아갈 만큼 지원을 받는 상황에서, 핵심 역량이 아닌데 눈길을 끄는 것이 있어서 거기에 관심이 쏠린다면 가서 한번 살펴보라. 하지만 기존 사업은 지켜야 한다. 그러려면 당신이 기존 사업에 신경 쓰는 시간을 줄이더라도 통합조정자가 부담을 느끼지 않게 해야 한다. 기존 회사의 비전을 달성하는 데 필요한 자원이나 에너지를 끌어다 쓰면 안 된다. 새로운 사업 계획이 아주 좋은 것이지만 기존 핵심 역량과 맞지 않는다면, 자체 자원으로 새 회사를 설립하는 것을 고려해보라. 새로운 사업 계획을 기존 회사로 끌어들이는 경우가 많다. 그것은 죽음의 입맞춤이다. 사람, 돈, 시간 등 자원의 부족을 야기하기 때문이다. 두 사업이 모두 대단히 좋은 것이라 해도, 필요한 자원을 확보하지 못한다면 둘 다 실패할 수밖에 없다.

파티나 행사에 흥겨움을 더해주는 파티 대행사 스타트랙스가 좋은 예다. 이 회사는 사업을 영위하던 중 기업 행사 대행이라는 분야를 알게 되었다. 이 분야는 고객 기반도 다르고 문화도 다르고 비즈니스 모델도 다르다. 그래도 오너는 그 사업을 하기로 했다. 3년 동안 성장은 정체되었고, 경영진은 성격이 다른 두 사업을 운영하느라 고전했다. 한 회사에서 두 가지 사업을 하다 보니 너무 복잡했고 자원도 부족했다. 3년이 지난 뒤 결국 오너는 기업 행사 대행 분야를 운영할 통합조정자를 찾아 그와 동업하기로 하고 회사를 분리했다. 각각의 통합조정자가 이끄는, 한 분야에만 초점을 맞춘 두개의 회사가 된 것이다. 현재 스타트랙스는 건실하게 성장하고 있다. 펄스220으로 명명된 두 번째 회사는 지난 2년 동안 매해 40%씩 성장했다.

만약 눈을 끄는 것에 관심이 쏠린다면 이상의 두 원칙 중 하나를 선택해 그것을 고수하라.

여정 자체를 즐겨라

오래전에 어떤 친구가 마우이섬의 관광 명소에 부인과 함께 다녀온 이야기를 들려준 적이 있다. 몇 시간이나 걸리는 길고 구불구불한 길을 따라가다 보면 폭포, 절벽, 산, 해변 등 숨 막힐 듯한 풍경이 이어진다. 그러다 끝에 가서는 하나 ^{Hana} 라 불리는 마을이 나오는데, 주유소가 하나밖에 없을 정도로 조그만 마을이다. 힘들게 마을에 도착하자 친구 부인은 화를 내며 이렇게 말했다고 한다.

"겨우 여기 오자고 그렇게 힘들게 운전해 왔어요?"

친구 부인은 중요한 점을 놓쳤다. 그 여행은 목적지가 중요한 것이 아니라 여정을 즐기러 가는 것이다.

EOS 프로세스를 밟을 때도 같은 실수를 저질러서는 안 된다. 뛰어난 회사를 만드는 여정은 그 목적지가 중요한 것이 아니다. 물론 회사의 수익성도 좋아야 하고, 당신을 포함한 전 임직원을 위해 부를 창출하기도 해야 한다. 하지만 그 과정에 당신이 거쳐가는 삶을 즐길 필요가 있다. 고객에게 가치를 창출해준다는 사실을 기뻐해야 하고, 사업에서 즐거움을 느껴야 한다. 또, 자생력 있는 시스템을 구축했다는 사실에 긍지를 느낄 수 있어야 한다. 당신이 없어도 모든 부문이 완벽하게 돌아가는 시스템을 구축하면 훨씬 큰 자유를 누릴 수 있을 것이다. 여정을 즐겨야 한다. 여정의 끝을 향해 죽기 살기로 달리기만 하다가는 몹시 실망하고 말 것이다.

여정을 중시하는 이런 접근법은 대부분의 사람이 옳다고 생각하는 믿음과 어긋난다. 그래서 진실을 알기 어려운 것이다. 탈 벤 샤하르 박사도 《해피어 Happier》에서 '사회는 결과를 보상하지 과정을 보상하지 않는다. 도착을 보상하지 여정을 보상하지 않는다.'라고 말했다. 하지만 역설적으로 사회의 대세에 맞설 수 있는 사람은 여정이 주는 보상도 한껏 즐길 수 있다.

내가 보내는 모든 메일은 '집중력을 잃지 마세요.'라는 문구로 끝난다. 모든 사람이 그럴 수 있다면, 지금보다 더 행복해지고 크게 성공할 수 있을 것이다.

현대인은 정보의 홍수 속에서 산다. 눈길을 끄는 것이 너무 많아 집중력을 유지하기 힘들다. 그래서 당신에게 딱 하나의 메시지만 남길 수 있다면, 나는 바로 그 문구, 즉 '집중력을 잃지 마세요.'를 남기고 싶다.

무엇에 집중할 것인지는 당신 결정에 달렸다. 이 모든 것은 여덟 가지 질문에 답하는 것에서 시작된다.

CHAPTER 10

시작하라

: 정확한 순서대로 한 걸음씩

· 책임 조직도

· 록

· 미팅 펄스

· 스코어카드

· V/TO

· 3단계 프로세스 문서화

· 전 직원이 숫자 갖기

· 지속적인 적용과 강화

지금쯤 당신은 여기서 배운 도구를 회사에 직접 적용해보고 싶어 안달이 나 있을 것이다. 지금부터 내가 우리 고객사에 EOS 도구를 적용할 때 사용하는 프로세스를 간략히 소개하겠다. 이 방법을 따라 하면 가장 적은 시간을 투자해 가장 빠른 결과를 얻을 수 있을 것이다. 결국은 이것이 여섯 가지 핵심 요소를 강화하는 방법이다.

이 책의 목표는 여섯 가지 핵심 요소와 각각의 요소를 강화하는 도구에 대해 가르치는 것이다. 이 책은 여섯 가지 핵심 요소를 가능한 한 순서대로 배우고 익힐 수 있도록, EOS 모델을 이용하는 특정한 순서에 따라 기술되었다. 책을 읽고 이해하는 데는 이 방식이 가장 좋지만, 실제 각 도구를 활용할 때 가장 효과적인 순서는 이것과 다르다.

이 장의 목표는 정확한 순서를 단계별로 제시하는 것이다. 이 절차를 따르는 것이 가장 빠른 결과를 얻을 수 있는 가장 효율적인 방법이라는 사실은 이미 증명되었다. 하지만 어떤 순서대로든 당신이 원하는 대로 적용할 수 있다. 그렇다고 해도 내가 강력하게 추천하는 방법은 여기 나온 순서대로 따르는 것이다.

먼저 이 책 108페이지에 나오는 EOS 프로세스의 개괄적인 그림을 한번 보기 바란다. 나는 120개가 넘는 회사를 상대로 직접 EOS 도구를 적용해보았고, 우리 직원들을 통해 300개 가까운 회사에 EOS 도구를 적용해보았다. 그 결과 이 도구를 적용하는 가장 효과적인 순서를 알게 되었다.

여기서는 먼저 순서에 따라 도구를 적용하고, 순서를 그렇게 정한 이유를 설명하겠다. 앞에서 이미 설명했기 때문에 도구를 적용하는 상세한 방법까지는 언급하지 않겠다.

당신은 지금까지 주요 도구 7개와 추가로 보조 도구 12개를 배웠다. 각 도구는 개별적으로도 유용하지만, 이들을 모두 결합하면 회사를 경영하는 완벽한 시스템이 된다. 앞에서 언급한 대로 우선 이 도구를 경영진에만 적용할 것을 권한다. 경영진이 먼저 써보고 익숙해진 다음에 회사 전체에 확산하는 것이 좋다. 경영진이 조그만 약점을 보이면 직원들은 이것을 큰 구멍으로 인식한다. 그러니 이 순서는 매우 중요하다. 일단 경영진이 이 도구에 완전히 익숙해지고 나면, 도구를 회사 전체로 확산하는 방법을 가르쳐주겠다.

주요 도구 7개를 내가 추천하는 적용 순서대로 나열하면 다음과 같다. 괄호 안에 보조 도구 12개도 표시했다.

1. 책임 조직도(직원 분석표, GWC 포함)

2. 록

3. 미팅 펄스(IDS, 10점짜리 회의, 분기 회의, 연례 회의 포함)

4. 스코어카드

5. V/TO(핵심 가치, 핵심 역량, 10년 목표, 마케팅 전략, 3년 그림, 1년 계획 포함)

6. 3단계 프로세스 문서화

7. 전 직원이 숫자 갖기

책임 조직도(직원 분석표, GWC 포함)

먼저 책임 조직도부터 작성한다. 왜냐하면 책임 조직도가 대체로 문제의 근원이기 때문이다.

우선 뒤로 한발 물러나 당신 회사에 알맞은 조직이 어떤 모습인지 생각해보고, 거기에 맞게 조직을 구축한다. 그런 다음 적합한 사람을 적합한 자리에 앉히면 된다. 이런 초기 전략을 통해 회사의 발목을 잡는 직원이나 책임 문제를 찾아낼 수 있을 것이다.

이 작업이 끝나면 누가 어떤 책임을 지고 있는지가 명확해진다. 이 도구를 먼저 적용하고 나머지 다른 도구를 적용하면, 훨씬 강력한 효과를 발휘할 것이다. 책임의 세계를 이미 구축해놓았기 때문이다. 예컨대 책임 조직도가 자리 잡은 뒤 V/TO를 작성하면 당신 회사의 실정에 맞는, 훨씬 완벽하고 실현 가능성이 큰 비전과 계획을 도출할 수 있다. 만약 책임 조직도가 없다면 누가 어떤 책임을 맡고 있는지 알 수 없다. 이런 상황에서는 허세와 주인 정신 결여로 인해 경영진이 목표를 조금 높게 잡는 경향이 있고, 생산적인 토론이나 논쟁을 이어가기 힘들다.

록

책임 조직도가 완성되고 나면 두 번째 도구로 넘어간다. 록을 설정하는 것이다. 누가 어떤 일을 책임지고 있는지 알면 더 나은 록을 설정할 수 있다. 경영진은 90일마다 뛰어난 록을 설정하고 달성하는 일에 익숙해져야 한다. 록이 두 번째 도구인 또 다른 이유는, 록을 설정함으로써 짧은 시간에 가장 중요한 일에 집중할 수 있고, 또 그 일을 달성하기 위해 최선을 다하기 때문이다.

솔직히 말하면 처음에는 그저 그런 록을 설정할 것이고, 그것도 50% 정도밖에 달성하지 못할 것이다. 이 수치는 10년 이상 많은 고객사를 상대하며 얻은 경험에서 나온 것이므로 대부분 맞을 것이다. 하지만 두세 분기가 지나면 당신을 포함한 경영진은 록 설정과 달성의 전문가가 되어, 분기마다 적어도 80% 이상의 록을 달성하게 될 것이다.

미팅 펄스(IDS, 10점짜리 회의, 분기 회의, 연례 회의 포함)

책임 조직도가 만들어지고 경영진이 집중력을 발휘해 각자의 록에 몰입할 수 있게 되면, 세 번째 도구인 미팅 펄스를 적용한다. 그중에서도 특히 중요한 것은 90분 동안 진행하는 10점짜리 주례 회의다. 이 새로운 습관은 처음에는 다소 불편하게 느껴질 것이다. 주례 회의에 익숙해지려면 대략 4~8주가량 걸린다. 그럼에도 불구하고 이 도구를 적용하면 그때부터 경영진은 매주 중요한 문제를 발굴하고 해결할 수밖에 없다.

10점짜리 주례 회의를 진행하려면 보조 도구인 IDS를 잘 활용해야 한다. 이 도구를 이용해 적절한 문제를 모두 찾고, 논의하고, 해결하는 것이 10점짜리 회의다. 이렇게 하면 즉각적인 추진력을 얻는 데 도움이 될 것이다.

분기 미팅 펄스와 연례 미팅 펄스는 달력에 나온 날짜를 기준으로 거기에 맞추어 바로 시작하면 된다.

스코어카드

회사에 탄력이 붙기 시작하면 네 번째 주요 도구인 스코어카드를 적용한다. 스코어카드를 강력한 예측 도구로 발전시켜야 한다. 1~3개월 걸리는 과정이다. 스코어카드를 쓰고 얼마 지나지 않아 당신을 포함한 경영진은 사업을 정확하게 진단할 수 있게 될 것이다. 측정해야 할 활동 기준의 숫자를 찾아내고, 그 숫자를 최종적으로 책임질 사람을 확정하는 발전 과정을 거치다 보면, 회사 내에 참된 책임 의식이 생겨날 것이다. 이것은 즉각적인 결과와 주인 정신으로 이어질 것이다.

V/TO (핵심 가치, 핵심 역량, 10년 목표, 마케팅 전략, 3년 그림, 1년 계획 포함)

앞선 네 개의 주요 도구는 추진력과 책임, 비전을 실행할 플랫폼의 탄탄한 기초를 만들기 위한 것이다. 그다음에 적용할 다섯 번째 도구는 V/TO다. EOS 프로세스는 추진력 요소를 앞에 놓고 비전 요소를 뒤에 놓는다. 이 말은 먼저 네 개의 주요 도구로 실행을 위한 탄탄한 기반을 구축한 다음에 비전을 설정한다는 뜻이다. 솔직히 말해, 신경 써야 할 원칙이나 책임이 별로 없거나 아예 없으면, 비전 작업은 비교적 간단하다. 구체적인 기반이 없으면 비전은 쉽게 만들 수 있다. 그래서 많은 컨설턴트가 이틀 만에 전략적 계획에 관한 강의를 끝내는 우스꽝스러운 일이 벌어지는 것이다.

책임의 탄탄한 기반을 구축하는 힘든 일을 거치고 나면, 계획 수립 작업이 훨씬 열정적이고 생산적으로 변한다. 어떤 계획이 회사에 적합한지 열띤 토론이 벌어질 수 있다. 직원들이 숫자에 의해 평가받고, 회사의 목표를 전적으로 책임지고 있기 때문이다.

그래도 이런 질문을 받을 때가 있다.

"비전을 모르는데 어떻게 책임 조직도를 작성하고, 록을 설정할 수 있죠?"

하지만 사실 대부분의 기업은 이미 상당한 수준의 방향성을 가지고 있다. 처음부터 새로 시작하는 것이 아니기 때문이다.

정말로 해야 할 질문은 이런 것이다. 어떻게 하면 이런 도구 적용의 효과를 극대화할 수 있을까? 가장 짧은 시간에 가장 큰 효과를 얻을 수 있는 분야는 어디일까? 지난 10년 동안 400개 이상의 기업을 통해 배운 바에 의하면, 이것이 제대로 된 접근법이다.

EOS 기본 도구 5개

앞에 나열한 책임 조직도, 록, 미팅 펄스, 스코어카드, V/TO는 EOS의 기본 도구로 알려져 있다. 이 도구만 전사로 확산 적용해도 결과의 80%는 얻을 수 있다. 이 도구의 사용을 확산할 때는 한 번에 한 직급씩 하는 것이 중요하다. 경영진이 모두 이해하고 받아들이면 다음 직급에 있는 직원으로 확산하고, 그 직급의 직원이 모두 이해하고 받아들이면 그다음 직급으로 확산하는 식이다.

회사마다 자기 속도가 있다. 지금까지 가장 빨랐던 고객사는 직원 50명인 회사였는데, 6개월 만에 사장에서 말단 직원에 이르기까지 전체에 기본 도구를 적용했다. 이와 대조적으로 가장 느렸던 고객사는 전체 적용에 3년이 넘게 걸렸다. 이 회사의 직원 수는 70명이었다. 어느 쪽이 좋고 어느 쪽이 나쁘다고 할 수는 없다. 회사마다 변화를 흡수할 수 있을 만큼의 속도로 움직일 뿐이다. 일반적으로 이 시간은 대략 1년이다. 회사의 규모에 따라서도 속도가 다르다. 큰 회사는 작은 회사보다 시간이 더 걸린다. 같은 이유로, 직급이나 부서가 세분되어 있는 회사는 그렇지 않은 회사보다 시간이 더 걸린다. 현재까지 우리 고객사 중 가장 작은 규모의 회사는 직원이 3명이었고, 가장 큰 규모의 회사는 1,700명이었다.

여러 곳에 지점을 둔 기업이라면, 지점장이 먼저 각 기본 도구를 충분히 이해하고 받아들인 후 지점에 있는 다음 직원에 적용하는 것이 중요하다. 때에 따라 경영진이 지점에 가서 직원을 가르치고, 이끌고, 자신이 도구를 지지한다는 사실을 보여줄 필요가 있다. 그러므로 지점이 여러 곳에 산재한다면 조직의 복잡성이 클 수밖에 없다. 그것이 그 회사 비즈니스 모델의 실상이다. 이 실상을 받아들이는 것이 문제를 해결하는 첫걸음이다. 도구를 완전히 확산할 때까지 각 지점에 필요한 만큼의 시간을 쏟을 계획을 세워야 한다. 사람이 직접 방문하는 방법도 있고, 화상 회의나 웨비나*를 하는 방

---

* Webinar(Web+seminar). 웹 사이트를 통해 진행하는 세미나.

법도 있다. 고객사에 적용해본 결과 어떤 방법이든 모두 효과가 있었다. 단, 회사마다 적합한 방법이 다르다는 사실을 염두에 두어야 한다.

3단계 프로세스 문서화

기본 도구를 회사 전체에 완전히 확산시켰고 전 직원이 그것을 받아들였다면, 다음 단계는 핵심 프로세스를 문서화하고 그것을 직원에게 교육하는 것이다. 이것이 여섯 번째 기본 도구인 3단계 프로세스 문서다. 핵심 프로세스를 문서화하고 전 직원을 완전히 교육하는 데 걸리는 시간은 일반적으로 6~12개월이다.

고객사에 따라 기본 도구를 전체에 확산하기 전에 이 도구를 적용하기 시작하기도 한다. 경험에 의하면, 기본 도구를 실행했는데 회사가 궤도를 잘 유지하고 있고 경영진의 역량이 받쳐준다면, 기본 도구의 전사 확산 전이라도 바로 이 도구 적용으로 건너뛸 수 있다.

전 직원이 숫자 갖기

일곱 번째이자 마지막 주요 도구는 전 직원이 숫자를 가져야 한다는 것이다. 대부분의 우리 고객사도 그랬지만 이것이 마지막으로 넘어가는 도미노다. 이 도구는 매우 효과적이지만, 앞선 여섯 개의 주요 도구가 제대로 자리 잡지 못하면 그 효과가 반감된다. 책임감이나 원칙, 철저한 관리가 자리를 잡지 못하면 업무, 또는 일이 마무리되지 않기 때문이다. 하지만 튼튼한 기반이 구축된 후 전 직원이 숫자를 갖게 되면 회사는 좋은 성과를 거둘 수 있다.

지속적인 적용과 강화

위에서 언급한 7개의 주요 도구를 보조 도구 12개와 함께 적용한 다음에는 지속적인 적용과 강화와 관리가 필요한데, 그러려면 전체적인 모습을 알아야 한다. 한 번에 이 모든 도구에 둘러싸이면 모든 것이 한눈에 들어오지 않아 감당하기 힘들기 때문이다.

전체적인 모습은 다음과 같다.

일단 위에서 말한 모든 도구가 완전히 적용되었다고 가정하자. 분기마다 모든 경영진이 하루 일정의 분기 회의에 참석해 주요 문제를 모두 해결하고, 지난 분기의 록을 검토한 뒤 다음 분기의 록을 설정한다. 그러면서 90일마다 점점 발전한다. 해마다 모든 경영진이 이틀 일정의 매우 생산적인 연례 회의에 참석해 V/TO를 하나하나 검토하고, 다음 해의 확고한 계획을 수립하면서 모든 사람의 의견을 일치시킨다.

회사는 직원 분석표를 이용해 핵심 가치를 중심으로 직원을 채용하고, 평가하고, 보상하고, 표창하고, 해고한다. 회사가 성장하면 그에 맞춰 책임 조직도도 점진적으로 변화시킨다. 먼저 조직에 초점을 맞추고 사람은 그다음이다. 조직이 구성되고 나면 적합한 자리에 적합한 사람을 쓰면 된다.

매주 모든 경영진이 10점짜리 주례 회의에 참석해 스코어카드를 검토하고 정상 궤도를 벗어난 수치가 없는지 확인한다. 그런 다음 록을 검토해 중요한 일이 모두 정상적으로 처리되고 있는지 확인한다. 또, 그 주에 해결해야 할 문제를 모두 처리한다. 이런 과정으로 회사 업무는 경영진 차원에서 원활하게 돌아가게 한다. 여기에 더하여 각 부서는 부서대로 같은 절차를 밟는다.

90일마다 분기별 회사 경영 상황 발표회를 개최한다. 이 회의를 통해 전 직원에게 회사 상황을 이해시키고, 같은 비전을 공유하게 한다. 직원들은 각자의 록을 설정해 그것을 달성한다. 회사는 계속 성장한다. 당신은 훌륭한 회사를 만든다는 목표를 달성한다.

이상은 당신 회사도 달성할 수 있는 모습이다. 앞에서 제시한 순서대로 각 도구를 적용하기만 하면 된다.

**6만 개 기업을 성장시킨
최강의 경영 바이블**

트랙션

초판 1쇄 발행 2020년 5월 27일
초판 2쇄 발행 2023년 5월 25일

지은이 | 지노 위크먼
옮긴이 | 장용원
펴낸이 | 金滇珉
펴낸곳 | 북로그컴퍼니

주소 | 서울시 마포구 와우산로 44(상수동), 3층
전화 | 02 - 738 - 0214
팩스 | 02 - 738 - 1030
등록 | 제2010 - 000174호

ISBN 979 - 11 - 90224 - 42 - 0 03320

·잘못된 책은 구입하신 곳에서 바꿔드립니다.
·이 도서의 국립중앙도서관 출판예정도서목록(CIP)은 서지정보유통지원시스템 홈페이지(http://seoji.nl.go.kr)와
국가자료공동목록시스템(http://www.nl.go.kr/kolisnet)에서 이용하실 수 있습니다.(CIP제어번호 : CIP2020018667)

시목始木은 (주)북로그컴퍼니의 인문·경제경영 브랜드입니다. 지혜의 숲을 가꾸기 위한 첫 나무가 되도록 한 권
한 권 정성껏 만들겠습니다.